Reclam Literaturunterricht

Sachanalysen. Stundenverläufe. Arbeitsblätter

Gotthold Ephraim Lessing
Nathan der Weise

Von Susanne Brüggemann

Reclam

Abkürzungen und Symbole

EA	Einzelarbeit
PA	Partnerarbeit
GA	Gruppenarbeit
UG	Unterrichtsgespräch
LV	Lehrervortrag
SV	Schülervortrag

*	Kennzeichnung eines zusätzlichen Arbeitsauftrags, Arbeitsblatts bzw. Unterrichtsschritts (für Binnendifferenzierung)
HA	Hausaufgabe

Verweis auf die zugehörige Ausgabe:
Gotthold Ephraim Lessing: Nathan der Weise. Ein dramatisches Gedicht in fünf Aufzügen. Hrsg. von Thorsten Krause. Stuttgart 2015 [u. ö.]. (Reclam XL. Text und Kontext. 16102.)
Stellenangaben mit Seiten- und Zeilenzähler beziehen sich auf diese Ausgabe.

Code für editierbare Arbeitsblätter und Vorlagen

Alle für den Unterricht benötigten *Arbeitsblätter* und *Vorlagen* (Bilder und Texte) sind digital auf der Webseite **www.reclam.de/lehrer_nathan** zum Download verfügbar. Bitte geben Sie folgenden Code ein:

rCMoWnsY

Reihenkonzept: Max Kämper

Reclam Literaturunterricht | Nr. 15813
2020 Philipp Reclam jun. Verlag GmbH,
Siemensstraße 32, 71254 Ditzingen
Druck und Bindung: Esser printSolutions GmbH,
Untere Sonnenstraße 5, 84030 Ergolding
Printed in Germany 2025
RECLAM ist eine eingetragene Marke
der Philipp Reclam jun. GmbH & Co. KG, Stuttgart
ISBN 978-3-15-015813-5

www.reclam.de | info@reclam.de

Inhalt

Vorbemerkung

Der vorliegende Band bietet eine Unterrichtsreihe von neun Doppelstunden zur Erarbeitung von Lessings Drama *Nathan der Weise* in der Oberstufe. Das Stück soll als bedeutender Text der europäischen Aufklärung mit gegenwärtiger Relevanz verständlich werden. Die thematische Ausrichtung orientiert sich somit an drei Schwerpunkten: 1. Toleranz im Umgang mit verschiedenen Religionen, 2. dem Erleben der Figuren im Spannungsfeld von Vernunft und Gefühl, 3. dem Theater als Ort moralischen Lernens.

Ausgangspunkt ist durchgehend die Wahrnehmung der Schülerinnen und Schüler von Bekanntem und Aktuellem, aber auch fremd Anmutendem hinsichtlich der Lebenswelten des 18. Jahrhunderts. Der Fokus liegt auf dem durch die ›Alten‹ Nathan und Saladin getragenen Handlungsstrang mit der Ringparabel und auf den Interaktionen der zwei jungen Protagonisten.

Der Komplexität des Textes wird weitreichend Rechnung getragen. Die Unterrichtsreihe setzt die Kenntnis des Dramas nicht voraus, sondern baut diese kontinuierlich bis zur neunten Doppelstunde auf. Die zentralen Auftritte werden durch *close readings* im Unterricht erschlossen. So kann die eigenständige Lektüre der diese verbindenden Textpassagen in Hausarbeit gelingen. Die Erarbeitung dramaturgischer Grundbegriffe unterstützt dabei die Strukturierung des Leseprozesses und zudem die Auseinandersetzung mit den medialen Besonderheiten des Theaters.

Die Unterrichtsreihe fußt auf der aktuellen literaturwissenschaftlichen Forschung zum Stück und den Methoden eines modernen Literaturunterrichts.

Benutzungshinweise

Der Band enthält neun aufeinander aufbauende Unterrichtsstunden und zwei Klausuraufgaben mit Lösungsvorschlägen.

Jeder Entwurf einer Unterrichtsstunde besteht aus zwei Teilen:
- **Sachanalyse** mit einem praxisorientierten, auf den Unterrichtsverlauf bezogenen Interpretationsangebot
- **Unterrichtsverlauf** mit (a) kurzem Überblick über Thema und Ziel, (b) den Unterrichtsschritten in tabellarischer Übersicht und (c) ausführlichen Erläuterungen zu den einzelnen Unterrichtsschritten

Jede Unterrichtseinheit bietet alle für den Unterricht benötigten Materialien:
- kopierfähige **Arbeitsblätter** (ggf. mit Lösungshinweisen im Anhang)
- **Vorlagen** (Bilder oder Texte)
- **Tafelbilder** (Vorschläge für die mediale Präsentation)

Die Unterrichtsstunden enthalten an allen geeigneten Stellen Hinweise für
- einen möglichen **verkürzten Verlauf** (als fakultativ gekennzeichnete Unterrichtsschritte)
- eine mögliche **Differenzierung**
- eine mögliche **Binnendifferenzierung** (die entsprechenden Arbeitsaufträge auf erhöhtem Niveau sind mit einem Asterisk * gekennzeichnet)

Textgrundlage ist die Ausgabe:

Gotthold Ephraim Lessing: Nathan der Weise. Ein dramatisches Gedicht in fünf Aufzügen. Hrsg. von Thorsten Krause. Stuttgart 2015 [u. ö.]. (Reclam XL. Text und Kontext. 16102.)

Hinweis: Die Reihe *Reclam Literaturunterricht* achtet auf gendergerechte Sprache. Aus Gründen der Lesbarkeit wird in seltenen Fällen davon abgewichen, immer sind aber alle Geschlechter gemeint.

1 Titelblatt, Figurenaufstellung und Eingangsdialog erschließen

Sachanalyse

Bereits die am Anfang stehenden Nebentexte vermitteln erste Informationen zu Inhalt und Form des Dramas. Der **Titel** *Nathan der Weise* nennt eine Figur mit deutlichem Bezug zum gleichnamigen Propheten aus dem jüdischen Tanach bzw. christlichen Alten Testament, der dem König David göttlichen Rat mitteilte. Im Mittelpunkt des Stücks steht also ein Jude mit außergewöhnlichem, weithin gültigem Wissen.

Das **Titelblatt** kündigt ein »Dramatisches Gedicht, in fünf Aufzügen« (3,3f.) an. Es ist somit weder mit einer auffällig witzigen Behandlung des Stoffes (Komödie) noch mit einem tragischen Ausgang (Tragödie) zu rechnen. Der Ausdruck »Gedicht« weckt allerdings auch Erwartungen an eine besonders poetische Sprache.

Nicht nur der Titel, sondern auch das Motto hat eine religiöse Konnotation: »Introite, nam et heic Dii sunt!« (3,5); »Tretet ein, denn auch hier sind Götter!«. Warum ist das Theater ein Ort der Götter? Warum wird es neben traditionelle Gotteshäuser gestellt? Hat der Autor eine sehr unkonventionelle Auffassung von Religion und religiöser Erfahrung? Kann man etwas zu grundsätzlichen Wahrheiten auch im Theater lernen? Beschert ihm diese Ansicht im 18. Jahrhundert womöglich Gegner?

Das **Figurenverzeichnis** fokussiert ebenfalls eine religiöse Thematik. Durch die Figuren sind die drei bekanntesten abrahamitischen Religionen repräsentiert. Für Nathan und Daja wird die Religionszugehörigkeit direkt benannt, in Bezug auf die anderen Figuren ist sie erschließbar. Unklar bleibt sie nur für Recha als angenommene Tochter des Juden Nathan, der mit Daja eine christliche Gesellschafterin an die Seite gegeben ist.

Dass sich alle Figuren trotz verschiedener Religionszugehörigkeit begegnen werden, macht die Ortsbezeichnung »in Jerusalem« (5,14) glaubhaft, gleichzeitig lässt sie Spannungen erwarten.

Neben dem Thema der Religion ist also das der Macht zentral. Die erstgenannte Figur ist ein Sultan. Wer wird ihm in Fragen der Macht begegnen? Etwa der reiche und weise Nathan oder der Patriarch als christliches Kirchen*oberhaupt*?

Das Drama wird laut Titelblatt 1779 veröffentlicht. Die Präsenz des Sultans Saladin in Jerusalem ist historisch aber nur für die Zeit von 1187 bis 1192 stimmig. Warum verlegt ein deutscher Autor protestantischer Herkunft im 18. Jahrhundert die Handlung in die Zeit der Kreuzzüge, und warum stellt er einen gebildeten Juden ins Zentrum seines Textes? Weshalb könnte ein solches Drama Menschen des 21. Jahrhunderts etwas bedeuten?

Der erste Dialog lässt eine Eingrenzung der bis hierhin formulierten Fragen zu, zunächst der nach Macht und Reichtum. Nathans Werteskala wird erschließbar, in der er die Liebe zu seiner Adoptivtochter weit über dem Erhalt seines Vermögens ansiedelt. Gleichzeitig stößt seine Moral an eine Grenze, denn Nathan erkauft bei Daja regelmäßig das Bewahren eines Recha betreffenden Geheimnisses. Scheinbar bringt er die Bedienstete in Gewissensnöte (V. 29–61). Offen ist an dieser frühen Stelle des Stücks, ob dies vermeidbar wäre.

Der religiöse Kontext wird im ersten Dialog mit der Frage nach der Beschaffenheit von Wundern präzisiert und dadurch mit der Vorgeschichte des Dramas verbunden, also der Rettung Rechas aus dem brennenden Haus durch einen soeben begnadigten Tempelherrn. In Nathans Deutung verbinden sich Gottvertrauen, Vertrauen in eine vernunftgeleitete Welt und Wertschätzung autonomer Entscheidungen des Einzelnen. Die Rettung Rechas findet nach Nathans Ansicht statt, weil das mutige Handeln von Menschen ineinandergreift, nämlich das Saladins und das des Tempelherrn, und sich Letzterer zur richtigen Zeit am richtigen Ort befindet (V. 83–93).

Dass Recha laut Dajas Erzählung zu Beginn des Stücks der magischen Deutung zuneigt, ein Engel habe sie gerettet, wird in der ersten Szene durch Nathan damit begründet, dass der Tempelherr ihr keine Gelegenheit zum Dank gebe. Er schließe sie so vom sozialen Miteinander aus, was sie durch eine Idealisierung des Retters zu kompensieren versuche (V. 127–140).

Sozialer Austausch, Verständigung verschiedener Gruppen, und sei es verschiedener Religionen, ist jedoch, das wird bereits an dieser frühen Stelle des Stücks deutlich, eine der Hauptinteressen seiner Titelfigur wie seines Autors.[1] Dies schlägt sich auch in der sprachlichen Form der Dialoge nieder. Es wird in sehr frei gestalteten Versen gesprochen, so dass eine zum Publikum zu sehr Distanz schaffende Stilebene vermieden wird. Zudem stören die Verse an keiner Stelle Nathans Überprüfen der Äußerungen seines Gegenübers auf für ihn nicht statthafte Vorannahmen, die eine Verständigung behindern.

1 »Ein Drama der Verständigung« analysiert schon Jürgen Schröder, *Gotthold Ephraim Lessing. Sprache und Drama*, München 1972, S. 247 ff.

Unterrichtsverlauf

Überblick. Anhand des Titelblatts und des Figurenverzeichnisses erschließen die Schülerinnen und Schüler grundlegende Informationen zu Thema, Spielort sowie Spielzeit des Dramas und stellen Vermutungen zum Verlauf der Handlung an. Als Zielpunkt des so initiierten Erforschens im Sinne einer produktiven Texterschließung wird die Frage nach der Relevanz für heutige Leserinnen und Leser formuliert.

Die Analyse des ersten Dialogs dient der Präzisierung des durch die anfänglichen Nebentexte ausgemachten Kontextes in Hinblick auf Wertebegriff und Religionsauffassung der Titelfigur. Die Schülerinnen und Schüler leisten zudem eine erste Beschreibung der sozialen Interaktion der Figuren auf der Bühne in Verbindung mit ihrer Art des Sprechens.

Phase	Thema	Sozialform	Kompetenzen und Lernziele	Materialien
Voraussetzungen: keine				
1.1	Einstieg: Inhaltlicher und stilistischer Rahmen des Stücks	UG / EA	• Vorwissen aktualisieren • Bedeutung der Nebentexte erkennen • Figurenverzeichnis entschlüsseln	VORLAGE 1a ➤ S. 7 ARBEITSBLATT 1a ➤ S. 14
1.2	Die symbolische Bedeutung von Spielort und Spielzeit	EA / UG	• Einem Sachtext Informationen entnehmen • Fremderfahrung in Auseinandersetzung mit Literatur ernst nehmen	ARBEITSBLATT 1b ➤ S. 15 f.
1.3	Der Beginn des Eingangsdialogs: Topographie und Situation	UG	• Die Ausgangssituation erschließen • Die Form des Sprechens beschreiben • Dramaturgische Grundbegriffe anwenden	VORLAGE 1b ➤ S. 9
1.4	Die Struktur der ersten Szene	EA / UG	• Den thematischen Aufbau einer Szene erfassen	TAFELBILD 1a ➤ S. 10
1.5	Die Vorgeschichte und ihre Deutung durch die Figuren (V. 82–168)	EA / UG	• Das Verhältnis der Figuren zu einem zentralen Thema des Stücks (»Wunder«) beschreiben	VORLAGE 1c ➤ S. 11 TAFELBILD 1b ➤ S. 12
1.6	›Soziales Gleichgewicht‹ als Grundlage des Zusammenlebens	UG	• Die soziale Notwendigkeit des »Dankes« verstehen	
HA	Vorbereitende Lektüre von I,2 bis I,6 und II,5			*Nathan der Weise*, Reclam XL, S. 13–35, 51–56

1.1 Einstieg: Inhaltlicher und stilistischer Rahmen des Stücks

UG / EA

VORLAGE 1a ➤ S. 7

ARBEITSBLATT 1a ➤ S. 14

Lösungshinweise ➤ S. 120

Unterrichtsschritt. Mit Hilfe der voranstehenden Nebentexte des Dramas (VORLAGE 1a ***Titelblatt des Erstdrucks und Figurenverzeichnis***) formulieren die Schülerinnen und Schüler erste Hypothesen zu grundlegenden Themen, sich abzeichnenden Konfliktlinien und zur stilistischen Gestaltung des Dramas. Im Sinne produktiver Texterschließung vervollständigen sie in Einzelarbeit und im anschließenden, ihre Ergebnisse zusammenführenden Unterrichtsgespräch das ARBEITSBLATT 1a ***Steckbrief zum Drama***.

Erläuterungen. Die jeweilige religiöse Konnotation der Nebentexte (s. o.) lässt einen gewichtigen thematischen Kontext erwarten. Dem steht eine unkonventionelle Gattungsbezeichnung gegenüber, indem das Titelblatt ein »Dramatisches Gedicht« (3,3) ankündigt. Womit ist zu rechnen? Immerhin scheint mit fünf Aufzügen ein stabiles Ablaufschema der Dramenhandlung mit Anfang, Mitte und Ende zugrunde zu liegen. Aber könnte es ggf. Verse,

Reime, bildhafte Sprache geben? Welche Wirkung wird dadurch erzeugt? Diese Fragen – und mögliche weitere der Lerngruppe – an das Drama werden in ARBEITSBLATT 1a aufgenommen.

Das Figurenverzeichnis greift durch die Religionsbezeichnung für Nathan und Daja den religiösen Kontext wieder auf. Mit Hilfe der Anmerkungen am Seitenende in *Nathan der Weise*, Reclam XL, S. 5 (VORLAGE 1a) erschließen die Schülerinnen und Schüler in Einzelarbeit die Religionszugehörigkeit der anderen Figuren. Nur für die Figur der Recha wird ihnen dies nicht gelingen. Dieser Befund wird als produktive Frage formuliert.

Entsprechend dem Spielort »Jerusalem« (5,14), den Herrschaftsbezeichnungen »Sultan« und »Patriarch« (5,2 und 10) und dem Attribut »reich« für Nathan verweist das Figurenverzeichnis nicht nur auf das Thema der Religion, sondern auch das der Macht. Die zu vermutenden Konfliktlinien werden ebenfalls im Steckbrief markiert.

VORLAGE 1a

Titelblatt des Erstdrucks und Figurenverzeichnis

Nathan der Weise.

Ein
Dramatisches Gedicht,
in fünf Aufzügen.

Introite, nam et heic Dii sunt!
APVD GELLIVM.

Von
Gotthold Ephraim Lessing.

1779.

Personen

Sultan SALADIN
SITTAH, dessen Schwester
NATHAN, ein reicher Jude in Jerusalem
RECHA, dessen angenommene Tochter
DAJA, eine Christin, aber in dem Hause des Juden, als Gesellschafterin der Recha
Ein junger TEMPELHERR
Ein DERWISCH
Der PATRIARCH von Jerusalem
Ein KLOSTERBRUDER
Ein EMIR nebst verschiednen Mamelucken des Saladin

Die Szene ist in Jerusalem.

2 **Sultan:** (arab.) islamischer Herrschertitel; moralische Instanz mit religiöser wie weltlicher Autorität | 8 **Tempelherr:** Angehöriger des Templerordens, Ritter und Mönch, der Pilger im Heiligen Land schützen und den christlichen Einfluss sichern und ausweiten soll | 9 **Derwisch:** (pers.) Armer, Wanderer, Bettler; mohammedanischer Mönch, der von freiwilligen Gaben lebt | 10 **Patriarch:** (griech.) christl. Kirchenoberhaupt mit Rechts- und Verwaltungshoheit | 12 **Emir:** (arab.) Befehlshaber, General, Chef | 12 **Mamelucken:** (arab.) *mameluk* ›in Besitz genommen‹; Sklaven türkischer oder tscherkessischer Herkunft, die in Saladins Reich auch Kriegsdienst leisteten

1.2 Die symbolische Bedeutung von Spielort und Spielzeit

EA / UG
ARBEITSBLATT 1b
➤ S. 15 f.

Unterrichtsschritt mit Erläuterungen. Mit Hilfe von ARBEITSBLATT 1b ***Sachinformationen zu Spielort und Spielzeit*** vollziehen die Schülerinnen und Schüler die jeweils metaphysische Bedeutung der Stadt Jerusalem für die drei abrahamitischen Religionen nach. Diese drückt sich noch heute in das Stadtbild prägenden Baudenkmälern aus. Die Lernenden erkennen, dass Konflikte zwischen den drei Offenbarungsreligionen sich schon sehr früh einem letztlich jeweils absoluten Wahrheitsanspruch, verbunden mit sehr irdischen Machtinteressen, verdankten.

Die Schüler und Schülerinnen lernen Saladin als eine historische Person kennen, die die Vorherrschaft der Kreuzfahrer in Jerusalem beendete, aber nach der Überlieferung auf – weitere Ressentiments des Gegners auslösende – Racheakte bei der Einnahme der Stadt verzichtete. Gleichzeitig erschließen sie aus seinen Lebensdaten den ungefähren Zeitpunkt, zu dem das Stück spielt. Mit den Angaben der europäischen Gegner im dritten Kreuzzug werden zudem Inhalte bereitgestellt, die bei fortgeschrittener Lektüre die exakte Eingrenzung des Zeitraums des Stücks auf den Herbst 1192 ermöglichen (s. 4. Stunde, S. 46).

Die Erarbeitung der Sachinformationen erfolgt in Einzelarbeit (ggf. auch als Schülerreferat vorbereitet). Sie mündet in das gemeinsame Aufstellen von Hypothesen, warum Lessing die Handlung in das Jerusalem der Kreuzzüge verlegt, und in das Formulieren des Erwartungshorizonts der Lerngruppe bezüglich der aktuellen Relevanz des Dramas.

Die Antworten zu den Arbeitsaufträgen 2 und 3 werden in Stichpunkten in den Steckbrief des Dramas aufgenommen (ARBEITSBLATT 1a, s. Lösungsvorschlag zu ARBEITSBLATT 1a: Ergänzungen in roter Farbe). Mit Hilfe von Arbeitsauftrag 4 wird der Erwartungshorizont der Lerngruppe an die Lektüre des Stücks auf einem speicherfähigen Medium festgehalten. So kann er mit Fortschreiten des Unterrichts angepasst und am Ende überprüft werden, inwiefern sich die Erwartungen erfüllt haben.

Erwartungen an das Stück, seine Bedeutung für heute (Beispiel):

- In westlich geprägten Staaten ist Religionszugehörigkeit in keinerlei Form Pflicht. Das Stück hilft zu verstehen, was Menschen bewegt, wenn die Zugehörigkeit zu einer Religion, wenn auch nicht einer bestimmten, selbstverständlich ist.
- In einer interkulturellen Gesellschaft müssen verschiedene Religionen nebeneinander existieren können. Das Stück könnte als Modell dienen, wie dies friedlich geschehen kann.
- Das Stück zeigt Respekt für Angehörige verschiedener Religionen. Wahrscheinlich kommt ein weiser Jude mit einem auf Ausgleich bedachten muslimischen Herrscher ins Gespräch. Ihre Argumente könnten immer noch gültig sein.
- Verlegt man eine Frage in eine andere Zeit, wie Lessing dies tut, gewinnt man mehr Abstand und findet vielleicht eine klügere Antwort. Diese Antwort könnte auch heute noch gelten.
- Lessing scheint ein unkonventioneller Geist zu sein. Wahrscheinlich geht er mit einem in seiner Zeit sehr ernst genommenen Thema sehr kreativ um.
- Gerade in der Form eines Dramas könnte die Behandlung des Themas spannend, anschaulich und lebendig sein.
- Das Stück gehört zum europäischen Kulturerbe. Vermutlich werden die Kriterien deutlich, die dazu geführt haben.

Weitere individuelle, je nach Zusammensetzung der Lerngruppe unterschiedlich ausfallende Erwartungen können ergänzt werden.

1.3 Der Beginn des Eingangsdialogs: Topographie und Situation

UG

VORLAGE 1b

➤ S. 9

Unterrichtsschritt. Vor der eigenständigen Lektüre des Eingangsdialogs werden die ersten 29 Verse zunächst mit verteilten Rollen (Sprecher/Sprecherin für Szenenanweisungen, Nathan, Daja) gelesen. Der sprachlich aufwendige Text wird mit Hilfe eines *close reading* auf folgende Aspekte hin im Unterrichtsgespräch erschlossen: Spielort, Eingangssituation, Charakter der Hauptfigur, Nathans Verhältnis zu Daja und zu Recha. Aus den so gewonnenen Erkenntnissen werden im Sinne der produktiven Texterschließung Fragen bezüglich des weiteren Verlaufs des Stücks formuliert. Formal interessieren das Überprüfen der Wörter und das Sprechen in Versen. Letzteres wird zunächst thematisiert, um den Schülerinnen und Schülern eine bessere Orientierung innerhalb des Textgefüges zu ermöglichen. Entsprechend werden auch die Begriffe »Aufzug« und »Auftritt« erklärt und die Konvention zur Abkürzung erläutert. Der Text (V. 1–29) wird unter Verwendung der VORLAGE 1b ***Eingangsdialog, Teil 1*** auf ein Board projiziert, Ergebnisse werden hier für alle sichtbar festgehalten.

Arbeitsaufträge/Leitfragen für das Unterrichtsgespräch:

- Beschreiben Sie, welchen Wert Nathan seinem Vermögen beimisst.
- Erläutern Sie, welches Verhältnis Nathan zu seiner Tochter hat.
- Arbeiten Sie heraus, wie Nathan zu Daja steht.
- Was bedeuten die Ziffern am Textrand? Wie kommen sie zustande?

VORLAGE 1b

Eingangsdialog, Teil 1

Erster Aufzug

Erster Auftritt

Szene: Flur in Nathans Hause.
NATHAN *von der Reise kommend.* DAJA *ihm entgegen.*

DAJA. Er ist es! Nathan! – Gott sei ewig Dank,
Dass Ihr doch endlich einmal wiederkommt.
NATHAN. Ja, Daja; Gott sei Dank! Doch warum e n d l i c h?
Hab ich denn eher wiederkommen wollen?
Und wiederkommen können? Babylon
Ist von Jerusalem, wie ich den Weg,
Seitab bald rechts, bald links, zu nehmen bin
Genötigt worden, gut zweihundert Meilen;
Und Schulden einkassieren, ist gewiss
Auch kein Geschäft, das merklich födert, das
So von der Hand sich schlagen lässt.
DAJA. O Nathan,
Wie elend, elend hättet Ihr indes
Hier werden können! Euer Haus …
NATHAN. Das brannte.
So hab ich schon vernommen. – Gebe Gott,
Dass ich nur alles schon vernommen habe!
DAJA. Und wäre leicht von Grund aus abgebrannt.
NATHAN. Dann, Daja, hätten wir ein neues uns
Gebaut; und ein bequemeres.
DAJA. Schon wahr! –
Doch R e c h a wär bei einem Haare mit
Verbrannt.
NATHAN. Verbrannt? Wer? meine Recha? sie? –
Das hab ich nicht gehört. – Nun dann! So hätte
Ich keines Hauses mehr bedurft. – Verbrannt
Bei einem Haare! – Ha! sie ist es wohl!
Ist wirklich wohl verbrannt! – Sag nur heraus!
Heraus nur! – Töte mich: und martre mich
Nicht länger. – Ja, sie ist verbrannt.
DAJA. Wenn sie
Es wäre, würdet Ihr von mir es hören?
NATHAN. Warum erschreckest du mich denn? – O Recha!
O meine Recha!

Erläuterungen. Die Bühne zeigt den Eingangsbereich zu Nathans Haus. Der erste Teil des Eingangsdialogs präzisiert die Situation, auf die Nathan bei der Rückkehr von einer Reise trifft, auf der er Handel betrieben und Schulden eingetrieben hat: In seinem Haus gab es in seiner Abwesenheit ein Feuer. Vor diesem Hintergrund wird das Verhältnis der zwei ihm in den Nebentexten zugeschriebenen Attribute, Weisheit und Reichtum, deutlicher. Einerseits tut er zum Erhalt seines Vermögens das Notwendige, nämlich ausstehende Zahlungen einfordern. Andererseits zeigt er bei der Nachricht vom Brand Gelassenheit. Immerhin lässt sich ein neues, komfortableres Haus leicht errichten (V. 17 f.). Die Präzisierung Dajas aber, Recha sei bei dem Brand beinahe ums Leben gekommen, veranlasst Nathan, seine eigentliche Werteskala offenzulegen: Ein wirklicher Verlust ist für ihn der eines geliebten Familienmitglieds.

Nathans weitere Reaktion lässt erste Einblicke in das Verhältnis zu den beiden Frauen zu. In Bezug auf Daja wird durch die Dialogführung eine Spannung erkennbar. Bereits in den ersten Versen legt Nathan die Worte der Bediensteten auf die Waage: Er bestreitet, dass es einen Anlass gab, ihn früher zurückzuerwarten und ihm durch das Adverb »endlich« (V. 2 f.) eine Vernachlässigung der Daheimgebliebenen zu unterstellen. Im weiteren Verlauf misstraut Nathan Dajas Worten geradezu. Aus Dajas Angabe, Recha sei »bei einem Haare!« (V. 19) verbrannt, wird für Nathan »Ist wirklich wohl verbrannt!« (V. 24) bis zu »Ja, sie ist verbrannt!« (V. 26). Als Daja schließlich einen guten Grund nennt, warum Nathan ihr glauben könne, wirft er ihr dennoch vor, ihn unnötig erschreckt zu haben (V. 26–28). Woher rührt diese Skepsis?

Nathans Sprechen über Recha macht deutlich, wie sehr er an ihr hängt. Mehrfach spricht er von »meine[r] Recha« (V. 20, 29). Bereits die Hypothese, ihr könne etwas zugestoßen sein, löst in ihm Schrecken aus. Sein Leben erscheint Nathan ohne sie wertlos. Auffällig ist von Anfang an Nathans große Liebe für das angenommene Mädchen und die Verlustängste, die diese begleiten. Wird im Stück die Ursache hierfür klar werden? Und wie passt zusammen, dass Nathan für Recha eine Gesellschafterin beschäftigt, der er nicht ganz traut?

Bereits an den ersten zwei Versen ist das Versmaß erschließbar, ein fünfhebiger Jambus ohne Reim, also ein sogenannter Blankvers. Seine Handhabung ist auffallend frei. So zieht er zahlreiche Zeilensprünge nach sich, bis zu V. 11 bereits vier. Gleichzeitig kann ein Vers sich auf mehrere Sprecher verteilen (sogenannte Antilabe, V. 11, 13). Der Einsatz des Verses dient jedoch nicht durchgehend dazu, einen gehobenen Sprachstil zu etablieren. Die Wirkung insgesamt auf die Zuschauer ist in den ersten Zeilen des Dramas noch nicht vollständig erfassbar (eine ausführliche Thematisierung erfolgt in Unterrichtsschritt 4.5). Das Wahrnehmen des Versmaßes ermöglicht allerdings eine bessere Orientierung innerhalb des Textgefüges und ein Sprechen über den Text. Mit diesem Ziel werden auch die Begriffe »Aufzug« und »Auftritt« verdeutlicht. Der Aufzug (auch Akt) gilt dabei als »größere Gliederungseinheit« (Benedikt Jeßing, *Dramenanalyse. Eine Einführung*, Berlin 2015, S. 27), die mehrere zusammenhängende Auftritte umfasst. Der Beginn eines »Aufzugs« hängt unmittelbar mit dem Aufziehen (und ab dem zweiten Akt dem vorherigen Schließen) des Bühnenvorhangs zusammen, der Anfang eines Auftritts mit dem Auf- oder zumindest unmittelbar vorausgehenden Abtreten einer oder mehrerer Figuren, so dass sich die Konstellation der Anwesenden auf der Bühne ändert (vgl. ebd., S. 28). Für den Begriff »Auftritt« kann alternativ »Szene« verwendet werden. Lessing benutzt den Begriff »Szene« allerdings noch in seiner traditionellen Bedeutung für ›Bühne‹, die im ersten Auftritt als »Flur in Nathans Hause« (vor V. 1) gestaltet ist. In abkürzender Schreibweise werden Aufzüge mit römischer Ziffer, Auftritte mit arabischer Ziffer bezeichnet.

TAFELBILD 1a

Gotthold Ephraim Lessing: *Nathan der Weise*
Eingangsdialog (I,1), Aufbau

Teil	Verse	Thema
1	1–28	Nathan erfährt, dass seine Tochter Recha fast bei einem Brand in seinem Haus umgekommen wäre.
2	29–62	Nathan erkauft Dajas Schweigen in Hinblick auf Rechas Herkunft.
3	63–80	Dajas Bericht von der durch die erlebte Todesangst traumatisierten Recha
4	80–126	Dajas Geschichte vom Retter, der keinen Dank will
5	127–153	Die Wirkung des ausgeschlagenen Dankes auf Recha: Sie verfällt dem Wunderglauben.
6	154–168	Nathans Lösung: Der Tempelherr muss gefunden werden, um Recha von ihren Schwärmereien zu befreien.

1.4 Die Struktur der ersten Szene

EA / UG

TAFELBILD 1a ➤ S. 10

Unterrichtsschritt. Die Schüler und Schülerinnen erarbeiten in Einzelarbeit, ggf. auch als Hausarbeit, die Struktur des weiteren Dialogs. Sie benennen die Themen der einzelnen Teile. Eine besondere Schwierigkeit besteht dabei darin, dass der Themenwechsel und damit der Wechsel zu einem neuen Teil innerhalb einer Replik, aber auch innerhalb eines Verses erfolgen kann. Die Struktur des Dialogs und die thematische Definition der einzelnen Teile wird auf dem Whiteboard bzw. der Tafel für alle festgehalten (TAFELBILD 1a).

1.5 Die Vorgeschichte und ihre Deutung durch die Figuren

EA / UG

VORLAGE 1c ➤ S. 11

TAFELBILD 1b ➤ S. 12

Unterrichtsschritt. Die Schülerinnen und Schüler stellen in arbeitsteiliger Einzelarbeit die durch Daja berichtete Vorstellung Rechas von Wundern der Nathans gegenüber. Hierzu wird die Lerngruppe zunächst geteilt. Die eine Hälfte skizziert Nathans Vorstellung, die andere Hälfte die Rechas anhand der VORLAGE 1c ***Arbeitsaufträge zu V. 83–154***. Die Ergebnisse werden in TAFELBILD 1b im gemeinsamen Unterrichtsgespräch zusammengetragen. Die erste Zeile und die erste Spalte der Tabelle werden durch die Lehrkraft vorgegeben.

In der abschließenden Auswertung arbeiten die Schülerinnen und Schüler mit Hilfe von Arbeitsauftrag 2 heraus, dass autonomes Handeln des Menschen nicht von der Zugehörigkeit zu einer bestimmten Religion abhängt und hierin für Lessing einer der Gründe liegen könnte, dass alle Religionen friedlich zusammenleben.

VORLAGE 1c

Arbeitsaufträge zu V. 83–154

1. Stellen Sie Nathans Vorstellung von »Wunder« der Rechas gegenüber:
   a. Wie beschreiben Vater (V. 83–93) und Tochter (V. 143–153) den Ablauf der Rettung?
   b. Worin besteht für sie jeweils das »Wunder«?
   c. Welche Rolle spielt die freie Entscheidung des Menschen in Nathans und in Rechas Beschreibung?
2. Wie beurteilen Nathan und Recha, dass Angehörige einer Religion zugunsten von Menschen mit anderer Religionszugehörigkeit handeln?

Erläuterungen. Der Dialog kontrastiert zwei Vorstellungen von »Wundern«. Drücken sich Wunder durch das günstige, aber zufällige Aufeinandertreffen zweier Begebenheiten aus, wie die Rettung eines Mädchens aus den Flammen durch einen soeben ausnahmsweise begnadigten Tempelherrn? Oder gilt ein Wunder erst, wenn außernatürliche Phänomene und Wesen wie Engel ins Spiel kommen?

In seiner Stellungnahme zur Wunderfrage zeigt sich deutlich Nathans Vertrauen in eine vernunftgeleitete Welt. Göttliches Handeln lässt sich in der günstigen Fügung von Zufällen annehmen, keinesfalls aber hebt es diese Welt aus den Angeln und untergräbt so die freie Entscheidung von Menschen zur guten Tat.

Keiner Religion wird hierbei der Vorzug gegeben. Die Rettung des Mädchens aus jüdischem Hause findet statt, weil das mutige Handeln eines Muslims (Saladin) und das eines Christen (Tempelherr) ineinandergreifen. Menschen zugewandtes Handeln ist in jeder Religion möglich. So teilt Nathan mit Recha die schöne, aber vorerst scheinbar nur momenthaft umsetzbare Vorstellung (»süße[n] Wahn«, V. 153), in der Christen, Juden und Muslime friedlich miteinander agieren.

1.6 ›Soziales Gleichgewicht‹ als Grundlage des Zusammenlebens

UG

Unterrichtsschritt. Die Schülerinnen und Schüler untersuchen anhand des ersten Auftritts, warum Recha der doch eher kindlichen Vorstellung von Wundern derzeit den Vorzug gibt. Dabei skizzieren sie im gemeinsamen Unterrichtsgespräch die Regeln des Zusammenlebens, die im Dialog deutlich werden und durch die verweigerte Annahme des Dankes durch den Tempelherrn gestört sind. Sie erkennen, welch großes Interes-

TAFELBILD 1b

Was ist ein Wunder?
(*Nathan der Weise*, V. 83–154)

	Nathan (V. 83–93)	Recha (V. 143–153)
Ablauf der Rettung	• Saladin begnadigt Tempelherrn • Tempelherr ist zum richtigen Zeitpunkt am richtigen Ort • setzt sein gerade gewonnenes Leben für die Rettung des fremden Mädchens ein	• Ihr Schutzengel trat hinter seiner Wolke hervor und hat Recha in Gestalt eines Tempelherrn aus dem Feuer gerettet
Wunder	• Kombination außergewöhnlicher Ereignisse • Naturgesetze intakt • Von Gott gefügt?	• Ein göttliches Wesen rettet einen Menschen • Naturgesetze vorübergehend außer Kraft
Entscheidungsfreiheit des Menschen	• Saladin entscheidet frei und mutig • Der Tempelherr entscheidet frei und sehr mutig	• Autonomie spielt keine Rolle
Fazit	• Beide favorisieren friedliches Miteinander der Religionen • Nathan betont deutlich den aktiven Part der Menschen, der in jeder Religion möglich ist	

se an einem guten sozialen Miteinander im Text deutlich wird. Der Bezug auf die Ideale der Aufklärung erfolgt in Unterrichtsstunde 8.

Arbeitsaufträge/Leitfragen:
- Was passiert gemäß Nathan mit einer Person, die keine Gelegenheit erhält, in einer grundsätzlichen Angelegenheit (Lebensrettung!) ihren Dank zu artikulieren? (Beziehen Sie sich noch einmal auf V. 127–140.)
- Leiten Sie aus dem Dialog der ersten Szene ab, welche Bedeutung Dank in der Gesellschaft hat, in der die Figuren leben.

Erläuterungen. Die Gesellschaft, in der die Figuren des Stücks leben, ist auf gegenseitigen sozialen Ausgleich angelegt. So sinnt Nathan auf maximale materielle Entschädigung für die äußerst mutige Rettungsaktion des Tempelherrn (V. 92–96). Riskiert allerdings jemand für eine andere Person sein Leben und nimmt im Anschluss deren Dank nicht an, entsteht ein soziales Ungleichgewicht: Die gerettete Person kann nicht zurück in eine Position der Gleichwertigkeit. Dies führt bei Recha zu großer emotionaler Verunsicherung. Im Zwiespalt der Sympathie für ihren Retter und der Kränkung durch seine Abweisung verliert sie den Blick für die Realität und beginnt, wie Daja berichtet, den Tempelherrn bis zum Äußersten zu idealisieren, d. h. ihn zum Engel zu stilisieren. Nathan nennt dies »Schwärmen« (V. 127–140). Deswegen beschließt er, den sehr realen Tempelherrn herzubringen und damit gleichzeitig die Gelegenheit für die Dankesbekundung zu schaffen (V. 156–161).

Hausaufgabe

Vorbemerkung. Die Hausaufgabe dieser und der folgenden sieben Unterrichtsstunden wird hauptsächlich in der schrittweisen, aber selbstständigen Lektüre größerer Passagen eines sprachlich und durch mehrere sich kreuzende Handlungslinien sehr anspruchsvollen Dramas bestehen. Vollständige Textkenntnis wird erst in Unterrichtsstunde 9 vorausgesetzt. Um den Schülerinnen und Schülern zunehmend einen Überblick über den Gesamttext bei gleichzeitig präziser Textkenntnis zu ermöglichen, ist dringend zu empfehlen, dass sie eigenständig (!) ein tabellarisches Inhaltsverzeichnis nach dem unten angegebenen Muster anlegen. In Unterrichtsstunde 6 wird das Schema in seinem bis dahin erarbeiteten Stand Grundlage der Unterrichtsschritte sein.

Der Leseauftrag der Hausaufgabe wird mit Verständnisfragen zu einzelnen Auftritten verbunden. Die Fragen sollten schriftlich beantwortet werden. Die Antworten werden in späteren Unterrichtsschritten aufgegriffen (s. entsprechende Angaben in den Erläuterungen). Sie sind damit fester Bestandteil der inhaltlichen Arbeit im Unterricht, können von der Lehrkraft aber auch an anderer Stelle zur Überprüfung eines adäquaten Leseverständnisses der Lerngruppe genutzt werden.

Arbeitsaufträge:

1. Vorbereitende Lektüre von Szene I,2 bis I,6 und von II,5 (*Nathan der Weise*, Reclam XL, S. 13–35 und S. 51–56).
2. Beantwortung folgender Verständnisfragen
   - zu I,5: Welche kriminellen Aufträge trägt der Klosterbruder dem Tempelherrn an? Tut er dies freiwillig? Nimmt der Tempelherr die Aufträge an?
   - zu I,6: Wie beurteilt der Tempelherr im Nachhinein die Rettung Rechas?
3. Anlegen eines tabellarischen Inhaltsverzeichnisses für den ersten Aufzug nach dem Schema

Aufzug, Auftritt	Seite, Vers	Ort	Figuren	Inhalt in Stichworten

Erläuterungen. Die Verständnisfrage zu I,5 bereitet Unterrichtsschritt 2.5 und 6.5 vor. Der Tempelherr soll als Spion zum Vorteil der Kreuzfahrer gegen Saladin agieren (V. 607–651). Der Tempelherr soll den Sultan ermorden (V. 660–677). Der Klosterbruder handelt im Auftrag des Patriarchen von Jerusalem. Er ist dazu gezwungen. (Er hat eine rhetorische Strategie entwickelt, um deutlich zu machen, dass er das Handeln des Patriarchen nicht gut findet.) Der Tempelherr lässt sich nicht anwerben.

Die Verständnisfrage zu I,6 bereitet Unterrichtsschritt 9.2 vor. Die Rettung war angeblich ein spontaner Akt, über den der Tempelherr nicht länger nachdenken will. Er will hierfür keinen Dank durch den Vater des Mädchens, der ein Jude ist. Er erinnert sich nicht einmal mehr an das gerettete Mädchen (V. 765–780).

ARBEITSBLATT 1a

Steckbrief zum Drama

		Religion	Macht	Fragen/ Vermutungen
Titel	*Nathan der Weise*	Nathan = Prophet des Königs David (Tanach/AT)		
Autor	Gotthold Ephraim Lessing	aus protestantischem Pfarrhaus, sehr an Religionen interessiert	streitet gerne	
Gattung	Dramatisches Gedicht, fünf Aufzüge			
Motto	»Introite, nam et heic Dii sunt!«			
Veröffentlichung	1779			
Figuren (im 18. Jh. »Personen«)	Sultan Saladin			
	Sittah			
	Nathan			
	Recha			
	Daja			
	Tempelherr			
	Derwisch			
	Patriarch			
	Klosterbruder			
	Emir und Mamelucken			
Spielort	Jerusalem			
Spielzeit				

ARBEITSBLATT 1b (Seite 1 von 2)

Sachinformationen zu Spielort und Spielzeit

Spielort: Jerusalem

Jerusalem blickt auf eine fünftausendjährige Geschichte zurück.[1] Die drei abrahamitischen Religionen, Judentum, Christentum und Islam, haben hier zentrale Bauwerke, da sie alle drei die Stadt mit einer »universellen […] Erlösungsgeschichte«[2] verbinden.

In Jerusalem wurde wohl um 960 v. Chr. auf einem Hügel der Tempel des Königs Salomo errichtet.[3] Hier befand sich das für das Volk Israel Allerheiligste, in dem man die Bundeslade mit den Zehn Geboten aufbewahrte. Der Tempel galt somit als Ort der »Schechina, d[er] immerwährende[n] Gegenwart Gottes«.[4] Nach der Zerstörung des Ersten Tempels 586 v. Chr. durch die Babylonier entstand ein Zweiter Tempel um 515 v. Chr., der wiederum 70 n. Chr., diesmal durch die Römer, zerstört wurde. Von den Umgebungsmauern des Tempelareals ist u. a. die sogenannte Westmauer, auch Klagemauer genannt, erhalten, die sich seit dem 16. Jh. zu einem wichtigen sakralen Ort des Judentums entwickelte.[5]

Die Grabeskirche, die den Golgatha-Felsen und das angebliche Grab Christi umfasst, also die Orte seiner Kreuzigung und Auferstehung, geht auf die Zeit Kaiser Konstantins zurück, als sich das Christentum als Staatsreligion des Römischen Reichs etablierte. 335 n. Chr. errichtet, wurde sie zwischenzeitlich zerstört und im 11. Jh. neu aufgebaut. Die Grabeskirche wird aktuell von sechs christlichen Konfessionen gemeinsam verwaltet, die Schlüsselgewalt, wohl auf Saladin zurückgehend, liegt aber bei zwei muslimischen Familien. Die Grabeskirche gilt als ein besonders heiliger Ort des Christentums.

Mit Unterbrechungen durch die Kreuzfahrer stand Jerusalem von 635 bis 1920 unter muslimischer Herrschaft, allerdings wechselnder Herrschaftshäuser. Für den Islam erlangte es zentrale Bedeutung: Nachdem Muhammad (um 570–632 n. Chr.) sein Reittier al-Burāq am südwestlichen Teil der Umgebungsmauer des Tempelbergs angebunden hatte, begann sein Aufstieg in den Himmel. Nach Mekka und Medina ist Jerusalem die drittheiligste Stadt des Islam. An der Wende vom 7. zum 8. Jahrhundert wurden Felsendom und al-Aqsa-Moschee auf dem verlassenen Areal des zerstörten jüdischen Tempels errichtet.

Spielzeit: Die Kreuzzüge

1070 nahmen die Seldschuken, ein türkischer Volksstamm, Jerusalem ein. Sie wendeten sich auch gegen das christliche Byzantinische Reich, so dass Papst Urban II. dazu aufrief, »gegen die Seldschuken in den Krieg zu ziehen und die heiligen Stätten Jerusalems wieder für christliche Pilger zugänglich zu machen«.[6] Von Anfang an verfolgten die Kreuzritter aber nicht nur religiöse, sondern auch territoriale Interessen. 1099 erreichte das erste organisierte Heer im ersten Kreuzzug Jerusalem und richtete bei der Einnahme der Stadt ein Massaker unter der jüdischen und muslimischen Bevölkerung an. »88 Jahre lang prangte auf der vergoldeten Kuppel des Felsendoms […] ein Kreuz.«[7]

Sultan Saladin, der kurdischer Abstammung war und bereits Kriegserfolge in Ägypten und Syrien verzeichnen konnte, gelang es schließlich, Jerusalem zurückzuerobern. Im Juli 1187 besiegte seine Armee bei Hattin in der Nähe des Sees Genezareth die »Franken«, so die Bezeichnung für die Kreuzfahrer. Alle beteiligten Ritter des Templer- und des Hospitalierordens wurden hingerichtet. Beim Einzug in Jerusalem am 27. Radschab (2. Oktober) 1187, dem Jahrestag von Muhammads Himmelsreise, verzichtete Saladin hingegen laut der Überlieferung auf Racheakte an den Christen. Allerdings rief Papst Gregor VIII. im Anschluss zum dritten Kreuzzug auf. Kaiser Friedrich Barbarossa, König Philipp II. von Frankreich und Englands Richard Löwenherz machten sich auf den Weg. Barbarossa ertrank noch auf der Reise im Juni 1190 im Fluss Saleph (heute Göksu, Türkei). Philipp reiste frühzeitig wieder nach Frankreich zurück. Richard Löwenherz und Saladin handelten im September 1192 einen Waffenstillstand für drei Jahre und drei Monate aus, nachdem zuvor Heiratsverhandlungen zwischen beiden Königshäusern gescheitert waren. Saladin verließ Jerusalem im November 1192 und starb im März 1193. Die von Respekt gekennzeichnete Beziehung zwischen beiden Herrschern ist zur Legende geworden. Saladin hatte noch im 18. Jahrhundert, also zu Lebzeiten Lessings, und darüber hinaus einen sehr guten Ruf.

1 Die Darstellung zu »Jerusalem« geht aus von Margret Kampmeyer / Cilly Kugelmann, »Einleitung«, in: *Welcome to Jerusalem* [Katalog zur gleichnamigen Ausstellung im Jüdischen Museum Berlin vom 11.12.2017 bis 30.4.2019], hrsg. von M.K. und C.K. im Auftrag des Jüdischen Museums Berlin, Köln 2017, S. 7–11.

2 Carole Hillenbrand, »Das muslimische Jerusalem, die Kreuzzüge und der Werdegang Saladins«, in: *Welcome to Jerusalem* (s. Anm. 1), S. 35–45, hier S. 39.

3 Vgl. Simone Paganini, »Jerusalem, die Heilige«, in: *Aus Politik und Zeitgeschichte, Jerusalem* (APUZ 15-16/2018), www.bpb.de/apuz/267335/jerusalem-die-heilige?p=1.

4 Kampmeyer/Kugelmann (s. Anm. 1), S. 7.

5 Vgl. Stuart Charmé, »Die Westmauer. Religiöses und politisches Symbol«, in: *Welcome to Jerusalem* (s. Anm. 1), S. 184–188, hier S. 185.

6 Johannes Eberhorn, »Die Kreuzzüge – Krieg um die Heilige Stadt« (26.6.2020), in: *Planet Wissen*, www.planet-wissen.de/geschichte/mittelalter/leben_im_mittelalter/pwiediekreuzzuegekriegumdieheiligestadt100.html. Die Darstellung zu den Kreuzzügen geht auf diesen Artikel und den von Carole Hillenbrand (s. Anm. 2) zurück.

7 Hillenbrand (s. Anm. 2), S. 36.

Arbeitsaufträge:

1. Leiten Sie aus der Darstellung Bedingungen ab, die die Wiederherstellung eines friedlichen Nebeneinanders der Religionen in Jerusalem im Mittelalter begünstigten.
2. Erschließen Sie mit Hilfe der Darstellung, wann das Stück ungefähr spielt.
3. Stellen Sie Vermutungen an:
   - Warum verlegt Lessing sein Stück in das mittelalterliche Jerusalem?
   - Warum macht er einen weisen Juden zur Titelfigur?
   - Warum kommt auch ein historisch verbürgter muslimischer Herrscher vor, der den Ruf hatte, Konflikte nicht leichtfertig zu provozieren?
4. Warum könnte das Drama Menschen von heute etwas bedeuten?

2 Den Wert des emotional-sozialen Austausches erkennen

Sachanalyse

Der Zustand Rechas, der bislang nur durch Dajas Bericht bekannt ist, wird mit ihrem ersten Erscheinen in I,2 unmittelbar erlebbar: Vor dem Hintergrund der durchlebten Todesangst im Feuer, die sie sprachlich sehr eindrücklich artikuliert, besteht die junge Frau darauf, ein Engel habe sie gerettet. Nathan hält mit seiner schon bekannten Vorstellung von Wundern dagegen. So erreicht er, dass Recha begierig wird, die Angelegenheit verstandesmäßig erneut zu beurteilen. Sie fordert eine ›Lehrstunde‹ ihres Vaters ein, die ihr gleichzeitig die Zuwendung sichert, derer sie bedarf, um den Schock durch die erfahrene Lebensgefahr ausgleichen zu können.

Nathans Überzeugungsarbeit beginnt mit dem Argument, dass der Engelsglaube nichts anderes sei als menschliche Eitelkeit. Da dieser Glaube nichts dazu beiträgt, sich den Erfordernissen des konkreten Lebens zu stellen, nährt Nathan sodann in Recha die Phantasie vom kranken Tempelherrn. Er tut dies besonders radikal, so dass Daja ihn kontinuierlich auffordert, das Mädchen nicht zu überfordern. Aber Nathan weiß, dass Argumente alleine nicht reichen werden, die intensiven Schwärmereien zu beenden. Daher ergänzt er verstandesmäßiges durch emotionales Lernen. Er setzt Recha mit Hilfe einer erfundenen Situation einer Katharsis aus.[1] Das, was sie in der Schwärmerei für den Engel verweigert, empfindet sie durch die Zuspitzung des Geschehens in der Erzählung besonders stark, nämlich Mitgefühl für und Furcht um den anderen. Steht im Anschluss wieder das real Anzunehmende im Vordergrund (der Tempelherr ist nicht todkrank, sondern wohl nur verreist), gehen die einmal geweckten Gefühle für den Mitmenschen nicht verloren, sondern stehen ab jetzt im ›gereinigten‹, sprich adäquaten Maß zur Verfügung.

Recha akzeptiert das ›Lehrstück‹ gleichzeitig als Zuwendung ihres Vaters und damit als Aufhebung des Traumas durch die erlebte Lebensgefahr. Vom übermäßigen Wunderglauben kann Nathan sie also, wie es sein angekündigter Plan war (V. 165 f.), heilen.

Genau betrachtet verfolgt das Publikum hier, wie Theater funktioniert, also das ästhetische Erlebnis, dem es gerade selbst beiwohnt. Das Stück klärt über sich selbst auf. Dabei kann der Lehrsatz, den Nathan am Ende der Episode formuliert (V. 359–361), als Motto für Lessings Theater gelten: Seine Dramen dienen nicht dazu, große Helden anzuschmachten, sondern Empathie angesichts des Schicksals der Figuren zu trainieren und so ein gutes Miteinander im Leben der Zuschauerinnen und Zuschauer zu fördern. Eine solche Zielsetzung ist typisch für das Theater der Spätaufklärung in Europa.[2]

Empathie fehlt zunächst auch dem Tempelherrn. Bereits in I,6 möchte er nicht mehr an die Rettung Rechas erinnert werden, geschweige denn, dass er bereit ist, sich auf das sozial notwendige Akzeptieren des Dankes einzulassen. Religiöse Stereotype kommen ihm zur Begründung gerade recht.

Nathan aber vermutet hinter dem schroffen Auftreten einen guten Charakter. Dem passt er in II,5 seine rhetorische Strategie an, so dass es ihm gelingt, mit dem trotzigen jungen Mann ins Gespräch zu kommen.[3] Den eigentlichen Wendepunkt erreicht Nathan aber nicht mit Worten, sondern dem Zeigen von Gefühlen in Form einer Geste angesichts der mutigen Tat des Templers. Er verliert versehentlich eine Träne auf die während der Rettung Rechas versengte Stelle des Mantels des jungen Mannes. Nathan entschuldigt sich hierfür und lenkt damit erst recht die Aufmerksamkeit auf seine Rührung (V. 1250–53). Umgehend findet der Tempelherr in seine emotionale Agilität zurück und beginnt, seinen Gesprächspartner ernst zu nehmen.

Der weitere Verlauf des Dialogs klärt nun, dass sowohl der Tempelherr wie auch Nathan den jeweiligen Überlegenheitsanspruch der Offenbarungsreligionen als kritikwürdig ansehen. Für beide geht die Wahrnehmung des Gegenübers als Mensch vor. So schließen sie Freundschaft. Dass allerdings der Tempelherr nun kaum mehr erwarten kann, Recha kennenzulernen, weist darauf hin, dass ihm im Kontakt mit Nathan auch Gefühle ganz anderer Natur zugängig geworden sind.

1 Nathan unterzieht Recha förmlich einer »Redekur«, »insofern er sie durch sprachliche Bilder in ein Wechselbad der Gefühle taucht« (Ortrud Gutjahr, »Rhetorik des Tabus in Lessings *Nathan der Weise*«, in: *Streitkultur. Strategien des Überzeugens im Werk Lessings*, hrsg. von Wolfram Mauser und Günter Saße, Tübingen 1993, S. 269–278, hier S. 273).

2 Vgl. Sophie Marchand, *Théâtre et pathétique au XVIIIe siècle: pour une esthétique de l'effet dramatique*, Paris 2009.

3 Vgl. Günter Saße, *Die aufgeklärte Familie. Untersuchungen zur Genese, Funktion und Realitätsbezogenheit des familialen Wertsystems im Drama der Aufklärung*, Tübingen 1988, S. 231 ff.

Unterrichtsverlauf

Überblick. Die Schülerinnen und Schüler machen Bekanntschaft mit den zwei jungen Protagonisten des Stücks in jeweils einem ihrer expositorischen Auftritte. Sie lernen zwei Vorgehensweisen Nathans kennen, wie er sein Gegenüber aus einer emotionalen Erstarrung befreit und ihm wieder adäquates soziales Handeln ermöglicht. Die Schülerinnen und Schüler skizzieren den poetischen Rahmen, in den die Heilung Rechas eingelassen ist, in Hinblick auf das emotionale Lernen der Zuschauerin und des Zuschauers. Hier bietet sich eine Vertiefung bezüglich des Wirkungskonzepts des Lessing'schen Dramas an. Im Anschluss an die Analyse des Erweichens des Tempelherrn durch Nathan untersuchen die Schülerinnen und Schüler den argumentativen Konsens beider Figuren hinsichtlich des Religionsthemas. Sie leisten eine erste Zuordnung im Rahmen der Diskussion des 18. Jahrhunderts. ! **Verkürzter Verlauf: 2.1 – 2.2 – 2.4 – 2.5**

Phase	Thema	Sozialform	Kompetenzen und Lernziele	Materialien
Voraussetzungen: Kenntnis des ersten Aufzugs und von Aufzug II, Auftritt 5				
2.1	Voraussetzungen und Motive des Engelsglaubens (I,2; V. 169–198)	UG / EA	• Den Zusammenhang der bildhaften Sprache einer Figur und ihrer emotionalen Situation herstellen • Psychische Motive des Wunderglaubens nachvollziehen	VORLAGE 2a ➤ S. 19
2.2	Die Heilung der Engelsschwärmerin (I,2; V. 329–367)	EA / UG	• Das Schaffen innerer Bilder als Mittel zum Auslösen »emotionalen Lernens« erkennen	VORLAGE 2b ➤ S. 21 f.
2.3 **fakultativ**	Lessings Vorstellung von der emotional-sozialen Wirkung des Theaters	UG / GA (binnendifferenziert)	Vertiefung • Grundlegende Wirkungsaspekte eines Dramas der aristotelischen Tradition erfassen • Die Umsetzung dramentheoretischer Aspekte in einem konkreten Dramentext untersuchen	ARBEITSBLATT 2a ➤ S. 26 f. TAFELBILD 2a ➤ S. 23
2.4	Freisetzen der Gefühle: Der Tempelherr (II,5; V. 1191–1270)	UG	• Die rhetorische Überzeugungsstrategie einer Figur beschreiben • Gestik als Überzeugungsmittel einordnen	
2.5	Übereinkunft in Religionsfragen als Grundlage sozialer Verständigung (II,5; V. 1271–1326)	PA / UG	• Argumentative Standpunkte der Figuren typischen religiösen Positionen im 18. Jahrhundert zuordnen.	ARBEITSBLATT 2b ➤ S. 28 TAFELBILD 2b ➤ S. 25
HA	Lektüre des restlichen Aufzugs II und von III,1			*Nathan der Weise*, Reclam XL, S. 36–51, 56–66

2.1 Voraussetzungen und Motive des Engelsglaubens (I,2; V. 169–198)

UG / EA

VORLAGE 2a
➤ S. 19

Unterrichtsschritt. Die Lektüre des Anfangs von I,2, V. 169–198 erfolgt szenisch durch zwei Lernende, die sich bereit erklärt haben, dies im Vorfeld vorzubereiten. Im Unterrichtsgespräch folgt die Analyse des gegenwärtigen Zustands Rechas und der sprachlichen Mittel, mit denen sie diesen verdeutlicht. Die Ergebnisse werden in VORLAGE 2a ***»Nathan der Weise« I,2; V. 169–198*** eingetragen. Die Schülerinnen und Schüler erkennen, dass Nathan bereits hier der Engelsgeschichte Rechas die sachlichen Bezüge abhorcht. Die Lernenden lesen still den weiteren Text bis V. 327. In Einzelarbeit ermitteln sie die Motive, die nach Nathan hinter dem Wunderglauben stecken. Im Unterrichtsgespräch werden diese in griffigen Formulierungen (kindliche Sensationslust; Eitelkeit, sich auserwählt zu fühlen) zusammengefasst. (Diese können in die Aufzeichnung der Schülerinnen und Schüler von TAFELBILD 1b aufgenommen werden.)

VORLAGE 2a

Nathan der Weise I,2; V. 169–198

RECHA *und die* VORIGEN.

RECHA. So seid Ihr es doch ganz und gar, mein Vater?
Ich glaubt, Ihr hättet Eure Stimme nur
Vorausgeschickt. Wo bleibt Ihr? Was für Berge,
Für Wüsten, was für Ströme trennen uns
Denn noch? Ihr atmet Wand an Wand mit ihr,
Und eilt nicht, Eure Recha zu umarmen?
Die arme Recha, die indes verbrannte! –
Fast, fast verbrannte! Fast nur. Schaudert nicht!
Es ist ein garst'ger Tod, verbrennen. O!
NATHAN. Mein Kind! mein liebes Kind!
RECHA. Ihr musstet über
Den Euphrat, Tigris, Jordan; über – wer
Weiß was für Wasser all? – Wie oft hab ich
Um Euch gezittert, eh das Feuer mir
So nahe kam! Denn seit das Feuer mir
So nahe kam: dünkt mich im Wasser sterben
Erquickung, Labsal, Rettung. – Doch Ihr seid
Ja nicht ertrunken: ich, ich bin ja nicht
Verbrannt. Wie wollen wir uns freun, und Gott,
Gott loben! Er, er trug Euch und den Nachen
Auf Flügeln seiner unsichtbaren Engel
Die ungetreuen Ström' hinüber. Er,
Er winkte meinem Engel, dass er sichtbar
Auf seinem weißen Fittiche, mich durch
Das Feuer trüge –
NATHAN. (Weißem Fittiche!
Ja, ja! der weiße vorgespreizte Mantel
Des Tempelherrn.)
RECHA. Er sichtbar, sichtbar mich
Durchs Feuer trüg, von seinem Fittiche
Verweht. – Ich also, ich hab einen Engel
Von Angesicht zu Angesicht gesehn;
Und meinen Engel.

Arbeitsaufträge/Leitfragen:

- In welchem Zustand tritt Recha auf?
- Untersuchen Sie, mit welchen sprachlichen Mitteln sie ihre Lage schildert.
- Skizzieren Sie die Beziehung, die Recha zu Nathan hat.
- Nennen Sie die Motive, die Nathan für den Wunderglauben geltend macht.

Erläuterungen. Die Schülerinnen und Schüler erkennen, dass die Todesangst im Feuer Recha noch prägt. Gleichzeitig bemerken sie, wie verbal differenziert sie sich auszudrücken vermag. Mit einer antithetisch organisierten, die Elemente »Feuer« und »Wasser« zitierenden Rede, die zudem zwischen geographisch real gegebenen Orten und ihrer metaphorischen Bedeutung oszilliert (V. 178–186), kann die junge Frau ihre emotionale Situation versiert verständlich machen. Es ist glaubwürdig, dass Nathan bei seinen Reisen die Flüsse Euphrat, Tigris und Jordan überquert, aber gleichzeitig sind es die biblischen Flüsse, deren Nennung ähnlich wie die anfängliche Aufzählung der »Berge, [...] Wüsten, [...] Ströme« (V. 171 f.) die räumliche Distanz ins Unermessliche steigert. Recha macht so besonders eindringlich klar, wie unerreichbar Nathan für sie war, wie sehr sie seiner nach der äußersten Bedrohung bedarf. Für sie erklärt sich Nathans glückliche Rückkehr und ihre Rettung als unmittelbares Eingreifen Gottes: Gott habe den »Nachen« (V. 187) mit Nathan gesteuert und ihr ihren Schutzengel gesandt. Indem sie so auf dem ›Wunderbaren‹ besteht, bezeichnet sie aber erst recht, wie sehr ihr Gottvertrauen durch die Todesangst erschüttert ist. Gleichzeitig genügt ihr nicht nur *ein* Wort zur Kennzeichnung ihrer durch das Trauma des Feuers positiven, letztlich paradoxen Wahrnehmung des Ertrinkens, es müssen drei zu einer Klimax geformte sein (»Erquickung, Labsal, Rettung«, V. 184). Hier zeigt sich ein gebildetes Mädchen, das seinen tiefen Schrecken sprachlich sehr effektiv und doch kontrolliert zum Ausdruck bringt.

Nathans Einfordern der Informationen im Sinne seiner Auffassung von Wundern weckt entsprechend in Recha den Drang nach einem korrekten Verständnis ihrer Rettung (»Mein Vater, wenn ich irr, Ihr wisst, ich irre / Nicht gern.«, V. 276 f.). Eine ihrer wichtigsten Austauschformen mit Nathan, die ihre Liebe zu ihm und ihr Vertrauen in ihn immer wieder neu bestärken, scheinen ›Lehrstücke‹ durch ihn zu sein. Nathan nutzt dies, um sie über die Motive des Wunderglaubens wie kindliche Sensationslust (V. 220–224) und Eitelkeit, sich auserwählt zu fühlen (V. 293–296), aufzuklären.

Rechas Wunderglaube könnte aus heutiger Sicht naiv erscheinen. Wie es für Opfer von Katastrophen durchaus nicht ungewöhnlich ist, neigt die junge Frau in dieser Situation zu magischem Denken, das zudem in den Gesellschaften des 18. Jahrhunderts in Europa noch weithin akzeptiert ist. Diese Einordnung kann als Anlass genommen werden, um zu fragen, wie Nathan vorgehen wird, um Recha wieder emotionale Stabilität und einen an natürlichen Abläufen orientierten Zugang zur Welt zu ermöglichen, und so zum nächsten Unterrichtsschritt überzuleiten. Die Verschiebung in der Wahrnehmung von Naturphänomenen, die die Aufklärer prägt, wird in Unterrichtsschritt 8.1 explizit thematisiert.

2.2 Die Heilung der Engelsschwärmerin (I,2; V. 329–367)

EA / UG

VORLAGE 2b

➤ S. 21 f.

Unterrichtsschritt. Die Schülerinnen und Schüler lesen still V. 329–367 in ihrer Textausgabe und skizzieren in Einzelarbeit Rechas Reaktionen. Mit Hilfe von VORLAGE 2b ***»Nathan der Weise« I,2; V. 329–367*** werden im Unterrichtsgespräch die Ergebnisse für alle sichtbar auf dem Whiteboard zusammengetragen und auf den Stand von Nathans ›Geschichte‹ bezogen. Zudem wird der Inhalt der ab V. 355 eingeleiteten Erkenntnis analysiert.

Arbeitsaufträge/Leitfragen:
- Welche Situation des Tempelherrn malt Nathan Recha aus? Markieren Sie mit Stichworten im Text den Ablauf ihrer Reaktionen!
- An welcher Stelle legt Nathan das Hypothetische der von ihm genährten Vorstellung offen? Was bewirkt das?

Erläuterungen. Damit Recha wieder einen Zugang zu einer realistischen Wahrnehmung bekommt, die die Bedürfnisse der Mitmenschen nicht ausblendet, nährt Nathan in ihr die Phantasie des kranken Tempelherrn. Die Vorstellung alleine wirkt sofort, löst einen »kalte[n] Schauer« (V. 331) aus. Nathan weitet sie aus, indem er das vom Tempelherrn Bekannte als Beleg anführt: ein Mitteleuropäer, des Klimas in Vorderasien nicht gewohnt, geschweige denn der Anstrengungen des Soldatendienstes (V. 334–336). Nathan treibt seine ›Geschichte‹ weiter, indem er die Folgen für den in Jerusalem fremden Ritter ausmalt, nämlich einsam und verlassen der nun schon tödlichen Krankheit ausgeliefert. Der Einwurf Rechas zeigt, dass sie bereits um das Leben des Templers fürchtet. Nathan erhöht den Druck weiter, indem er den zupackenden Rettungsakt des Templers aus rein humanen Motiven dem am Anfang der Passage beschriebenen weltfremden Schwärmen der zwei Frauen entgegenhält, das angeblich ursächlich für die missliche Lage des Retters sei. Ab dieser Stelle kann Recha schon nicht mehr antworten, stellt Daja sich vor sie. Dem so aber dem Höhepunkt entgegengetriebenen »Schau(d)er« setzt Nathan die letzte Spitze auf, indem er Dajas Vorwurf, er töte Recha, auf die Bedienstete wie auf seine Tochter beziehbar entgegenhält: »Und du hast ihn getötet!« (V. 353). Das mildert er unmittelbar ab in »Hättst so ihn töten können.« (V. 354) Dadurch nimmt Nathan die höchste Spannung im Innern Rechas zurück. Gleichzeitig leitet er durch die Kennzeichnung des Hypothetischen die Erkenntnis ein. Diese betrifft zwei Aspekte. Zum einen geht es um das Lebensfeindliche, da Unsoziale, des Schwärmens. Zum anderen aber ist so auch das Unerbittliche Thema, mit dem Nathan das Lehrstück erteilt hat. Schließlich musste eine fehlgeleitete Emotion überwunden werden. Recha be-

VORLAGE 2b

Nathan der Weise I,2; V. 329–367

NATHAN […]
Grausame Schwärmerinnen! –
Wenn dieser Engel nun – nun krank geworden! …
RECHA. Krank!
DAJA. Krank! Er wird doch nicht!
RECHA. Welch kalter Schauer
Befällt mich! – Daja! – Meine Stirne, sonst
So warm, fühl! ist auf einmal Eis.
NATHAN. Er ist
Ein Franke, dieses Klimas ungewohnt;
Ist jung; der harten Arbeit seines Standes,
Des Hungerns, Wachens ungewohnt.
RECHA. Krank! krank!
DAJA. Das wäre möglich, meint ja Nathan nur.
NATHAN. Nun liegt er da! hat weder Freund, noch Geld
Sich Freunde zu besolden.
RECHA. Ah, mein Vater!
NATHAN. Liegt ohne Wartung, ohne Rat und Zusprach,
Ein Raub der Schmerzen und des Todes da!
RECHA. Wo? wo?
NATHAN. Er, der für eine, die er nie
Gekannt, gesehn – genug, es war ein Mensch –
Ins Feu'r sich stürzte …
DAJA. Nathan, schonet ihrer!
NATHAN. Der, was er rettete, nicht näher kennen,
Nicht weiter sehen mocht, – um ihm den Dank
Zu sparen …
DAJA. Schonet ihrer, Nathan!
NATHAN. Weiter
Auch nicht zu sehn verlangt', – es wäre denn,
Dass er zum zweiten Mal es retten sollte –
Denn g'nug, es ist ein Mensch …
DAJA. Hört auf, und seht!
NATHAN. Der, der hat sterbend sich zu laben, nichts –
Als das Bewusstsein dieser Tat!
DAJA. Hört auf!
Ihr tötet sie!
NATHAN. Und du hast ihn getötet! –
Hättst so ihn töten können. – Recha! Recha!
Es ist Arznei, nicht Gift, was ich dir reiche.
Er lebt! – komm zu dir! – ist auch wohl nicht krank;
Nicht einmal krank!
RECHA. Gewiss? – nicht tot? nicht krank?
NATHAN.
Gewiss, nicht tot! – Denn Gott lohnt Gutes, hier
Getan, auch hier noch. – Geh! – Begreifst du aber,
Wie viel a n d ä c h t i g s c h w ä r m e n leichter, als
G u t h a n d e l n ist? wie gern der schlaffste Mensch
Andächtig schwärmt, um nur, – ist er zuzeiten

VORLAGE 2b (Fortsetzung)

Sich schon der Absicht deutlich nicht bewusst –
Um nur gut handeln nicht zu dürfen?
RECHA. Ah,
Mein Vater! lasst, lasst Eure Recha doch
Nie wiederum allein! – Nicht wahr, er kann
Auch wohl verreist nur sein? –
NATHAN. Geht! – Allerdings. –

greift offensichtlich beides. Sie macht ihrem Vater keine Vorwürfe, sondern versichert sich seines zukünftigen Schutzes. Zudem entwickelt sie jetzt selbst eine nun sehr realitätsnahe Hypothese: Der Tempelherr könne auch nur verreist sein (V. 366 f.).

2.3 Lessings Vorstellung von der emotional-sozialen Wirkung des Theaters (fakultativ)

UG / GA (binnen-differenziert)

ARBEITSBLATT 2a ➤ S. 26 f.
TAFELBILD 2a ➤ S. 23

Unterrichtsschritt. Zentrales Unterrichtsmaterial ist ARBEITSBLATT 2a ***»Katharsis«, »Mitleid«, »Furcht«: Die emotional-soziale Wirkung der Tragödie.*** Im gemeinsamen Unterrichtsgespräch wird zunächst der Begriff der »Katharsis« bei Aristoteles mit Hilfe der Arbeitsaufträge 1 und 2 auf ARBEITSBLATT 2a geklärt. Anschließend arbeiten die Lernenden in drei Gruppen (bei Bedarf jeweils noch in kleinere Gruppen aufgeteilt) an den jeweiligen Arbeitsaufträgen unter Punkt 3 weiter. Hier ist Binnendifferenzierung möglich: Für Gruppe 1 ist die leichteste Aufgabe vorgesehen, für Gruppe 3 die anspruchsvollste. Die Ergebnisse werden in TAFELBILD 2a zusammengetragen. Zeile 1 und Spalte 1 der Tabelle werden zu Beginn der Gruppenarbeit durch die Lehrkraft vorgegeben.

Es schließt sich mit Hilfe von Arbeitsauftrag 4 die Untersuchung an, in welchem Umfang die analysierten Abläufe Anwendung auf V. 329–367 des Dramas finden können. Im letzten Transferschritt wird die Selbstthematisierung des Theaters erfasst. Eine besonders starke Lerngruppe erkennt an dieser Stelle zusätzlich, dass Lessing seine Theorie des Theaters, auch mit Hilfe seiner Stücke, immer weiterentwickelt.

Erläuterungen. Lessing gilt als Erneuerer der aristotelischen Theatertradition. Schon früh lernt er, die Klassiker der Antike fließend zu lesen. Während seiner fünf Jahre an der Fürstenschule St. Afra in Meißen, die er als besonders begabter Schüler im Anschluss an die Lateinschule besucht, erhält er wöchentlich 15 Stunden Unterricht in Latein und vier Stunden in Altgriechisch (vgl. Monika Fick, *Lessing-Handbuch. Leben – Werk – Wirkung*, Stuttgart [4]2016, S. 520). So kann er später versiert die zeitgenössische Diskussion der Schlüsselbegriffe der *Poetik* des Aristoteles vorantreiben. Was das 18. Jahrhundert noch nicht erkennen kann, hat die altphilologische Forschung ab den 1970er Jahren herausgearbeitet: Es geht im Theater der Antike um das Erleben physisch-psychischer Aufregung, also von körperlich, z. B. durch Gänsehaut, klar erkennbaren »Erregungszuständen«. Die Emotionen werden hochgetrieben, um den so geschaffenen Überschuss im Anschluss umso effektiver ableiten zu können. Katharsis meint Reinigung *der* Gefühle, nicht von den Gefühlen. Der Theaterbesuch ist eine emotionale Kurzkur. Allerdings ist schon Aristoteles, gerade bei der Tragödie, an einer moralischen Ausrichtung des Erlebens gelegen. Die Handlung hat dies zu begünstigen. Die moralische Wirkung ist auf kognitivem Weg vorzubereiten. Letztlich ist sie an die Einsicht in die das Scheitern nie ausschließende »menschliche[] Existenz« gebunden (Manfred Fuhrmann, *Die Dichtungstheorie der Antike. Aristoteles – Horaz – ›Longin‹. Eine Einführung*, Darmstadt [2]1992, S. 110).

So sagt es viel über das 18. Jahrhundert aus, wenn dieses emotionales, moralisches und soziales Lernen ins Zentrum des Theatergeschehens rückt. Was Lessing vorschwebt, ist ein Training von Mitfühlen mit den gesellschaftlich vorübergehend oder dauerhaft Ausgegrenzten. In einer Gesellschaft ohne flächendeckende Sozialsysteme wie der des 18. Jahrhunderts ist das Einüben eines solidarischen Gefühls durch den Einzelnen häufig der einzige Schutz für Personen in einer sozialen Notlage. Das Theater wirkt an dieser Stelle gemeinschaftsfördernd.

Lessing versteht, dass die Wirkung des Mitfühlens sich intensiviert, wenn dieses mit einem Selbstbezug verbunden wird. Der Einzelne lernt mit Hilfe von Theaterbesuchen, sich vorzustellen, dass er in der Situation eines anderen mit dessen Voraussetzungen nicht anders fühlen oder handeln würde. Der Einzelne erkennt zudem an,

TAFELBILD 2a

Die sozial-emotionale Wirkung eines Theaterstücks

	Briefwechsel Trauerspiel Art der Wirkung	*Hamburgische Dramaturgie* Art der Wirkung	*Hamburgische Dramaturgie* Weg zur Wirkung
Figur auf der Bühne	• Die Figur gerät in eine Notlage.	• Die Figur gerät in eine Notlage.	• Die Figur verfolgt ein Ziel mit Leidenschaft. • Sie lässt sich von ihren Gefühlen leiten. • Sie gerät dadurch in eine fatale Lage.
Zuschauer	• Der Zuschauer lässt sich hiervon berühren und ist hilfsbereit (Mitleid).	• Der Zuschauer identifiziert sich mit der Figur (Mitleid). • Er erkennt, dass er in ähnliche Notlage geraten kann (Furcht um sich).	• Der Zuschauer durchlebt mit der Figur ihre Gefühle und Entscheidungen. • Langsam merkt er, dass sie sich in eine fatale Lage bringt.
»Lerneffekt«	• Im Alltag ist er trainierter, sich von der Notlage anderer berühren zu lassen. • Dieses Mitfühlen wird zum Impuls, anderen zu helfen.	• Empathie und Solidarität lassen sich im Alltag leicht wecken. • Der Zuschauer erkennt seine eigene Schwäche.	• Er ist solidarisch: Er wäre genauso blind in sein Unglück gerannt. • Er erschrickt über sich selbst, stellt sich in Frage.

dass niemand vor existenzieller Not sicher ist. Dies sind die Grundlagen für eine umfassendere Form von Empathie, die moralisches Handeln nach sich zieht: Bin ich fähig, die Notlage des anderen auf mich zu übertragen, so gönne ich ihm das Gleiche wie mir selbst, um aus dieser freizukommen.

Für Recha reicht bereits die von ihr für real gehaltene, da durch Nathan erzählte Situation vom hilfsbedürftigen Soldaten, um um Letzteren zu fürchten. Neigt der Zuschauer oder die Zuschauerin, wie dies im 18. Jahrhundert durchaus nicht unüblich ist, selbst dem Wunderglauben zu, kann er oder sie an dieser Stelle die leichte Beeindruckbarkeit des Mädchens nachvollziehen. Empfunden wird zudem ein gewisses Maß an Furcht um Recha, weil durch Dajas eingeworfene Warnungen in Frage steht, ob Nathan den Bogen nicht doch überspannen und Recha emotional überfordern wird. Was sich aber nicht einstellt, ist eine Identifikation mit einer Bühnenfigur, mit der man unbekümmert auf ein Ziel zusteuert, das sich schließlich als fatal erweisen wird. Im Gegenteil: Der Verstand der Zuschauerinnen und Zuschauer ist aktiviert, denn Rechas Zustand wird in I,1 ausführlich besprochen. Zudem werden die Argumente, die gegen den Wunderglauben sprechen, in den vorausgehenden Versen umfassend ausgeführt. Dadurch kann das Erleben ihrer Heilung für das Publikum nicht mehr überwältigend sein. Vielmehr gilt: Indem dieses den Ablauf vom »kalte[n] Schau[d]er« (V. 331) bis zum erweiterten Verstehen mitverfolgt, kann es durchschauen, wie Fiktion, auch die des Theaters, auf Menschen wirkt.

2.4 Freisetzen der Gefühle: Der Tempelherr (II,5; V. 1191–1270)

UG

Unterrichtsschritt. Die Lektüre des Anfangs von II,5 (V. 1191–1270) erfolgt still als wiederholender Teil der für diese Unterrichtsstunde zu erledigenden Hausaufgabe. Im Anschluss untersuchen die Schülerinnen und Schüler im gemeinsamen Unterrichtsgespräch, wie Argumentation und Gestik Nathans zur Befreiung des Tempelherrn aus seiner emotionalen Starrheit beitragen.

Arbeitsaufträge/Leitfragen:

- Wie schätzt Nathan den Tempelherrn beim ersten Anblick ein?
- Wie geht er daraufhin argumentativ vor? Finden Sie ein Motto, das seine Strategie auf den Punkt bringt.
- Wodurch erreicht Nathan, dass der Tempelherr anfängt, ihn ernst zu nehmen?
- Beschreiben Sie, wie der Tempelherr am Ende der Szene zu Recha steht.

Erläuterungen. Ähnlich wie Recha fehlt auch dem Tempelherrn vorübergehend Empathie. Bereits in I,6 möchte er nicht mehr an die Rettung Rechas erinnert werden, geschweige denn, dass er bereit ist, sich auf das sozial notwendige Akzeptieren des Dankes einzulassen (vgl. Unterrichtsschritt 1.6). Verbohrt begründet er dies mit der Religionszugehörigkeit Nathans. Im ersten Dialog mit dem jüdischen Kaufmann (II,5) treibt er seine Abwehr noch ein Stück weiter, indem er seinen Lebensverdruss als Grund für die Rettung des Mädchens aus dem Feuer angibt.

Nathan aber verlässt sich auf seinen ersten Eindruck und vermutet hinter der bitteren Schale einen süßen Kern (V. 1197 f.). So gelingt es ihm, das Gespräch mit dem trotzigen jungen Mann aufrechtzuerhalten, indem er sich nicht auf dessen Provokationen (bittere Schale) einlässt, sondern diesem kontinuierlich eine edle Haltung (süßer Kern) hinter den abweisenden Äußerungen unterstellt.

Den eigentlichen Wendepunkt erreicht Nathan aber nicht mit Worten, sondern einer Geste. Das bei der Rettung Rechas versengte Mantelstück des Tempelherrn rührt Nathan zu Tränen, und er tut nichts, dies zu verbergen, im Gegenteil: Durch die Entschuldigung, eine Träne sei versehentlich genau auf diese Stelle gefallen, lebt er dem Tempelherrn seine Ergriffenheit anlässlich der mutigen Tat des jungen Mannes vor. Prompt setzt bei diesem Verwirrung (V. 1252 f.) ein. Nun bedarf es nur noch der indirekten Erwähnung seiner Hartherzigkeit Recha gegenüber, damit der Tempelherr Mitgefühl für das Mädchen, aber auch für seinen aktuellen Gesprächspartner empfindet. Im Anschluss daran nimmt er diesen nicht mehr als Angehörigen einer von ihm verachteten Religionsgemeinschaft wahr, sondern als Menschen mit einer individuellen Identität und Würde, sprich einem Namen (V. 1258 f.). Am Ende sind sich der Tempelherr und Nathan nicht nur in Religionsfragen (s. u.), sondern auch in ihrer Sorge um das Wohl Rechas einig. Dass Nathan aber ungewollt noch eine andere Art von Gefühlen im Tempelritter freigesetzt hat, lässt dessen Formulierung, er »brenne vor Verlangen« (V. 1323), das Mädchen kennenzulernen, bereits erahnen.

2.5 Übereinkunft in Religionsfragen als Grundlage sozialer Verständigung

PA / UG

ARBEITSBLATT 2b
➤ S. 28
TAFELBILD 2b
➤ S. 25

Unterrichtsschritt. Mit Hilfe von ARBEITSBLATT 2b ***Auffassung von Religion bei Nathan und beim Tempelherrn*** erarbeiten die Schülerinnen und Schüler eine erste Eingrenzung der religiösen Auffassung Nathans und der des Tempelherrn im Rahmen der Diskussion des 18. Jahrhunderts. Entsprechend wird die Lerngruppe geteilt. Die eine Hälfte erfasst die Auffassung Nathans (A), die andere die des Tempelherrn (B). Dies erfolgt jeweils in Partnerarbeit. Die Ergebnisse werden in TAFELBILD 2b festgehalten. Das auswertende Unterrichtsgespräch richtet sich v. a. auf eine präzise begriffliche Zuordnung wie in Spalte 3 von TAFELBILD 2b. Die Schülerinnen und Schüler lernen so, übergeordnete Begriffe differenziert anzuwenden.

Zum besseren Textverständnis wird vor Beginn der Partnerarbeit die im 18. Jahrhundert noch übliche Verwendung der verneinten Modalverben (V. 1283–85) und der pleonastischen Verneinung (V. 1286) thematisiert.

Erläuterungen. Der Dialog ab V. 1271 klärt, dass sowohl der Tempelherr wie auch Nathan den jeweiligen Überlegenheitsanspruch der Offenbarungsreligionen als kritikwürdig ansehen. Für beide geht die Wahrnehmung des Gegenübers als Mensch vor. Durch diese Übereinkunft im Sinne des im 18. Jahrhundert im Rahmen der Naturrechtslehre neu begründeten Universalwerts der Menschenwürde und des daraus folgenden Respekts vor Menschen mit anderer Religion können sie Freundschaft schließen.

TAFELBILD 2b

Auffassung von Religion

Nathan	Tempelherr	Zuordnung
Jude	Christ	Theismus
Gott lenkt ggf. Zufälle günstig, aber untergräbt nicht Autonomie der Handelnden. Gott belohnt zupackendes, mitmenschliches Handeln (V. 358 f.).		Theistischer Aspekt, aber schon relativiert
	Gott zeigt sich in den Werken der Natur. Er widerspricht sich nicht: der Thr. gleicht Saladins Bruder, der Thr. will nicht Saladins Mörder sein (V. 704–710).	Deistischer Aspekt
Alle Länder und Religionen haben gute Menschen (V. 1273 f.). Jeder ist zunächst Mensch und dann erst Angehöriger einer Religion (V. 1310 f.).	Stimmt zu, hat Erfahrung mit fataler Situation in Jerusalem, wenn das missachtet wird. Rettet junge Frau aus Feuer, ohne ihre Religion zu kennen.	Universalwert durch Naturrecht begründet (vgl. Art. 1 der Allgemeinen Erklärung der Menschenrechte)

Hausaufgabe

Arbeitsaufträge:

1. Vorbereitende Lektüre des restlichen Aufzugs II und von III,1 (*Nathan der Weise*, Reclam XL, S. 36–51 und S. 56–66) mit Weiterführen der Kurzskizzierung der Szenen für Aufzug II und Auftritt III,1 im in Unterrichtsstunde 1 vorgestellten Schema.
2. Beantworten Sie auf der Grundlage des Textes:
   - Zu II,7: Warum fühlt sich Nathan Saladin verpflichtet?
   - Zu II,9: Warum warnt Al-Hafi seinen Freund Nathan vor Saladin?

Erläuterungen. Die Verständnisfrage zu II,7 bereitet Unterrichtsschritt 5.5 vor. Recha konnte nur gerettet werden, weil zuvor Saladin den Tempelherrn begnadigt hatte. Saladin hat dazu beigetragen, dass das Wichtigste für Nathan erhalten wurde (V. 1345–56).

Die Verständnisfrage zu II,9 bereitet Unterrichtsschritt 6.4 vor. Al-Hafi glaubt, Saladin werde seine Macht missbrauchen, um von Nathan immer mehr Geld zu borgen, ohne es je zurückzugeben. Er werde Nathan ruinieren. Einfluss werde Nathan auf Saladin nicht gewinnen, denn dieser höre nicht auf fremden Rat (V. 1443–54).

»Katharsis«, »Mitleid«, »Furcht«: Die emotional-soziale Wirkung der Tragödie

1. Aristoteles in der *Poetik* (um 335 v. Chr.):

»Die Tragödie ist Nachahmung einer guten und in sich geschlossenen Handlung von bestimmter Größe, in anziehend geformter Sprache, […] Nachahmung von Handelnden und nicht von Bericht, die Jammer [*eleos*] und Schaudern [*phobos*] hervorruft und hierdurch eine Reinigung [*katharsis*] von derartigen Erregungszuständen bewirkt.«

Aristoteles: Die Poetik. Griechisch/Deutsch. Übers. und hrsg. von Manfred Fuhrmann. Stuttgart: Reclam, 2003. S. 19.

2. Lessing im *Briefwechsel über das Trauerspiel*, den er vom Herbst 1756 bis zum Mai 1757 von Leipzig aus mit Friedrich Nicolai und Moses Mendelssohn führt, die in Berlin sind:

»[D]ie Bestimmung der Tragödie ist diese: sie soll *unsre Fähigkeit, Mitleid zu fühlen*, erweitern. Sie soll uns nicht bloß lehren, gegen diesen oder jenen Unglücklichen Mitleid zu fühlen, sondern sie soll uns so weit fühlbar machen, dass uns der Unglückliche zu allen Zeiten, und unter allen Gestalten, rühren und für sich einnehmen muss. Und nun berufe ich mich auf einen Satz, den Ihnen Herr Moses vorläufig demonstrieren mag, wenn Sie Ihrem eignen Gefühl zum Trotz, daran zweifeln wollen. *Der mitleidigste Mensch ist der beste Mensch*, zu allen gesellschaftlichen Tugenden, zu allen Arten der Großmut der aufgelegteste. Wer uns also mitleidig macht, macht uns besser und tugendhafter, und das Trauerspiel, das jenes tut, tut auch dieses […].«

Gotthold Ephraim Lessing: Briefwechsel über das Trauerspiel. [An Nicolai (November 1756)]. In: G. E. L.: Literaturtheoretische und ästhetische Schriften. Hrsg. von Albert Meier unter Mitarb. von Maike Schmidt. Stuttgart: Reclam, 2006. S. 24 f. [Behutsam modernisiert.]

3. Lessing in der *Hamburgischen Dramaturgie*, die er ab April 1767 als Theaterkritiker des dortigen neuen, aber bereits im April 1768 gescheiterten Nationaltheaters verfasst:

»Denn er, Aristoteles, ist es gewiss nicht, der die mit Recht getadelte Einteilung der tragischen Leidenschaften in Mitleid und Schrecken gemacht hat. Man hat ihn falsch verstanden, falsch übersetzt. Er spricht von Mitleid und Furcht, nicht von Mitleid und Schrecken; und seine Furcht ist durchaus nicht die Furcht, welche uns das bevorstehende Übel eines andern, für diesen andern, erweckt, sondern es ist die Furcht, welche aus unserer Ähnlichkeit mit der leidenden Person für uns selbst entspringt; es ist die Furcht, dass die Unglücksfälle, die wir über diese verhänget sehen, uns selbst treffen können; es ist die Furcht, dass wir der bemitleidete Gegenstand selbst werden können. Mit einem Worte: diese Furcht ist das auf uns selbst bezogene Mitleid.«

Gotthold Ephraim Lessing: Fünfundsiebzigstes Stück. Den 19. Januar 1768. In: G. E. L.: Hamburgische Dramaturgie. Hrsg. von Klaus L. Berghahn. Stuttgart: Reclam, 2013. S. 383. [Behutsam modernisiert.]

4. Lessing, ebenfalls in der *Hamburgischen Dramaturgie*:

»Unzufrieden, ihre Möglichkeit bloß auf die historische Glaubwürdigkeit zu gründen, wird er [der Poet] suchen, […] die Leidenschaften [seiner Personen] nach eines jeden Charakter so genau abzumessen; wird er suchen, diese Leidenschaften durch so allmähliche Stufen durchzuführen: dass wir überall nichts als den natürlichsten, ordentlichsten Verlauf wahrnehmen; dass wir bei jedem Schritte, den er seine Personen tun lässt, bekennen müssen, wir würden ihn, in dem nämlichen Grade der Leidenschaft, bei der nämlichen Lage der Sachen, selbst getan haben; dass uns nichts dabei befremdet, als die unmerkliche Annäherung eines Zieles, von dem unsere Vorstellungen zurückbeben, und an dem wir uns endlich, voll des innigsten Mitleids gegen die, welche ein so fataler Strom dahinreißt, und voll Schrecken über das Bewusstsein befinden, auch uns könne ein ähnlicher Strom dahinreißen, Dinge zu begehen, die wir bei kaltem Geblüte noch so weit von uns entfernt zu sein glauben.«

Gotthold Ephraim Lessing: Zweiunddreißigstes Stück. Den 18. August 1767. In: Ebd. S. 166 f.

Arbeitsaufträge:

1. Aristoteles benutzt in der *Poetik* die Begriffe *eleos*, *phobos* und *katharsis*. Die Übersetzung war lange umstritten. Welche deutschen Begriffe wählt Manfred Fuhrmann?
2. Formulieren Sie Vermutungen, was »Reinigung von […] Erregungszuständen« im antiken Theater meinen könnte.
3. In Gruppenarbeit:
   - Gruppe 1: Beschreiben Sie, wie laut *Briefwechsel über das Trauerspiel* das Theater zu einem besseren gesellschaftlichen Zusammenleben beiträgt. Finden Sie einen modernen Ausdruck für die »*Fähigkeit, Mitleid zu fühlen*«. Beziehen Sie sich auf Zitat 2.
   - Gruppe 2: Beschreiben Sie, wie sich Lessing die soziale Wirkung einer Tragödie in der *Hamburgischen Dramaturgie* vorstellt. Beziehen Sie sich auf Zitat 3.
   - Gruppe 3: Beschreiben Sie, wie sich Lessing in der *Hamburgischen Dramaturgie* den Ablauf einer Tragödie vorstellt, damit der Zuschauer mit der Hauptfigur mitfühlt. Beziehen Sie sich auf Zitat 4.
4. Untersuchen Sie, welche Gefühle Recha während ihrer Heilung vom Engelsglauben durchlebt. Vergleichen Sie, was die Zuschauerin / der Zuschauer während dieser Heilung erlebt. Trifft Zitat 4 zu?

ARBEITSBLATT 2b

Auffassung von Religion bei Nathan und beim Tempelherrn

Arbeitsaufträge:

1. **Gruppe A:** Fassen Sie zusammen, was Sie bislang zur Religionsauffassung Nathans erfahren haben. Beziehen Sie sich auf die Verse 1271–1320 sowie auf die Auftritte I,1 und I,2.
   Gruppe B: Fassen Sie zusammen, was Sie bislang zur Religionsauffassung des Tempelherrn erfahren haben. Beziehen Sie sich auf die Verse 1271–1320 sowie auf den Auftritt I,5.
2. Nutzen Sie die Erklärungen zu den Begriffen »Theismus«, »Deismus« und »Naturrecht« der Vorlage für eine genauere Zuordnung Ihrer Beobachtungen.

Begriffsklärungen: Theismus, Deismus, Naturrecht

»**Theismus** (griech. théos ›Gott‹). Der Theismus versteht Gott als Schöpfer der Welt, der sie erhält und lenkt. Hierin unterscheidet sich der Theismus vom Deismus, der jeden Eingriff eines Gottes in die Welt bestreitet. Der Gott theistischer Religionen ist überwiegend transzendent, überschreitet also unsere Erfahrung, z.T. hat er auch immanente, in der Welt seiende Elemente oder Erscheinungsformen. Er wirkt zwar in der Welt (etwa durch Wunder und Offenbarungen), ist jedoch in der Substanz komplett von ihr verschieden (es besteht eine strenge Dualität bzw. Trennung von Schöpfer und Schöpfung). Darin unterscheidet sich der Theismus vom Pantheismus, der die Existenz eines persönlichen Gottes bestreitet und Gott mit dem Universum gleichsetzt, und vom Agnostizismus, der meint, Gott könne nicht erkannt werden, und daher auf jedes Urteil seiner Existenz verzichtet, sowie vom Deismus, der die Existenz eines Gottes zwar anerkennt, seine Gegenwart im weltlichen Leben jedoch abstreitet.

Deismus (lat. *deus* ›Gott‹, auch mit griech. δεῖ/*dei* ›es ist notwendig‹ in Verbindung gebracht). Deismus bezeichnet in philosophischer Hinsicht den Glauben an einen Gott aus Verstandesgründen. Er bringt das Göttliche zwar mit der Entstehung des Universums in Verbindung, bestreitet jedoch das weitere Eingreifen Gottes in den Weltlauf. Dies steht im Gegensatz zum Gottesverständnis der Offenbarungsreligionen, das von Annahmen und Überlieferungen geprägt ist, die die Autorität der organisierten Kirche bilden. Deisten vertreten demgegenüber eine ›natürliche Religion‹, in der der Mensch allein, quasi ›naturgegeben‹, durch das Mittel der Vernunft Gott erkennen kann. Der Deismus entstand als Religionsphilosophie im 17. und 18. Jahrhundert in England, von wo aus er im Rahmen der Aufklärung über Frankreich den Weg nach Deutschland fand. Die genauen Vorstellungen verschiedener deistischer Strömungen unterscheiden sich.«

Gotthold Ephraim Lessing: Nathan der Weise. Reclam XL, Text und Kontext. Hrsg. von Thorsten Krause. Stuttgart 2015. S. 183.

Naturrecht »[Das Naturrecht] stellte die Normen des menschlichen Zusammenlebens auf eine neue theoretische Grundlage, die von den konkurrierenden religiösen Wahrheitsansprüchen unabhängig war. […]. Das Naturrecht war eine *Methode* der Rechtsbegründung; es lässt sich nicht auf bestimmte *inhaltliche* Positionen festlegen. Vielmehr konnte es sowohl zur Legitimierung unumschränkter Gewalt als auch zur Begründung universeller Menschenrechte eingesetzt werden.«

Barbara Stollberg-Rilinger: Die Aufklärung. Europa im 18. Jahrhundert. Stuttgart: Reclam, ^{4}2019. S. 203.

3 Die ›Jungen‹: Die verhinderte Liebesgeschichte erfassen

Sachanalyse

Die Befreiung der zwei jungen Protagonisten aus ihrer emotionalen Einseitigkeit hat ohne Nathans Wissen zu einem Ungleichgewicht geführt. Die erste *bewusste* Begegnung zwischen Recha und dem Tempelherrn in III,2 macht dies deutlich. Die junge Frau erwartet zwar zunächst ungeduldig die Ankunft ihres Retters, um nun endlich ihren Dank zum Ausdruck bringen zu können, aber sie zeigt sich frei von schwärmerischen Gefühlen (III,1). Kaum betritt der junge Mann Nathans Haus, fällt sie zu seinen Füßen. In ihrer Dankrede jedoch konfrontiert sie ihn mit seiner Respektlosigkeit ihr gegenüber. Dies trifft einen Tempelherrn, der durch das vorausgehende Gespräch mit Nathan bereits für das Mädchen eingenommen und von seiner Erscheinung nun völlig überwältigt ist. Dabei zeigt Recha sich im weiteren Verlauf des Dialogs durchaus empathisch dem Tempelherrn gegenüber. Sie ruht in sich, da sie, wie sie bereits in III,1 erklärt, Nathan wieder als einen verlässlichen väterlichen Bezugspunkt erlebt. So ist sie diejenige, die den Tempelherrn ›wachruft‹, der sich förmlich in ihrem Anblick verliert.

Am Ende flieht der Tempelherr geradezu aus dieser Begegnung. Recha hingegen ist im Anschluss an das Gespräch überrascht, dass »[a]uf einen solchen Sturm in [ihrem] Herzen / So eine Stille plötzlich folgen« (V. 1712 f.) konnte, auch wenn der junge Mann ihr »ewig wert« (V. 1719) bleiben werde. Recha empfindet große Sympathie für den Tempelherrn, aber sie ist nicht in ihn verliebt. Die Zuschauerinnen und Zuschauer haben bereits vor der Mitte des Dramas keinen Anlass mehr, eine Liebeshandlung zu erwarten.

Resümiert die junge Frau in III,3 im dialogischen Widerstreit mit ihrer Gesellschafterin somit ihr wiedergewonnenes Gleichgewicht, zeigt III,8 im Gegensatz hierzu einen aufgebrachten jungen Mann, der sein ihn völlig überwältigendes Gefühl der Bindung an das Mädchen als Liebe deutet.[1] Gestisch wie auch mit Worten legt der Tempelherr in seinem ersten großen Monolog seine ganze ungeklärte innere wie auch äußere Situation offen.[2] Seine Überwältigung durch die Erscheinung Rechas erlebt er ähnlich existenziell – das vermittelt die Metaphorik seiner Rede besonders eindringlich – wie seinen Bezug auf Saladin infolge der ihn immer noch emotional stark beanspruchenden Beinahe-Hinrichtung.[3] Die Begnadigung deutet er nun als zweite Geburt und entwirft so schließlich radikal seine neue Identität: frei vom Zölibat, nur seinem natürlichen Liebesgefühl jenseits aller religiösen Überzeugungen verpflichtet. Gleichzeitig ruft er den ungeklärten Grund seines Daseins auf und stellt sich in die Nachfolge seines ihm kaum bekannten orientalischen Vaters.

So rudimentär die Andeutungen bezüglich dieses Vaters in diesem Auftritt auch sind, so zahlreich sind doch in den vorausgehenden Dialogen die Anspielungen auf eine Herkunft des Tempelherrn, die nicht nur ihm selbst, sondern auch den anderen Sprechenden rätselhaft erscheint. Dabei lassen sich die Schwankungen in Bezug auf seine Gemütsverfassung und seine Überzeugungen eben genau mit dem Umstand in Verbindung bringen, dass der junge Mann sich seiner Zugehörigkeit nicht sicher ist.[4] Die das Äußere präzisierenden Attribute, mit denen Lessing die Figur ausstattet, unterstreichen geradezu den durch sie erlebten Zwiespalt: in der Nähe der Grabeskirche, also des Ortes, der einem Templer eigentlich etwas bedeuten müsste, ziellos unter Palmen wandelnd und Melancholie fördernde Früchte essend.[5] In Momenten jedoch, in denen die Gefühle rund um seine nicht geklärte Herkunft nicht akut sein Erleben prägen und ihn zu radikalen Standpunkten treiben, ist der Tempelherr, und das nimmt enorm für ihn ein, aufrichtig, mutig und geradlinig.

Besonders mit Blick auf den Tempelherrn lässt sich eine die Moderne andeutende Psychologisierung von Dramenfiguren erkennen. Dadurch ist trotz der aus heutiger Sicht fremd anmutenden Lebenswelt, in die Lessing seine Figur einbettet, immer auch Identifika-

1 »Die Liebe des Tempelherrn zu Recha […] ist eine Sturm-und-Drang-Leidenschaft reinsten Wassers: Sie ist radikal und unbedingt; sie ist ›himmelstürmend‹, denn sie tritt in Konkurrenz zur religiösen Liebe und stellt sie in den Schatten« (Monika Fick, *Lessing-Handbuch. Leben – Werk – Wirkung*, Stuttgart [4]2016, S. 462).

2 Zu »Des Tempelherrn Identitätskrise« vgl. Thomas Koebner, »*Nathan der Weise*. Ein polemisches Stück?«, in: *Interpretationen. Lessings Dramen*, Stuttgart 1987 [u. ö.], S. 138–207, hier S. 174–182.

3 Verbindendes Wort ist »streich« (V. 2117), »ein mit ausholendem schwunge geführter hieb mit einer waffe; häufig abgegrenzt gegen stosz oder stich« und »der hieb mit dem schwert, säbel oder degen«. Jacob Grimm / Wilhelm Grimm, *Deutsches Wörterbuch*, 16 Bde. in 32 Teilbänden, Leipzig 1854–1961, Quellenverzeichnis Leipzig 1971, hier Bd. 19, Sp. 1153 ff., zit. nach: www.woerterbuchnetz.de/cgi-bin/WBNetz/wbgui_py?sigle=DWB (Stand: 17.7.2020).

4 Vgl. Ruth Klüger, »Kreuzzug und Kinderträume in Lessings *Nathan der Weise*«, in: R. K., *Katastrophen. Über deutsche Literatur*, Göttingen 2009, S. 202–241, hier S. 217 ff.

5 Vgl. Peter Pütz, *Die Leistung der Form. Lessings Dramen*, Frankfurt a. M. 1986, S. 264.

tion mit einem Teil ihrer Wesenszüge möglich. Gleichzeitig fordert das Erschließen der Hintergründe der Figur durch das Verteilen der Informationen auf verschiedene Szenen und Perspektiven vermehrt die intellektuellen Fähigkeiten des Publikums. Die Zuschauerinnen und Zuschauer bewegen sich so kontinuierlich zwischen mitfühlender Nähe und vernunftgeleiteter Distanz.

Unterrichtsverlauf

Überblick. Die Schülerinnen und Schüler lernen, ausgehend von zentralen Auftritten der zwei jungen Protagonisten, Rechas und des Tempelherrn, Mittel kennen, mit denen das Innenleben von Figuren in Dramen dargestellt wird. Sie erkennen die Bedeutung eines umfassenden wortlosen Spiels zur Kennzeichnung von Gefühlen. Sie lernen zwei Verfahren der resümierenden Selbstbeschreibung, einmal im dialogischen Widerstreit (Recha) und einmal im Monolog (Tempelherr), kennen. Sie setzen das Verfahren einer umfassenden Charakterisierung einer Figur um und nutzen die Ergebnisse für Prognosen zum weiteren Handlungsverlauf. Sie bringen ihre Erfahrung von Identität und Alterität im Verhältnis zu dieser Figur in Verbindung mit der Informationsökonomie des Dramas. ! **Verkürzter Verlauf: 3.1 – 3.2 – 3.3 – 3.4 –3.5**

Phase	Thema	Sozialform	Kompetenzen und Lernziele	Materialien
Voraussetzungen: Kenntnis des Dramentextes bis Auftritt III,1				
3.1	Das erste Treffen zwischen Recha und dem Tempelherrn (III,2)	UG / EA	• Ironisches Sprechen deuten • Die Bedeutung von Gestik verstehen • Unterschiedliche Gefühlslagen der Figuren aus dem dialogischen Zusammenspiel ableiten	
3.2	Das besonnene Mädchen (III,3)	UG	• Die emotionale Verfassung einer Figur durch ihre Selbstbeschreibung im dialogischen Widerstreit erfassen • Kreativen Umgang des Autors mit konventionellen Handlungsmustern erkennen	
3.3	Der ungestüme Jüngling (III,8)	UG / EA	• Die emotionale Verfassung einer Figur durch ihre Selbstbeschreibung im Monolog erfassen • Bildhaftes Sprechen einer Figur mit ihren existenziellen Fragen in Verbindung bringen	VORLAGE 3a ➤ S. 33 TAFELBILD 3a ➤ S. 34
3.4	Die Identität des Tempelherrn	GA	• Ein umfassendes Charakterbild einer Figur erstellen	VORLAGE 3b ➤ S. 35 ARBEITSBLATT 3 ➤ S. 38 TAFELBILD 3a ➤ S. 34
3.5	Charakter und weiteres Geschehen	UG	• Charaktermerkmale einer Figur für die Deutung des Handlungsverlaufs nutzen	TAFELBILD 3b ➤ S. 35
3.6 **fakultativ**	Das Publikum zwischen Identifikation und Distanz	UG	• Erleben von Identität und Alterität als ästhetische Erfahrung ernst nehmen • Einblick in die Informationsökonomie eines Dramas gewinnen	TAFELBILD 3a ➤ S. 34
HA	Wiederholte Lektüre von II,1 Neue Lektüre von III,4 bis III,6			*Nathan der Weise*, Reclam XL, S. 36–40, 72–77

3.1 Das erste Treffen zwischen Recha und dem Tempelherrn (III,2)

Unterrichtsschritt. Die Lektüre des Anfangs von III,2, V. 1602–22 erfolgt szenisch (Recha, Tempelherr, Szenenanweisungen) durch drei Lernende. Die ›Dankrede‹ Rechas wird sodann im gemeinsamen Unterrichtsgespräch analysiert. Deutlich werden sollte, dass hier eine gebildete, selbstbewusste junge Frau ihr Gegenüber mit seinem Fehlverhalten mittels Ironie konfrontiert. (Sollte die Figur der Ironie noch nicht bekannt sein, lässt sie sich exemplarisch an dem Versabschnitt erarbeiten, da hier geradezu mustergültig typische Mittel genutzt werden wie Untertreibung und Anwendung des Wertesystems des Gegenübers mit dem Ziel des Spotts anstelle von Anerkennung. Dabei bezieht sich Rechas Kritik eben nicht auf die Tat an sich, sondern den für diese nicht angenommenen Dank.) UG / EA

In Einzelarbeit schließt sich die Lektüre des restlichen Auftritts III,2 an. Gleichzeitig erhalten die Schülerinnen und Schüler den Auftrag, alle Stellen im Text zu markieren, an denen etwas zur Mimik und/oder Gestik der Figuren zu erfahren ist. Hierzu zählen nicht nur die Szenenanweisungen, sondern auch die Figurenrede lässt entsprechende Rückschlüsse zu. Als Ergebnis wird festgehalten, dass die Angaben zur Gestik und Mimik sich bis auf eine Ausnahme auf den Tempelherrn beziehen und seine Überwältigung erkennen lassen, die ihn wiederholt sprachlos macht. Zudem sollte der aktive Part Rechas angesprochen werden, die nach der geäußerten Kritik dem Tempelherrn freundlich zugewandt ist und wiederholt versucht, mit ihm eine für ein erstes Treffen angemessene Konversation zu führen (erkundigt sich nach seinem Wohlbefinden, seiner derzeitigen Tätigkeit). Die Schülerinnen und Schüler sollten erkennen, dass Recha sehr viel mehr Herr ihrer Gefühle und damit der Situation ist als der Tempelherr.

Arbeitsaufträge:

1. Recha erhält in III,2 die lang ersehnte Gelegenheit, ihrem Retter zu danken. Untersuchen Sie in Bezug auf die Verse 1603–1622, wie sie diese nutzt.
2. Markieren Sie alle Stellen in III,2, in denen Gestik und Mimik eine Rolle spielen. Erschließen Sie daraus die Gefühle des Tempelherrn für Recha.
3. Erläutern Sie, wie Recha auf die mehrfache Sprachlosigkeit des Tempelherrn reagiert.

Erläuterungen. Die wiederhergestellte Vater-Tochter-Beziehung zeigt sich in III,2 deutlich in Rechas Verhalten. Sich ihres Selbstwerts bewusst, dankt sie vorgeblich Gott für ihre Rettung und nicht dem sie besuchenden jungen Mann, der bekanntlich keinen Dank wolle. Scheinbar nimmt sie so die Perspektive des Letzteren ein, kann ihn aber nun erst recht mittels scharfer Ironie kritisieren. So sei sein Entschluss zur Rettung weder aus einem moralischen Impuls heraus noch bewusst geschehen, schon gar nicht könne er als heldenhaft gelten. Vielmehr, so unterstellt Recha in gewollter Untertreibung, sei das Handeln des Tempelherrn genauso automatisch wie der Einsatz des Wassereimers erfolgt und antrainiert wie bei einem Hund gewesen. Der Ablauf der Rettung hätte einzig auf Zufall basiert. Enthemmt durch Alkohol seien Menschen zu ganz anderen Taten fähig.

Durch das Gespräch mit Nathan ist der Tempelherr aber bereits für Recha eingenommen. So trifft ihn die Kritik verspätet. Viel mehr noch: Wie aus der Szenenanweisung hervorgeht (vor V. 1623), überwältigt ihn der Eindruck der Erscheinung der jungen Frau unmittelbar. Kommt er im Vorwurf an Daja, sie habe ihn zu schlecht gemacht, aber auf einen wirklichen Kummer zu sprechen, zeigt Recha angemessenes Mitgefühl, auch dies ein Ergebnis ihrer vorangegangenen ›Heilung‹ durch Nathan.

Sie bleibt dem Tempelherrn freundlich zugewandt. Interessiert erkundigt sie sich nach den vom Berg Sinai berichteten Bewegungserfahrungen und macht deutlich, dass sie zwischen biblischem Offenbarungsgeschehen und den natürlichen Gegebenheiten des Ortes klar zu unterscheiden weiß. Gleichzeitig versucht sie, das Verhalten ihres Gesprächspartners zu erfassen, der sich zwischenzeitlich von ihr abwendet und kaum in der Lage ist, einen Gedankengang zu Ende zu führen.

In der Tat verliert der Tempelherr sich in ihrem Anblick (vgl. Szenenanweisungen nach V. 1640 und vor V. 1642), kann diesen mit dem, was er akustisch wahrnimmt, nicht in Übereinstimmung bringen (V. 1635 f., 1661), fühlt sich wohl auch durch den Tonfall oder die Stimmfarbe an jemand anderen oder etwas erinnert, ohne dies präzisieren zu können (V. 1671 f.). So von der jungen Frau über alle Maßen beeindruckt, findet er am Ende durch die Erwähnung Nathans einen Vorwand, um zu fliehen.

3.2 Das besonnene Mädchen (III,3)

UG

Unterrichtsschritt. Die Schülerinnen und Schüler erarbeiten Rechas Sicht auf die Beziehung zwischen ihr und dem Tempelherrn anhand der Szene III,3. Zur Einleitung erfolgt die szenische Lektüre durch zwei Schülerinnen, die sich bereit erklärt haben, diese vorzubereiten. Im gemeinsamen Unterrichtsgespräch werden die Formulierungen, mit denen Recha ihre Gefühle beschreibt (ruhig; Stille auf Sturm; werter als eigenes Leben; kein Puls- und Herzschlagwechsel; ihn *und* die Palmen sehen), auf der Tafel oder dem Whiteboard festgehalten. Die Schülerinnen und Schüler argumentieren im Anschluss auf der Basis der Selbstbeschreibung der Figur, welche Erwartungen an die Beziehung zwischen dem Tempelherrn und Recha sich wohl erfüllen werden.

Arbeitsaufträge:

1. Nennen Sie Schlüsselwörter und -formulierungen, mit denen Recha ihre Gefühle für den Tempelherrn beschreibt.
2. Diskutieren Sie, welche Form von Beziehung für Recha und den Tempelherrn zu erwarten ist.

Erläuterungen. Daja repräsentiert in diesen Szenen, unabhängig von ihrem sonstigen Interesse an einer Paarbeziehung zwischen Recha und dem Tempelherrn, die Position der Zuschauerin und des Zuschauers, die mit konventionellen Erwartungen das Stück verfolgen. Hier unterscheiden sich die Rezeptionsgewohnheiten im Theater des 18. nicht von denen im Hollywoodkino des 21. Jahrhunderts: Ein Zusammentreffen zwischen einer jungen Frau und einem jungen Mann zieht das Entflammen erotischer Gefühle auf beiden Seiten nach sich. Durch das stetige Unverständnis, Widersprechen und Korrigieren der Anspielungen Dajas seitens Rechas wird aber umso deutlicher, dass die Empfindungen Letzterer sich gerade nicht in dieses Schema fügen. Trotz größter Sympathie und Interesse für den Tempelherrn ist sie ruhig und gelassen, d.h. frei von schwärmerischen Gefühlen. Von ihrer Seite sind keine Voraussetzungen für eine erotische Liebesbeziehung gegeben. Lessing durchkreuzt also die Erwartungen an eine konventionelle Liebeshandlung. Die Gründe hierfür werden in Unterrichtsstunde 9 erarbeitet.

3.3 Der ungestüme Jüngling (III,8)

UG / EA

VORLAGE 3a ➤ S. 33

TAFELBILD 3a ➤ S. 34

Unterrichtsschritt. Die Lektüre des Monologs III,8 erfolgt bis Vers 2131 zunächst still in Einzelarbeit. Die Schülerinnen und Schüler notieren hierbei die Schlüsselbegriffe, mit denen der Tempelherr seine Gefühle für Recha beschreibt (Opfertier; Streich vergeblich ausbeugen; fliehen; sie nie mehr aus den Augen lassen; kein Entschluss, sondern Erleiden; an sie verstrickt, in sie verwebt sein; ohne sie leben = Tod; Liebe; s. Arbeitsaufträge 1 und 2 auf VORLAGE 3a ***Arbeitsaufträge***). Die Lehrkraft erläutert die noch von Lessing genutzte Bedeutung des Wortes »Streich« (V. 2117). Die Frage schließt sich an, welche Erfahrung, die der junge Mann hat machen müssen, sich in die Wahl des Bildfeldes eingeschlichen hat (Arbeitsauftrag 3). Es werden die zwei Beziehungen benannt (zu Recha und zu Saladin), die für ihn existenziell sind. Zur Vorbereitung von Arbeitsauftrag 4 wird die Wortwahl des Tempelherrn derjenigen Rechas in III,3, gegebenenfalls auf der Tafel oder dem Whiteboard, gegenübergestellt. Bei der Auswertung sollte deutlich werden, dass die Gefühle des Tempelherrn um einiges stärker sind als die Rechas und ihn zu einer radikalen Änderung seiner Lebenssituation drängen.

Als Überleitung zur Gruppenarbeit in Unterrichtsschritt 3.4 wird die vom Tempelherrn entworfene Zukunftsperspektive in III,8 thematisiert. So wird mit Hilfe von V. 2130–34 geklärt, welche zwei realen Hindernisse (Zölibat, Ehe über die Religionen hinweg) sich derzeit einer Verbindung mit der jungen Frau entgegenstellen. Ausgehend vom Spiel mit dem Wort »g e l o b t« (V. 2132 f.) im Sinne von ›versprochen‹ wird abschließend im Unterrichtsgespräch die Lösung paraphrasiert, die der Tempelherr sich zurechtlegt. Die Verse im Anschluss an den »väterlichen Himmel« (V. 2142) dienen dazu, die Frage seiner Herkunft zu stellen und den Arbeitsauftrag zu entwickeln, mit Hilfe der hierzu gegebenen Informationen in den vorausgehenden Szenen diesbezügliche Hypothesen zu präzisieren. Die anhand der Arbeitsaufträge 5 und 6 erarbeiteten Ergebnisse werden in TAFELBILD 3a bzw. entsprechend vorbereitete Plakate eingetragen (vgl. Unterrichtsschritt 3.4, S. 33 f.) und dienen den Schülerinnen und Schülern als Beispiel für das weitere Vorgehen im Rahmen der Gruppenarbeit.

VORLAGE 3a

Arbeitsaufträge

1. Lesen Sie den Auftritt III,8 bis V. 2131 (»Der Christ das Judenmädchen freilich.«).
2. Nennen Sie Schlüsselwörter und -formulierungen, mit denen der Tempelherr seine Gefühle für Recha beschreibt.
3. Begründen Sie, warum der Tempelherr Metaphern wie »Opfertier« und »Streich« benutzt.
4. Vergleichen Sie die Intensität der Gefühle des Tempelherrn mit der Ausprägung der Gefühle Rechas.
5. Beschreiben Sie das Leben, das der Tempelherr mit seinem ›neuen Kopf‹ führen will.
6. Nennen Sie die Person, die der Tempelherr sich zum Vorbild für sein neues Leben wählt, und die Gründe, warum er dies tut.

Erläuterungen. Der Auftritt III,8 zeigt einen aufgebrachten jungen Mann, der sich seine Flucht aus dem Gespräch mit dem Mädchen zu erklären versucht und hierbei eine tiefe Identitätskrise offenbart. So ist die Gestik zu Beginn seines Monologs ein Ausdruck von Aufregung und Zerrissenheit. Es folgen die Worte, in denen der Tempelherr seine ganze ungeklärte innere wie auch äußere Situation offenlegt.

Dabei entspricht der Monolog kaum dem klassischen Muster eines inneren Dialogs zur Entscheidungsfindung und Positionsbestimmung einer einzelnen Figur. Der Tempelherr kämpft an keiner Stelle verschiedene Standpunkte argumentativ mit sich aus. Was ihm widerfahren ist und was daraus folgt, erscheint ihm eindeutig. Die Stärke der Passage, insbesondere bis V. 2131, liegt vielmehr darin, dass sich durch die bildliche Sprache subtile Inhalte einschleichen, so dass die Rede an mehreren Stellen die psychische Verfassung der Figur über ihre bewusste Wahrnehmung hinaus ausleuchtet: Der starken Zuneigung zu Recha wehrlos ausgeliefert wie ein Opfertier, glaubt der Tempelherr unter einen nicht ausweichbaren »Streich« (= ausholender Schlag durch Schwert) geraten zu sein, ruft damit aber auch das Trauma der Beinahe-Hinrichtung durch Köpfen mit dem Henkersschwert auf, ein Tod, von dem der Sultan bislang keinen gefangenen Tempelherrn ausgenommen hat. So legt der junge Mann offen, dass nicht nur sein starkes Bindungsgefühl an Recha, sondern auch die Begnadigung in letzter Sekunde und damit der Bezug zu Saladin ihn jenseits jeglicher vernunftgeleiteten Erklärung emotional beanspruchen.

Die Anziehung durch Recha trifft ihn mit ganzer Wucht. Daher besteht er auf der unmittelbaren Umsetzung eines Zusammenlebens. Sein ›Himmelreich‹ verortet er im Hier und Jetzt.

Dabei sieht er sich allerdings mit zwei Hürden konfrontiert: Erstens ist er als Tempelherr an sein Ordens*gelöbnis* gebunden, das den Zölibat einschließt. Zweitens kann er als Christ keine Jüdin heiraten (V. 2130–2134). Der junge Mann formuliert nun trotzig eine eigene Antwort. In dem auch ihm versprochenen, also eine paradiesische Endzeit bereithaltenden Land (V. 2133) erklärt er seinen durch Saladin ihm erhaltenen Kopf zu einem neuen und spricht damit seinem Orden jeglichen Anspruch auf sich ab. Im Sinne der natürlichen Religion geht er zudem davon aus, dass eine Verbindung zwischen einem Christen und einer Jüdin statthaft sei, er dem entgegenstehende Vorurteile getrost übergehen könne.

Darüber hinaus versucht er nun, eine Entscheidung in der Vaterfrage zu treffen und auch hier das nicht mehr Aktuelle hinter sich zu lassen. War er nach Jerusalem als Kreuzritter gekommen, d.h. in der Nachfolge seines Oheims (oder doch Vaters?, vgl. V. 1379), nennt er jetzt den Himmel, unter dem er derzeit wandelt, »väterlich[]« (V. 2142), geht also von einem orientalischen Vater aus. Mit dem wenigen, was er von diesem gehört hat – scheinbar geht es um Liebesbeziehungen zu andersgläubigen Frauen –, identifiziert der Tempelherr seine neue Lebensführung und wählt diesen Vater nun zum Vorbild.

3.4 Die Identität des Tempelherrn

Unterrichtsschritt. Die Schülerinnen und Schüler tragen sämtliche bislang bekannten Informationen zum Tempelherrn zusammen und erstellen daraus ein umfassendes Charakterbild. Hierfür teilen sie sich in vier Gruppen auf. Jeder Gruppe wird eine Textpassage von ca. 65 Versen entsprechend VORLAGE 3b ***Gruppenaufteilung und Arbeitsaufträge*** zugeordnet. Auf ARBEITSBLATT 3 ***Wer ist der Tempelherr?***, das einen Vordruck des Schemas von TAFELBILD 3a enthält, vermerken die Schülerinnen und Schüler zunächst mit Bleistift die Ergeb-

TAFELBILD 3a

Wer ist der Tempelherr?

1 Äußeres

• *Name*	Curd von Stauffen
• *Herkunft*	Schwaben (V. 778)
• *Beruf*	Tempelherr, Kreuzritter
• *Kleidung*	Mantel: eher Cape, weiß mit rotem Kreuz
• *Familie*	orientalischer Vater? (III,8) Oheim oder Vater aus Deutschland?
• *Ähnlichkeit*	Saladins Bruder, vor 20 Jahren verschwunden Wolf von Stauffen? Filnek?
• *Religion*	Christ
• *Lieblingsort*	Palmen (an der Grabeskirche)
• *Ernährung*	Datteln (machen schwermütig)

2 Soziales

• *Gemütslage*	aufbrausend, radikal (II,5; III,8) will melancholisch sein
• *Charaktermerkmale*	mutig, entschieden, klug
• *Umgangsformen*	»abscheulich« (V. 1221), aber lässt sich von Gefühlen erweichen (II,5) schroff, abweisend, verweigert sich Dank mildtätig, wenn er kann
• *Zentrale Begegnungen*	mit Recha (III,2), mit Nathan (II,5) als Einziger begnadigt durch Saladin, entgegen des zu Erwartenden

3 Weltbild

• *Wertvorstellungen*	›Berufsehre‹: offener Kampf, nicht Spionage oder Attentat; fühlt sich seinem Lebensretter verpflichtet, egal ob Feind oder nicht
• *Überzeugungen*	Begnadigung ermöglicht, von vorne anzufangen (III,8); Heirat über Religionsgrenzen hinweg ist erlaubt (III,8)
• *Religiöse Einstellung*	Bei Verhärtung: große Verachtung für Juden (II,5) starke Neigung zum Deismus, ist des Kriegs zwischen den Religionen überdrüssig (II,5)

4 Zukunft

• *Erwartungen/ Wünsche*	Saladin danken können, Saladin entscheidet über sein weiteres Schicksal (Angst, dass Saladin sich nicht mehr erinnert, V. 1361)
• *Pläne*	Recha heiraten (III,8) nicht mehr Tempelherr sein (III,8) nicht mehr Pilger führen müssen

GA

VORLAGE 3b
➤ S. 35
ARBEITSBLATT 3
➤ S. 38
TAFELBILD 3a
➤ S. 34

nisse in ihrer Gruppe. Zusätzlich zum Schema sind hier wie auf der Tafel / dem Whiteboard die Informationen von Anfang an eingetragen, die Ergebnis der bereits erfolgten ausführlichen Besprechungen der Auftritte II,5, III,2 und III,8 sind. In der Plenumsphase präsentiert jede Gruppe ihre Ergebnisse und macht ggf. nach Präzisierung durch das Plenum mit der ihr zugewiesenen Farbe ihre Einträge in das Schema an der Tafel bzw. auf dem Whiteboard. Die anderen übernehmen diese auf ARBEITSBLATT 3. Die Präsentation gliedert sich nach den vier Kategorien, so dass die Gruppen je nach Ergebnisstand ggf. in mehreren Abschnitten präsentieren. Entsprechend wechselt das Mitglied der Gruppe, das präsentiert. Ist die Fläche der Tafel / des Whiteboards nicht ausreichend, können die Einträge auch auf vier Plakaten erfolgen, die nacheinander an der Tafel befestigt werden. In diesem Fall bereitet die Lehrkraft die Plakate entsprechend ARBEITSBLATT 3 vor.

VORLAGE 3b

Gruppenaufteilung und Arbeitsaufträge

Gruppe 1: Auftritt I,1; V. 97–118 und I,2; V. 227–266	Gruppe 2: Auftritt I,5; V. 532–596
Gruppe 3: Auftritt I,5; V. 649–711	Gruppe 4: Auftritt II,7; V. 1357–1400

Arbeitsaufträge für die Gruppenarbeit:

1. Lesen Sie aufmerksam den Ihnen zugewiesenen Textabschnitt. Tragen Sie die dort enthaltenen relevanten Informationen zum Tempelherrn in das vorgegebene Schema auf ARBEITSBLATT 3 ein.
2. Bereiten Sie für die gemeinsame Besprechung eine kurze Präsentation Ihrer Ergebnisse vor. Ordnen Sie hierbei die von Ihnen analysierte Textstelle in den Ablauf des dazugehörigen Aktes ein. Jedes Gruppenmitglied sollte die Präsentation übernehmen können.

3.5 Charakter und weiteres Geschehen

Unterrichtsschritt. Im gemeinsamen Unterrichtsgespräch erarbeiten die Schülerinnen und Schüler, dass erst in der Gesamtschau die unsichere Situation und das daraus resultierende widersprüchliche Verhalten des Tempelherrn in einen Kontext gebracht werden können. Dieser Kontext wird als Fazit in TAFELBILD 3b festgehalten. Ebenso werden hier aus diesem Kontext folgende Prognosen formuliert. Die Schülerinnen und Schüler vergewissern sich bewusst auf der Grundlage der geleisteten Gruppenarbeit der Schritte der Charakterisierung einer Dramenfigur: Recherchieren und Dokumentieren der (verstreuten) Detailinformationen zum äußeren Erscheinungsbild, zum Innenleben und Sozialverhalten, zu den Wertvorstellungen sowie Zukunftsplänen mit dem Ziel von Deutungen von Zusammenhängen und daran anschließenden Prognosen für den weiteren Handlungsverlauf.

UG

TAFELBILD 3b

➤ S. 35

Arbeitsaufträge:

1. Fassen Sie die Gesamtsituation des Tempelherrn in einem Fazit zusammen.
2. Stellen Sie Prognosen an, was sich für den weiteren Verlauf des Dramas ergeben könnte.

TAFELBILD 3b

Die Krise des Tempelherrn und der vermutete Handlungsverlauf nach III,8

Fazit	Die Begnadigung brachte nicht Erleichterung, sondern Verwirrung. Tempelherr ist sich seiner Herkunft nicht sicher. ➤ Schwanken zwischen sehr zugewandtem und feindseligem Verhalten
Hypothesen für den Handlungsverlauf	Der Tempelherr findet heraus, was es mit dem orientalischen Vater auf sich hat. ➤ Je nach Sachstand Erleichterung oder noch mehr Bedrückung Recha wird Tempelherrn nicht heiraten, mag ihn sehr, aber liebt ihn nicht. ➤ Verzweiflung und Melancholie bestimmen Handeln des Tempelherrn.

3.6 Das Publikum zwischen Identifikation und Distanz (fakultativ)

UG

TAFELBILD 3a
➤ S. 34

Unterrichtsschritt mit Erläuterungen. Die Schülerinnen und Schüler nehmen im gemeinsamen Unterrichtsgespräch anhand der Leitfragen und unter Rückgriff auf TAFELBILD 3a verschiedene Anknüpfungspunkte zur Identifikation wahr, die gerade für Umbruchsituationen junger Menschen typisch sind: sich seiner Herkunft sicher sein wollen, über sein zukünftiges Leben selbst entscheiden dürfen, seinen Empfindungen gemäß leben wollen. Gleichzeitig erkennen sie den Abstand zwischen ihrer und der Lebenswelt des Tempelherrn: Seine Radikalität hat auch etwas mit dem Erleben lebensbedrohlicher Situationen im Krieg und durch die Beinahe-Hinrichtung zu tun. Selbst wenn die Mehrheit der Schülerinnen und Schüler glücklicherweise bislang hiermit nicht persönlich konfrontiert war, erkennen die Lernenden, dass Erfahrungen mit existenziellen Situationen bis hin zu Todesangst im 18. Jahrhundert, aber auch in weiten Teilen der heutigen Welt für junge Menschen nicht die Ausnahme sind. Sie verstehen, wie modern die emotionale Gestaltung der Figuren ist und dass dies Lessings Stücke bis heute interessant macht.

Die Schülerinnen und Schüler überlegen in einem weiteren Transferschritt am Beispiel des Tempelherrn zudem, warum Informationen im Drama in dieser Form gestreut und nicht gebündelt werden. Sie erkennen – ggf. auch aufbauend auf Unterrichtsstunde 2 –, dass Lessing das Publikum sehr stark an das Mitverfolgen des Dramas bindet. Er zeigt Figuren mit großer Lebensnähe, die man in ihren Gefühlen verstehen möchte. Gleichzeitig verteilt er Wissen über diese in den Dialogen so, wie es in alltäglichen Gesprächsabläufen auftaucht: scheinbar zufällig und ohne Zusammenhang zu einem anderen Dialog. Alles wirkt ganz natürlich und dadurch im Gesamteindruck überzeugend. Ähnlich jedoch wie bei einem filmischen Krimi ist durch dieses Vorgehen scharfes Mitdenken gefragt, um im schnellen Gang der Ereignisse keine der relevanten Hintergrundinformationen zu verpassen. Der stetige Einsatz des Verstandes begrenzt ein zu starkes Mitfühlen mit den Figuren.

Arbeitsaufträge/Leitfragen:

- Gibt es Charakterzüge des Tempelherrn, die Ihnen sympathisch sind? Wenn ja, erklären Sie, welche dies sind.
- Erläutern Sie, in welchem Zusammenhang die abweisenden Überzeugungen und Verhaltensweisen des Tempelherrn zu seinem bisherigen Leben stehen könnten.
- Wie bewerten Sie die Zukunftspläne des jungen Mannes?
- Erschließen Sie am Beispiel des Tempelherrn die Wirkung auf das Publikum, wenn Informationen zu einer Figur verstreut sind und zu einem Gesamtbild zusammengesetzt werden müssen.

Hausaufgabe

Anmerkung. Ab Unterrichtsstunde 3 tritt neben die Anwendung von Arbeitsmethoden verstärkt die Wahrnehmung des damit verbundenen Ziels: So erkennen die Schülerinnen und Schüler zum einen die Transferschritte, die durch eine vorausgehende Charakterisierung einer Figur nach dem vorgegebenen Schema ermöglicht werden. Zudem erlangen sie durch die Erörterung der Wirkung verstreuter Informationen zu einer Figur auf das Publikum Verständnis für den Wert des Ablaufschemas, das sie parallel zu ihrer Lektüre des Dramas erstellen. Dies gilt umso mehr für ein Drama wie *Nathan der Weise*, in dem verschiedene Handlungsstränge zunächst scheinbar ohne Zusammenhang nebeneinander geführt werden. Entsprechend erfolgt der Lektüreauftrag für die folgende Unterrichtsstunde.

Arbeitsaufträge:

1. Wiederholende Lektüre von II,1 und vorbereitende Lektüre von III,4 bis III,6 (*Nathan der Weise*, Reclam XL, S. 36–40 und S. 72–77) mit Weiterführen der Kurzskizzierung der Szenen im bekannten Schema. Hier jetzt auch Aufnahme der Szenen III,2 und III,3 sowie III,8. Für III,7 ist zunächst ein Platzhalter vorzusehen.
2. Beantwortung folgender Verständnisfragen:
   - zu II,1: In Vers 852 spricht Saladin davon, dass »es wieder losgeht«. Was meint er damit?
   - zu III,5: Worin genau besteht die Falle, in die der Sultan Nathan locken will?

- zu III,6: Welchen Plan fasst Nathan, nachdem er die Absicht des Sultans durchschaut hat? Was will er scheinbar bewirken?

Erläuterungen. Die Verständnisfrage zu II,1 bereitet Unterrichtsschritt 4.2 vor. Nachdem die Heiratsverhandlungen zwischen der Familie von Richard Löwenherz und der Familie Saladins gescheitert sind, ist der Waffenstillstand zwischen Muslimen und Christen nicht aufrechtzuerhalten, werden die kriegerischen Auseinandersetzungen wieder losgehen.

Die Verständnisfrage zu III,5 bereitet Unterrichtsschritt 4.6 vor. Nathan soll erklären, welche Glaubensrichtung die richtige ist, wo alleine Wahrheit über Gott und die Welt zu erwarten ist. Gesteht er dies alleine dem Islam zu, muss er sich fragen lassen, warum er nicht konvertiert ist. Nimmt er dies ausschließlich für den jüdischen Glauben in Anspruch, kann sich Saladin als Muslim beleidigt geben. Beide Konstellationen würden Nathan erpressbar machen.

Die Verständnisfrage zu III,6 bereitet Unterrichtsschritt 4.6 vor. Nathan will ein »Märchen« (V. 1890) erzählen. Dadurch muss er sich nicht auf eine eindeutige Position festlegen. Gleichzeitig kann er durch Unterhaltung den Sultan ablenken.

ARBEITSBLATT 3

Wer ist der Tempelherr?

1 Äußeres

• *Name*	
• *Herkunft*	Schwaben (vgl. V. 778)
• *Beruf*	
• *Kleidung*	
• *Familie*	orientalischer Vater? (vgl. III,8)
• *Ähnlichkeit*	
• *Religion*	
• *Lieblingsort*	
• *Ernährung*	

2 Soziales

• *Gemütslage*	aufbrausend, radikal (II,5; III,8)
• *Charaktermerkmale*	
• *Umgangsformen*	»abscheulich« (V. 1221), aber lässt sich von Gefühlen erweichen (II,5)
• *Zentrale Begegnungen*	mit Recha (III,2), mit Nathan (II,5)

3 Weltbild

• *Wertvorstellungen*	
• *Überzeugungen*	Begnadigung ermöglicht, von vorne anzufangen (III,8) Heirat über Religionsgrenzen hinweg ist erlaubt (III,8)
• *Religiöse Einstellung*	bei Verhärtung: große Verachtung für Juden (II,5) starke Neigung zum Deismus, ist des Kriegs zw. den Religionen überdrüssig (II,5)

4 Zukunft

• *Erwartungen/ Wünsche*	
• *Pläne*	Recha heiraten (III,8) nicht mehr Tempelherr sein (III,8)

4 Die ›Alten‹: Den Konflikt zwischen Saladin und Nathan begreifen

Sachanalyse

Der Handlungsstrang, der auf die Ringparabel hinführt, beginnt mit dem Auftritt II,1. Im Sinne der erweiterten Exposition wird die zweite bedeutende Figurengruppe, Saladin und Sittah, eingeführt. Im Umgang mit einer der auffälligsten Requisiten des Stücks, dem Schachspiel, werden die unmittelbaren Sorgen des Sultans, sein Verhalten in spannungsreichen Situationen im Vergleich zu dem seiner Schwester und die Haltung beider in Religionsfragen deutlich. Damit wird der Kontext abgesteckt, aus dem heraus Saladin versuchen wird, Nathan zu erpressen, aber ihn nach Erzählung der Ringparabel auch um seine Freundschaft bittet.

Schon zu Beginn des Auftritts wird die sehr freiheitliche Auffassung sowohl Saladins als auch Sittahs in Religionsfragen deutlich: Sie bedauern die gescheiterten Heiratsverhandlungen zwischen der eigenen Familie und der von Richard Löwenherz sowie die dadurch erneut einsetzenden kriegerischen Auseinandersetzungen außerordentlich. Der Sultan zeigt sich dabei gleich aus zwei Gründen bedrückt: Ihm geht es nicht nur um den Untergang eines von ihm gehegten Ideals einer christlich-muslimischen Königsfamilie; ihn plagen zusätzlich massive Geldsorgen, die der sich nun fortsetzende Krieg der Religionen noch verschärft. So schlägt Saladin beim Schachspiel missmutig seine Gewinnchancen in den Wind. Sittah hingegen bleibt zur aktuellen Lage genügend auf Abstand, um die für lange Zeit wohl letzte Gelegenheit gemeinsamen Spiels und die hierin liegenden Chancen für den Erhalt des Palasthaushalts (II,2) intensiv zu nutzen.[1]

In Zusammenhang mit dem Schachspiel, das in einer muslimischen Ausführung, aber nach europäischen Regeln gespielt wird, stellt sich zudem die Frage nach der historischen Echtheit der von den Geschwistern geschilderten Situation. Die Aufzeichnungen Lessings zum Stück lassen erkennen, dass er auf Authentizität in der Gestaltung des Charakters Saladins in Fragen der Toleranz setzt. Ansonsten nimmt er die historischen Bezüge nur so genau, wie nötig ist, um der präsentierten orientalischen Welt mit ihren Glaubenskriegen im 12. Jahrhundert Glaubwürdigkeit zu verschaffen. Hauptziel ist für Lessing, dass das Stück ein Training des Respekts vor Menschen anderer Religion ermöglicht.[2]

Diesem Ziel ist auch die Gestaltung der Figurenrede untergeordnet. Lessing selbst spricht von eher schlechten, nicht auf Wohlklang angelegten Versen, die es ihm besser als Prosa ermöglichten, den »orientalische[n] Ton«[3] nachzuahmen. Tatsächlich fallen z. B. in Auftritt II,3 die zahlreichen Mittel auf, eine zu gehobene Stilebene zu umgehen und trotz Blankverses eine natürliche Sprechweise zu imitieren. Dennoch finden sich nicht nur hier Passagen von großer Poesie, die Lessings Versiertheit im Umgang mit rhetorischen Mitteln belegen. Die Bildbereiche der Metaphorik wechseln ähnlich zwischen Profanem und Erhabenem. Sie vermitteln eine orientalische Lebenswelt, die bei allem Abstand dennoch nicht fremd wirkt.[4]

Schließlich laufen alle Fäden der Anfangsauftritte von Akt II auf die Falle für Nathan zusammen: Nirgendwo kann scheinbar der durch das Ende des Waffenstillstands notwendige Nachschub für die Kriegskassen leichter geborgt werden als bei dem reichen Juden. Das Ziel der königlichen Geschwister, das eigene Reich zu erhalten, lässt sich dabei ganz offensichtlich nicht mit ihrem anfangs geäußerten Toleranzstreben vereinbaren. Sittah nutzt erneut ihre Fähigkeit, sich von der akuten Situation emotional nicht überwältigen zu lassen, und macht sich zum Ende von Auftritt II,3 dazu auf, einen Anschlag auf Nathan beim Gesang einer Sängerin in ihrem Harem zu ersinnen.

Das Ergebnis ist Saladins Fangfrage nach der wahren Religion, die er Nathan im dritten Akt stellt. Nathan aber durchschaut die Falle. Ihm ist klar, dass jedes eindeutige Votum, ob für seine eigene Religion oder für die des Sultans, ihn erpressbar machte. So beschließt er, die Antwort in die mehrdeutige Form eines »Märchen[s]« (V. 1890) zu kleiden. Das jedoch ist, wie sich erweisen wird, mehr als nur die Abwehr eines Erpressungsversuchs.

1 Zur Gestaltung des königlichen Geschwisterpaares, besonders zu Sittahs Fähigkeit zur Distanzeinnahme, vgl. Gerhild Schulz, *Rhetorik im Zeichen sprachlicher Transparenz: Racine – Lessing*, Dresden 2003, S. 202 ff.

2 Zum Bild des Islam im Sinne des Toleranzgedankens in *Nathan der Weise* vgl. Monika Fick, »Lessings *Nathan der Weise* und das Bild vom Orient und Islam in Theatertexten aus der zweiten Hälfte des 18. Jahrhunderts«, S. 1–50, www.goethezeitportal.de/db/wiss/lessing/fick_orient.pdf (eingestellt am 15. 2. 2017, Stand: 20. 7. 2020).

3 Brief an Karl Wilhelm Ramler vom 18. 12. 1778, in: Gotthold Ephraim Lessing, *Werke und Briefe in 12 Bänden*, Bd. 12, *Briefe von und an Lessing 1776–1781*, hrsg. von Helmuth Kiesel, Frankfurt a. M. 1994, S. 215.

4 Vgl. Romira M. Worvill, *›Seeing‹ Speech: Illusion and the Transformation of Dramatic Writing in Diderot and Lessing*, Oxford 2005, zu diesem Aspekt unter Einbezug der bereits umfassenden Forschung S. 204 ff.

Unterrichtsverlauf

Überblick. Ausgehend vom direkt auf die Ringparabel hinführenden Handlungsstrang erarbeiten die Schülerinnen und Schüler am Beispiel des Schachspiels die Bedeutung von Requisiten für die Kennzeichnung von Figuren und zum Schaffen eines authentisch wirkenden Settings. In diesem Kontext formulieren sie Saladins Idealismus im Kontrast zu seinen handfesten Geldsorgen und damit zum realpolitischen Hintergrund des Stücks. Sie hinterfragen den Anspruch Lessings an historische Echtheit in Zusammenhang mit der durch ihn formulierten Intention des Stücks. Sie untersuchen entsprechend die für das Drama typische Form der Verse als Mittel zur Gestaltung eines authentisch wirkenden Orients. Zum Abschluss dieser und als Überleitung zur nächsten Unterrichtsstunde nehmen sie die Ausgangssituation und die Wirkung der Ringparabel zum Anlass, um nach der sozialen Funktion des »Märchens« zu fragen. ! **Verkürzter Verlauf: 4.1 – 4.2 – 4.3 – 4.5**

Phase	Thema	Sozialform	Kompetenzen und Lernziele	Materialien
Voraussetzungen: Kenntnis des Dramentextes bis Auftritt III,6				
4.1	Einstimmung: Nervöses Schachspiel	UG / EA	• Die Bedeutung des Umgangs mit Requisiten zur Kennzeichnung von Figuren verstehen	
4.2	Saladins Idealismus	EA / UG	• Die Haltung der zweiten Figurengruppe in Religionsfragen erfassen	TAFELBILD 4a ➤ S. 41
4.3	Saladins Sorgen	PA / UG	• Die ›realpolitischen‹ Hintergründe der Handlung verstehen	VORLAGE 4 ➤ S. 42
4.4 **fakultativ**	Der Schein von Authentizität: Religionen und Kriege	EA (binnendifferenziert) / UG	• Hinweise auf die historische Situation als poetisches Mittel deuten	ARBEITSBLATT 4a ➤ S. 46 f. TAFELBILD 4b ➤ S. 43
4.5	Sprechen am orientalischen Königshof	EA / UG	• Besonderheiten versifizierter Rede in *Nathan der Weise* untersuchen • Selbstaussagen des Autors zum Drama hinterfragen	ARBEITSBLATT 4b ➤ S. 48 f.
4.6 **fakultativ** (zusammen mit 5.5)	Saladins Plan, Nathans Gegenstrategie und ein Freundschaftsschluss	UG	• Anlass und Wirkung der Erzählung der Ringparabel ins Verhältnis setzen und dieses für eine produktive Lektüre des »Märchens« nutzen	
HA	Lektüre von III,7 bis V. 2060 und Kennzeichnung der Zeitphasen in der hier erzählten Ringparabel			*Nathan der Weise*, Reclam XL, S. 77–83

4.1 Einstimmung: Nervöses Schachspiel

UG / EA

Unterrichtsschritt. Das Unterrichtsgespräch geht von Auftritt II,1, V. 788–851 aus. Die Schülerinnen und Schüler erkennen, dass der Einsatz der Requisite des Schachspiels eine Darstellung der aktuellen emotionalen Verfassung und markanter Charakterzüge der Figuren erlaubt. Im Plenum werden diese zwei Aspekte zunächst für Saladin und Sittah präzisiert. In Einzelarbeit erarbeiten die Lernenden sodann Merkmale der Beziehung zwischen den königlichen Geschwistern, bevor die Ergebnisse im weiteren Unterrichtsgespräch zusammengetragen werden.

Arbeitsaufträge/Leitfragen:

- Der zweite Aufzug beginnt mit dem Schachspiel des königlichen Geschwisterpaares Saladin und Sittah. Wer gewinnt das Spiel und warum?
- Skizzieren Sie die Beziehung Saladins und Sittahs zueinander.

Erläuterungen. Der zweite Aufzug beginnt mit dem Schachspiel des königlichen Geschwisterpaares. Dabei wird deutlich, dass Saladin lustlos und unkonzentriert spielt, so dass er letztlich unnötig gegen seine Schwester verliert, sogar, wie der Anfang von II,2 zeigt, das Spiel *mutwillig* verloren gegeben hat. Die Art des Spielens macht also seinen Unmut und seine Unruhe erlebbar und bietet so einen Hinweis auf Saladins Sorgen (vgl. Unterrichtsschritt 4.3). Gleichzeitig dient die Art des Spielens der Kennzeichnung grundlegender Charaktermerkmale der Spielenden. Während der Sultan sich von seiner sorgenvollen Stimmung im Spiel beeinträchtigen lässt, konzentriert sich Sittah auf die Möglichkeiten, die der Augenblick ihr bietet. Sie nutzt intensiv die wohl für lange Zeit letzte Gelegenheit gemeinsamen Spiels (V. 849 f.). Gleichzeitig wird das Verhältnis der beiden Figuren zueinander deutlich. Dieses ist durch große Vertrautheit geprägt. So spricht Sittah direkt an, dass Saladin nicht bei der Sache ist und kein Interesse am Gewinn des Spiels hat (V. 806 f.). Wie es typisch für Geschwister ist, necken sich aber auch beide (V. 810–818). Zudem wird Saladins Großzügigkeit der jüngeren Schwester gegenüber deutlich (V. 811–13), die diese wiederum nutzt, um ohne des Sultans Wissen den Palasthaushalt aufrechtzuerhalten (II,2).

4.2 Saladins Idealismus

EA / UG

TAFELBILD 4a

➤ S. 41

Unterrichtsschritt. Der grundlegende Sachverhalt der gescheiterten Heiratsverhandlungen zwischen zwei Königshäusern, der das Fortführen der Glaubenskriege nach sich zieht, wird durch Besprechung der Antwort auf Verständnisfrage 1 der Hausaufgabe für alle verständlich.

Die Lerngruppe wird sodann geteilt. In Einzelarbeit fassen die Schülerinnen und Schüler die Äußerungen Saladins (Hälfte 1) und Sittahs (Hälfte 2) bezüglich der Christen in den Versen 852 bis 902 zusammen. Im auswertenden Unterrichtsgespräch arbeiten sie heraus, dass die Haltung des königlichen Geschwisterpaares in Fragen der Religion der Nathans und des Tempelherrn sehr nahe ist. Die Ergebnisse werden in TAFELBILD 4a festgehalten.

Arbeitsaufträge:

- Fassen Sie auf der Grundlage der Verse 852 bis 902 Saladins und Sittahs Äußerungen bezüglich der Christen zusammen.
- Vergleichen Sie die Einstellung Saladins und Sittahs in Religionsfragen mit der Nathans und des Tempelherrn (vgl. TAFELBILD 2b).

Erläuterungen. Durch die gescheiterten Heiratsverhandlungen zwischen der Familie des Sultans und der von Richard Löwenherz muss Saladin seinen Traum von einer muslimisch-christlichen Königsfamilie aufgeben (V. 861 f.). Die so erneut einsetzenden kriegerischen Auseinandersetzungen machen den Sultan geradezu bitter

TAFELBILD 4a

Saladin, Sittah und die Religionen (V. 852–902)

Saladins und Sittahs Blick auf die Christen:

Saladin	**Sittah**
• Richard ist ein guter Mann. • Eine Heirat zwischen dem muslimischen und dem christl. Herrscherhaus hätte edle Menschen hervorgebracht. • Die Tempelherren tarnen ihre Eroberungspläne mit ihrem christlichen Glauben.	• Die Christen tun Gutes, nicht weil es menschlich ist, sondern weil es Christus gesagt hat. (pauschalisierend) • Alle Menschen sind zur Liebe fähig, aber die Christen bestreiten das für Nicht-Christen.

Einstellung beider: Ein Mensch ist durch seine menschenfreundlichen Taten gut, nicht durch seine Religion – ähnlich der Position Nathans und des Tempelherrn in II,5.

(V. 900–902). Dass er Christen und Muslime schon in seiner Familie vereint sah, zeigt seinen großen Idealismus, aber auch, dass er in der Lage ist, Religionszugehörigkeit und Menschsein zu trennen. Entsprechend entlarvt er das Machtkalkül der vermeintlich aus religiöser Überzeugung kämpfenden Tempelherren (V. 889–900). Sittah pauschalisiert mehr als ihr Bruder, da sie die Christen mit einer fundamentalistischen Glaubensauffassung in Verbindung bringt (V. 866–880). Sie unterstützt dennoch die Ansicht Saladins, indem sie die Liebe als Grundlage *jeder* Glaubensrichtung geltend macht (V. 884–886). Diese Haltung rückt die beiden wiederum in die Nähe von Nathan und dem Tempelherrn.

4.3 Saladins Sorgen

PA / UG

VORLAGE 4
➤ S. 42

Unterrichtsschritt. Die Schülerinnen und Schüler erarbeiten in Partnerarbeit anhand der VORLAGE 4 ***Arbeitsaufträge***, dass die Religionsfrage im Stück mit einer sehr handfesten Realität machtpolitischer Fragen und finanzieller Ressourcen verbunden ist. Sie erfassen so die Hintergründe, die zum sich gegen Nathan richtenden Erpressungsversuch des königlichen Geschwisterpaares führen werden (vgl. Unterrichtsschritt 4.5). Innerhalb der Paare wird die Erarbeitung der Leitfragen aufgeteilt (A/B), bevor man sich die Ergebnisse gegenseitig vorstellt. Ziel ist, dass jede und jeder am Ende die finanziellen Sorgen des Sultans im Plenum vollständig erläutern kann. Abschließend wird die Frage entwickelt, wie sich Saladin im weiteren Handlungsverlauf zwischen seiner Offenheit für Angehörige anderer Religionen (s. Unterrichtsschritt 4.2) und der Notwendigkeit, sein Herrscherhaus zu erhalten, bewegen wird.

VORLAGE 4

Arbeitsaufträge

1. Lesen Sie noch einmal das Ende von II,1, genauer: V. 902–915.
2. A. Erklären Sie Ihrer Lernpartnerin / Ihrem Lernpartner, warum Saladins Vater auf Libanon Geld benötigt. Beziehen Sie auch die Verse 660–668 mit ein. Überprüfen Sie mit Hilfe der Verse 915–921, ob Mittel hierfür zur Verfügung stehen.

   B. Erläutern Sie Ihrer Lernpartnerin / Ihrem Lernpartner, welche Gelder Al-Hafi am Hof Saladins verwaltet. Beziehen Sie sich auf die Verse 963–984. Wie steht es um diesen Bereich?

Erläuterungen. Die Schlussverse von II,1 (ab V. 902) machen die akuten Sorgen Saladins zum expliziten Thema: Die gescheiterten Heiratsverhandlungen mit der Familie von Richard Löwenherz lassen das erneute Einsetzen der Kriegshandlungen erwarten. Damit ist Saladin nicht nur in seinem Idealismus enttäuscht (s. o.), sondern es ergibt sich zusätzlich ein sehr viel profanerer, aber dennoch gewichtiger Grund für seine Unruhe: Er benötigt erheblichen Nachschub für die Kriegskassen (V. 906–914, vgl. auch V. 660–668). Dabei bleiben Geldlieferungen aus Ägypten aus (V. 915–919), die nicht nur die Kriegs-, sondern auch die von Al-Hafi verwaltete Kasse für den Palasthaushalt (Gebäude, Einrichtung, Lohn für Angestellte, Lebensbedarf des Sultans) füllen sollten. Sittah hat über ihren Haushalt als Prinzessin den ihres Bruders in den letzten Monaten mitfinanziert (V. 963–984). Geld wird also dringend benötigt.

4.4 Der Schein von Authentizität: Religionen und Kriege (fakultativ)

EA (binnendifferenziert) / UG

ARBEITSBLATT 4a
➤ S. 46 f.

TAFELBILD 4b
➤ S. 43

Unterrichtsschritt. Die Ausführung des Schachspiels wird als Anlass genommen, um Lessings Interesse am Schaffen eines Eindrucks von Authentizität zu hinterfragen. Hierzu werden die Texte auf ARBEITSBLATT 4a ***Historische Authentizität: Ja oder nein?*** mit Hilfe der dortigen Arbeitsaufträge analysiert. Dabei ist eine Aufteilung der Lerngruppe in zwei Hälften hilfreich: Die eine Hälfte bearbeitet in Einzelarbeit Arbeitsauftrag 1a und 1b (= ›Nein‹), die zweite Hälfte ebenso in Einzelarbeit Arbeitsauftrag 2 (= ›Ja‹). Hier ist Binnendifferenzierung möglich, die Bearbeitung von Arbeitsauftrag 2 ist weniger komplex. Die Ergebnisse werden im Unterrichtsgespräch zusammengetragen und stichpunktartig in TAFELBILD 4b festgehalten.

Erläuterungen. Die Requisite des Schachspiels hat noch eine weitere Funktion. Deswegen werden in II,1 die in muslimischen Kreisen übliche Ausführung des Spiels (»glatte[] Steine«, V. 839), jedoch eine durch den Stein der Dame markierte europäische Spielvariante präsentiert. In der orientalischen Welt wird bis heute mit dem sogenannten Wesir (›Feldherr‹) gespielt, was Schülerinnen und Schülern, gerade muslimischer Herkunft, eventuell auffällt. Lessing geht es darum, eine orientalische Welt zu schaffen, die für das Publikum zu seiner Zeit erfassbar ist. Es stellt sich die Frage, auf wie viel Authentizität es ihm grundsätzlich ankommt. Schaut man auf den Ablauf der erwähnten Heiratsverhandlungen und des Waffenstillstands, lässt sich nachweisen, dass er es an dieser Stelle nicht so genau nimmt. Jedoch besteht er gerade bei der Figur des Sultans auf Echtheit. Im *Entwurf zu einer nie veröffentlichten Vorrede* sowie in den *Exzerpten und Notizen* zum Drama wird sein eigentliches Ziel deutlich, dem er die Handhabung der historischen Faktenlage anpasst: Mit den Mitteln der Poesie soll dem Publikum ein Training des Respekts vor anderen Menschen unabhängig von ihrer Religion ermöglicht werden.

TAFELBILD 4b

Historische Authentizität: Ja oder nein?

Ja:
- Zeit der Kreuzzüge zeigt: Zugehörigkeit zu einer Offenbarungsreligion macht noch keinen guten Menschen.
- Gebildete Menschen mit dieser Erkenntnis damals: Juden und Muslime.

Fazit: Lessing besteht auf Authentizität, v.a. mit der Figur Saladins.
Grund: Er will die Verachtung gegenüber Juden und Muslimen im Sinne seines Ideals vom guten Menschen abbauen.

Nein:

Situation im Stück	Historische Faktenlage
• Die Heiratsverhandlungen zwischen der Familie des Sultans und der von Richard Löwenherz (2 Paare) sind gescheitert.	• Die Heiratspläne zwischen der Familie des Sultans und der von Richard Löwenherz sind nur für Saladins Bruder und Richards Schwester belegt.
• Damit ist der ausgehandelte Waffenstillstand hinfällig.	• Der Waffenstillstand wird danach (Sept. 1192) auf drei Jahre und drei Monate geschlossen.

Fazit: Lessing passt die historischen Details an.
Grund: Er will ein für das Publikum in seiner Handlung nachvollziehbares, spannendes Drama schreiben.

Ergebnis:
Es geht um ein das Publikum ansprechendes Drama, das Respekt vor anderen Menschen unabhängig von ihrer Religion trainiert. Die historischen Bezüge sind auf dieses Ziel hin abgestimmt.

4.5 Sprechen am orientalischen Königshof

Unterrichtsschritt. Mit Hilfe der Briefe an seinen Bruder Karl und an Karl Wilhelm Ramler vom Dezember 1778 (Nr. 2 auf ARBEITSBLATT 4b ***Ein Drama in Versen***) wird festgehalten, dass es Lessing um Verse geht, die nicht zu sehr ausgefeilt sind, die also nicht schön klingen, sondern um Nachahmung des »orientalische[n] Ton[s]« (Brief an Karl Wilhelm Ramler vom 18.12.1778 in: Lessing, s. Anm. 3, S. 215). Was auch immer Lessing hierunter im Einzelnen versteht, so versucht er auf jeden Fall, bis in die Sprache hinein eine orientalische Welt zu schaffen. Dies wird als Arbeitshypothese festgehalten und so ein Anlass geschaffen, um die für das Stück geltenden Besonderheiten der Figurenrede exemplarisch in den Versen 1116–45 (Text Nr. 1) zu untersuchen. Die Schülerinnen und Schüler bearbeiten hierfür die Arbeitsaufträge auf ARBEITSBLATT 4b in Einzelarbeit.

EA / UG

ARBEITSBLATT 4b
➤ S. 48 f.

Die Befunde werden direkt in den Textausschnitt auf **ARBEITSBLATT 4b** eingetragen und im Anschluss im gemeinsamen Unterrichtsgespräch auf dem Whiteboard, auf das der Text auf **ARBEITSBLATT 4b** projiziert wird, für alle gesichert.

Der Analyse vorausgeschickt wird die Einordnung der Szene in den bisherigen Handlungsverlauf, um so bestimmte Formulierungen besser zuordnen und sprachliche Mittel besser erschließen zu können (s. Erläuterungen).

Arbeitsaufträge für das die Einzelarbeit zu **ARBEITSBLATT 4b** einleitende Unterrichtsgespräch:
- Ordnen Sie den Textauszug in den bisherigen Handlungsverlauf ein.
- Skizzieren Sie die Haltung Sittahs, die Nathan gegenüber deutlich wird.
- Formulieren Sie mit eigenen Worten, wie Lessing in seinen Briefen an seinen Bruder Karl und an Karl Wilhelm Ramler vom Dezember 1778 seine Verse im Drama beschreibt.

Arbeitsauftrag für das Fazit:
- Erörtern Sie, wie passend Lessings Einschätzung seiner Verse in den Briefen an seinen Bruder Karl und an Karl Wilhelm Ramler vom Dezember 1778 ist.

Erläuterungen. In V. 1116–45 werten Saladin und Sittah Al-Hafis Abwehrversuch aus, Nathan als Leihgeber zu gewinnen. Die Verse laufen auf den Plan des königlichen Geschwisterpaares zu, den reichen Juden Nathan zu hintergehen, um von seinen Geldern zu profitieren. Dabei zeigt sich Sittah gegenüber *den* Juden mit nicht weniger Vorurteilen behaftet wie schon zuvor gegenüber *den* Christen. Ähnlich wie beim Schachspiel lässt sie sich von der aktuellen Problemlage nicht zu sehr beeinträchtigen. Den Angriff gegen Nathan will sie beim Gesang einer Sängerin in ihrem Harem planen. Die noch ihren Bruder umtreibenden Skrupel plagen sie erst gar nicht.

Sprachlich gesehen, kann der Abschnitt stellvertretend für den gesamten Dramentext stehen. Dabei sind zwei Bereiche der Figurenrede auffällig: erstens die gewählte Versform, also der Blankvers, ein ungereimter fünfhebiger Jambus. Lessing suggeriert durch seine Gestaltung eine weitgehend natürliche Sprechweise. So nutzt er zahlreiche Elisionen (V. 1128 f. alleine drei), Ellipsen (V. 1136 und V. 1142 f.) und Enjambements, die wiederum Zäsuren im Versinnern nach sich ziehen (V. 1130–34); sodann dem Alltagssprachgebrauch angenäherte rhetorische Fragen, Sentenzen (z. B. »Sei dem, wie ihm wolle!«, V. 1134) und Aufforderungen (V. 1145) sowie häufige Antilaben (V. 1127 und V. 1138). Inversionen (V. 1132 f., 1137 f.) sichern die Einhaltung des Versmaßes. Der Vers nimmt den unmittelbaren emotionalen Impuls der sprechenden Figur auf und lenkt ihn dennoch in eine bestimmte Wortfolge. Bei aller Lebendigkeit des Sprechens bleibt so ein Abstand zur Sprach- und damit Lebenswelt des Publikums.

Man lasse sich von Lessings Selbstaussagen nicht täuschen: Der Blankvers kann durchaus in Einklang mit einer gehobenen Stilebene genutzt werden, wenn es z. B. darum geht, respektvolle Bewunderung einer Figur zu transportieren. Selbst in Sittahs Nacherzählung der Rede Al-Hafis über seinen Freund Nathan vermittelt sich noch die ursprüngliche Begeisterung des Sprechers. Dann unterstützen Parallelismen, Enjambements und Zäsuren einen schwingenden Rhythmus (V. 1116–18), bereichern Antithesen und Chiasmen (V. 1120–22 und V. 1123–24) die philosophisch-sentenzenhafte Rede, steigern die Ellipsen das Pathos (V. 1123).

Die Metaphorik ist ähnlich aufgeteilt. Sie kann sich aus sehr profanen Bereichen wie des Handels und des Krieges (V. 1139) speisen, aber auch in die Nähe der Bildsprache der Bibel rücken (siehe hierzu den bereits besprochenen Redeausschnitt Rechas V. 169–198, besonders V. 178 ff.).

Erzählungen von der Weite des Raums, den Nathan mit seinem Handel durchmisst, lassen Bilder einer orientalischen Welt vor dem inneren Auge der Zuschauerinnen und Zuschauer entstehen (V. 1116–18). Der Harem Sittahs, den das Publikum als Nebenraum imaginiert, tut sein Übriges.

Insgesamt bleibt bei aller Natürlichkeit der Eindruck eines ausgewählten Sprachduktus. Die orientalische Lebenswelt erscheint dadurch immer ein Stück entrückt, aber nicht entfremdet. Sie bietet ein Experimentierfeld für die Fragen friedvollen Zusammenlebens zwischen verschiedenen Religionen, wie sie die westeuropäischen Gesellschaften des 18. Jahrhunderts formulieren.

4.6 Saladins Plan, Nathans Gegenstrategie und ein Freundschaftsschluss (fakultativ)

UG

Unterrichtsschritt mit Erläuterungen. Mit Hilfe der Antworten der Schülerinnen und Schüler zu den Verständnisfragen 2 und 3 im Rahmen der Hausaufgabe am Ende von Unterrichtsstunde 3 wird die spannungsreiche Ausgangslage thematisiert, in der Nathan sein »Märchen« (III,6, V. 1890) platziert. Zu erwarten ist, dass Nathan sich durch die Erzählung im besten Fall auf keine ihn erpressbar machende Position festlegen muss, den Sultan durch die unterhaltende Abwechslung besänftigen kann und so mit der Zusage auf eine erträgliche Leihsumme den Nachteil für sich begrenzt.

In Einzelarbeit lesen die Schülerinnen sodann die Verse 2060 bis zum Ende von III,7, die unmittelbar der Erzählung des »Märchen[s]« folgen. Im gemeinsamen Unterrichtsgespräch wird auf dieser Grundlage erörtert, wie der Sultan wirklich reagiert. Auffällig ist, dass Saladin Nathans Freund sein will. Entsprechend fragt er nicht mehr nach Geld, sondern legt, als Nathan die Sprache darauf bringt, seine ursprüngliche Absicht offen. Er handelt umfassend sozial. Er geht sogar darauf ein, dass der Tempelherr ihn noch mal sprechen und so aus seiner Isolation befreit werden kann.

Die Schülerinnen und Schüler erkennen also, dass es Nathan durch das Erzählen der (für sie noch unbekannten) Ringparabel gelingt, die ursprüngliche Absicht Saladins nicht nur ins Gegenteil zu wenden, sondern diesen in umfassende soziale Aktivität zu versetzen. Die Frage stellt sich, ob wirklich die Vieldeutigkeit eines »Märchen[s]« und sein Unterhaltungswert hierfür der Grund sein können. Die Schülerinnen und Schüler halten den Auftrag schriftlich fest, diese Frage im Laufe der Analyse von III,7 (siehe Unterrichtsschritt 5.5) zu beantworten.

Hausaufgabe

Vorbereitende Lektüre von Auftritt III,7 bis Vers 2060 (*Nathan der Weise*, Reclam XL, S. 77–83) und Kennzeichnung der Zeitphasen in der hier erzählten Ringparabel (bereitet Unterrichtsschritt 5.1 vor).

Historische Authentizität: Ja oder nein?

Text 1

»854 **Stillestand:** Anspielung auf den Waffenstillstand von 1192, dessen Verhandlungen seit der Belagerung von Ptolemais (Acre) zwischen Richard II. und Saladin geführt wurden. ›Man machte also, nicht einen beständigen Frieden, sondern einen Stillstand auf drey Jahre und drey Monate‹ (François Louis Claude Marin, *Geschichte Saladins Sulthans von Egypten und Syrien*, übers. von E. G. Küster, Celle 1761, Bd. 2, S. 292).

857 **Richards Bruder:** Prinz Johann, der spätere König Johann I. von England (1167–1216). Dieser Teil des vorgeschlagenen Handelns ist Lessings Erfindung.

858 **deinen Richard:** Richard I. (1157–99) Löwenherz, König von England und der Normandie, landete im Juni 1191 in Palästina, unterstützte die Belagerer von Ptolemais (Acre) und war maßgeblich an der Eroberung der Stadt beteiligt. Während der 16 Monate im Heiligen Land erwarb er sich mit wilden Heldentaten den Ruhm, der die geschichtliche Grundlage für die Legende des tapferen Ritters bildete, und eine Reihe bedeutender Feinde unter den christlichen Fürsten. Vor seiner Abfahrt 1192 schloss er einen dreijährigen Waffenstillstand mit Saladin. Sein Vorschlag, Saladins Bruder Malek el Adel mit seiner Schwester Johanna, der Witwe des Königs von Sizilien, zu verheiraten und beide das Königreich Jerusalem regieren zu lassen, wurde von kirchlicher Seite abgelehnt.«

Nathan der Weise, Reclam XL, S. 161.

Text 2

»In dem Historischen[,] was in dem Stücke zu Grunde liegt, habe ich mich über alle Chronologie hinweg gesetzt […]. Meine Anspielungen auf wirkliche Begebenheiten, sollen bloß den Gang meines Stücks motivieren.«

Gotthold Ephraim Lessing: Exzerpte und Notizen [zu Nathan der Weise]. In: G. E. L.: Werke und Briefe in zwölf Bänden. Bd. 9: Werke 1778–1780. Hrsg. von Klaus Bohnen und Arno Schilson. Frankfurt a. M. 1993. S. 660.

Arbeitsauftrag 1:

a. Vergleichen Sie in Form einer Tabelle die in V. 852–902 dargestellte politische Lage mit den Informationen in den Anmerkungen (Text 1) und auf ARBEITSBLATT 1b.

b. Erläutern Sie, inwieweit Lessings Vorgehen mit seiner Selbstaussage in Text 2 übereinstimmt.

Text 3

»Vorrede.
Wenn man sagen wird, dieses Stück lehre, daß es nicht erst von gestern her unter allerlei Volke Leute gegeben, die sich über alle geoffenbarte Religion hinweggesetzt hätten, und doch gute Leute gewesen wären; wenn man hinzufügen wird, daß ganz sichtbar meine Absicht dahin gegangen sei, dergleichen Leute in einem weniger abscheulichen Lichte vorzustellen, als in welchem der christliche Pöbel sie gemeiniglich erblickt: so werde ich nicht viel dagegen einzuwenden haben. [...]

Wenn man aber sagen wird, daß ich wider die poetische Schicklichkeit gehandelt, und jenerlei Leute unter Juden und Muselmännern wolle gefunden haben: so werde ich zu bedenken geben, daß Juden und Muselmänner damals die einzigen Gelehrten waren; daß der Nachteil, welchen geoffenbarte Religionen dem menschlichen Geschlechte bringen, zu keiner Zeit einem vernünftigen Manne müsse auffallender gewesen sein, als zu den Zeiten der Kreuzzüge, und daß es an Winken bei den Geschichtschreibern nicht fehlt, ein solcher vernünftiger Mann habe sich nun eben in einem Sultane gefunden.«

Gotthold Ephraim Lessing: Werke. Vollständige Ausgabe in 25 Teilen.
Hrsg. von Julius Petersen und Waldemar von Olshausen.
Reprogr. Nachdr. Hildesheim / New York 1970. Bd. 2. S. 313 f.
[Zit. nach: *Nathan der Weise*, Reclam XL, S. 193.]

Arbeitsauftrag 2:
Fassen Sie Lessings Äußerungen in Text 3 mit eigenen Worten zusammen. Stellen Sie dar, in welcher Beziehung es ihm auf Authentizität ankommt.

Ein Drama in Versen

1. Lessing, *Nathan der Weise*, II,3 (V. 1116–45)

SITTAH. Sein Saumtier treibt auf allen Straßen, zieht
Durch alle Wüsten; seine Schiffe liegen
In allen Häfen. Das hat mir wohl eh'
Al-Hafi selbst gesagt; und voll Entzücken
Hinzugefügt, wie groß, wie edel dieser
Sein Freund anwende, was so klug und emsig
Er zu erwerben für zu klein nicht achte:
Hinzugefügt, wie frei von Vorurteilen
Sein Geist; sein Herz wie offen jeder Tugend,
Wie eingestimmt mit jeder Schönheit sei.
SALADIN. Und itzt sprach Hafi doch so ungewiss,
So kalt von ihm.
SITTAH. Kalt nun wohl nicht; verlegen.
Als halt' er's für gefährlich, ihn zu loben,
Und woll' ihn unverdient doch auch nicht tadeln. –
Wie? oder wär es wirklich so, dass selbst
Der Beste seines Volkes seinem Volke
Nicht ganz entfliehen kann? dass wirklich sich
Al-Hafi seines Freunds von dieser Seite
Zu schämen hätte? – Sei dem, wie ihm wolle! –
Der Jude sei mehr oder weniger
Als Jud', ist er nur reich: genug für uns!
SALADIN. Du willst ihm aber doch das Seine mit
Gewalt nicht nehmen, Schwester?
SITTAH. Ja, was heißt
Bei dir Gewalt? Mit Feu'r und Schwert? Nein, nein,
Was braucht es mit den Schwachen für Gewalt,
Als ihre Schwäche? – Komm vor itzt nur mit
In meinen Haram, eine Sängerin
Zu hören, die ich gestern erst gekauft.
Es reift indes bei mir vielleicht ein Anschlag,
Den ich auf diesen Nathan habe. – Komm!

2. Briefe Lessings rund um die Entstehung von *Nathan der Weise*

Brief an den Bruder Karl in Berlin:

»Braunschweig, den 7. Dez. 1778.

Mein liebster Bruder,

[…]

Wenn ich Dir noch nicht geschrieben habe, dass das Stück in Versen ist: so wirst Du Dich vermutlich wundern, es so zu finden. Lass Dir aber nur wenigstens nicht bange sein, dass ich darum später fertig werden würde. Meine Prose hat mir von jeher mehr Zeit gekostet, als Verse. Ja, wirst Du sagen, als solche Verse! – Mit Erlaubnis; ich dächte, sie wären viel schlechter, wenn sie viel besser wären. Es soll mich verlangen, was Herr Ramler dazu sagen wird. Ihm und Herrn Moses kannst Du sie wohl weisen, dessen Urteil vom Tone des Ganzen ich wohl auch zu wissen begierig wäre. […]

Gotthold.«

Brief an Karl Wilhelm Ramler in Berlin:

»Wolfenbüttel, d. 18. Dezemb. 1778.

Allerdings, mein lieber Ramler, bin ich Ihnen eine Entschuldigung schuldig, warum ich in dem ersten versifizierten Stücke, das ich mache, nicht unser verabredetes Metrum gebraucht habe. […] Denn ich habe wirklich die Verse nicht des Wohlklanges wegen gewählt: sondern weil ich glaubte, dass der orientalische Ton, den ich doch hier und da angeben müsse, in der Prose zu sehr auffallen dürfte. […]

Lessing.«

Briefe an Karl Lessing vom 7. Dezember 1778 und an Karl Wilhelm Ramler vom 18. Dezember 1778. In: Gotthold Ephraim Lessing. Werke und Briefe in 12 Bänden. Bd. 12. Briefe von und an Lessing 1776–1781. Hrsg. von Helmuth Kiesel. Frankfurt a. M. 1994. S. 209 und S. 214 f. [Behutsam modernisiert.]

Arbeitsaufträge:

1. Analysieren Sie die rhetorischen Mittel der Verse 1126 bis 1145. Erläutern Sie die Wirkung, die durch ihren Einsatz entsteht.
2. Formulieren Sie mit eigenen Worten und in Prosa die Verse 1116 bis 1125. Beschreiben Sie anschließend auf der Grundlage des Vergleichs Ihres Textes mit dem Lessings, welche Stilebene Letzterer hier erreicht. Sichern Sie Ihren Befund zusätzlich mit einer Untersuchung der rhetorischen Mittel ab, die Lessing in diesen Versen verwendet.
3. Untersuchen Sie für die Verse 1116 bis 1145, welche räumlichen Bilder vor dem inneren Auge des Publikums erzeugt werden. Welchen Lebenswelten sind diese zuzuordnen?

5 Die Ringparabel als Mittel umfassender Verständigung deuten

Sachanalyse

Der Anlass zur Erzählung der Ringparabel ist die Frage Saladins nach der wahren Religion. Miteinkalkuliert ist, dass Nathan, egal für welche Religion er sich entscheidet, sich in eine ungünstige Situation bringt, die es dem Sultan ermöglicht, den reichen Kaufmann um gehörige Summen zu erpressen. Nathan jedoch trifft die von ihm geforderte Entscheidung erst gar nicht. Vielmehr beschreibt er mit der Vervielfältigung des ursprünglichen Rings (V. 1945–50) bis hin zu dessen unterstelltem Verlust (V. 2024–28) das Zerfallen der selbstverständlichen Erkenntnis des göttlichen Willens und damit von Wahrheit. Diese war den Menschen in einer ursprünglichen Religion einst möglich. Letztere wird ersetzt durch drei Religionen, die sich die Erkenntnis des göttlichen Willens gegenseitig streitig machen. Dabei bestimmt sich das, was als wahr gilt, also das Gute vom Bösen trennt, durch das Verhältnis der Menschen zu Gott und ihre Beziehung untereinander. Deswegen betrachten die drei Offenbarungsreligionen, Judentum, Christentum und Islam, trotz allen Haders miteinander, die Ergebenheit in Gott[1] und die Liebe der Menschen zueinander als ihre höchsten Werte (V. 2045–48).

Beschreibt die erste Phase noch eine harmonische Ursituation, ist die zweite Phase nicht nur gekennzeichnet durch den Verlust eines natürlichen Verstehens göttlicher Selbstmitteilungen (= Offenbarungen)[2], sondern auch eines selbstverständlichen Erlebens eines universellen Liebeszusammenhangs.[3]

Die eigentliche Wende in der dritten Phase entsteht dadurch, dass dieser Verlust in seinem ganzen produktiven Potenzial genutzt wird. Die Vertreter der drei Offenbarungsreligionen stellen Vermutungen an, wie Leben nach einem umfassenden Liebesgebot aussehen kann, und setzen dies um. Dies kann nicht ein für alle Mal geleistet werden, sondern bedarf immer wieder neuer Anläufe und Anstrengungen. Wie die Brüder der Parabel treten die Vertreter der Offenbarungsreligionen dabei bewusst in einen Wettstreit miteinander. Dieser basiert auf der Wertschätzung für den anderen und seinen Beitrag zu einer gottgewollten Welt. In einer sehr großen zeitlichen Perspektive erreicht das soziale Miteinander so ein Niveau, von dem anzunehmen ist, dass es dem göttlichen Willen weitgehend entspricht, das Gute also optimal zum Wohle aller umgesetzt wird. Gleichzeitig ist der Wettstreit bereits ein Teil dieses sozialen Miteinanders, wird der Weg zum Ziel.[4]

Die Ringparabel in *Nathan der Weise* ist damit deutlich von der Vorstellung der Spätaufklärung geprägt, die Toleranz mit expliziter Wertschätzung des anderen verbindet und über die christlichen Glaubensrichtungen hinausgeht. Im Gegensatz hierzu formulierte der Westfälische Friede von 1648 noch ein Nebeneinander der Konfessionen, die sich lediglich »mit Nachsicht []dulde[n]«[5] sollen.

Nach der der Ringparabel zugrundeliegenden Vorstellung hingegen begeben sich die drei Offenbarungsreligionen in einen stetigen Austausch ihrer Deutungsversuche, wie Gott sich die Welt gewünscht hat. Dies rückt die Suche nach dem richtigen Glauben in die Nähe der Poesie.[6] Diese versteht sich in der Spätaufklärung als Deutungsversuch eines kleinen Ausschnitts einer nie endgültig erklärbaren Welt. Entsprechend betont Nathan, keine letztgültige Antwort auf Saladins sehr grundsätzliche Frage nach der wahren Religion geben zu können (V. 1962–64). Es geht also hier nur noch am Rande darum, der ursprünglich durch den Sultan gestellten Falle auszuweichen.

Saladin aber muss erst akzeptieren, dass in einer vieldeutigen Welt letztgültige Wahrheiten nicht gegeben werden können und dies also auch nicht durch eine Parabel möglich ist. Dies gelingt ihm schließlich (V. 1991 f.). Ab dann tritt für ihn in den Fokus, dass in

1 Für Lessing stellt der Wert der »Demut« ein wesentliches Verbindungsglied bezüglich des Gottesbezugs im Christentum, Islam und Judentum dar. Er wusste, dass die wörtliche Übersetzung von »Islam« zur Wendung »Ergebenheit in Gott« führt. Siehe K.-J. Kuschel, *Vom Streit zum Wettstreit der Religionen. Lessing und die Herausforderung des Islam*, Düsseldorf 1998, S. 324–329.

2 Vgl. Joachim Weinhardt / Sabine Pemsel-Maier, »Offenbarung«, in: *Das Wissenschaftlich-Religionspädagogische Lexikon im Internet (WiReLex)*, www.bibelwissenschaft.de/stichwort/100066/ (Stand: 29. 6. 2020).

3 »Auf sämtlichen Ebenen [des Dramas] spielt die Liebe eine zentrale Rolle […]« (Monika Fick, *Lessing-Handbuch. Leben – Werk – Wirkung*, Stuttgart ⁴2016, S. 461).

4 Die geschichtsphilosophische Perspektive in Lessings Spätschriften ist umfassend besprochen worden. Vgl. die Angaben bei Fick (Anm. 3), S. 434.

5 Siehe Paragraph 34 von Artikel V des sog. Osnabrücker Friedensvertrags vom 24. Oktober 1648 unter www.uni-muenster.de/FNZ-Online/politstrukturen/dreikrieg/quellen/vertrag.htm (Stand: 29. 6. 2020). Hier zit. nach: Arno Buschmann, *Kaiser und Reich. Verfassungsgeschichte des Heiligen Römischen Reiches Deutscher Nation vom Beginn des 12. Jahrhunderts bis zum Jahre 1806 in Dokumenten*, Bd. 2: *Vom Westfälischen Frieden 1648 bis zum Ende des Reiches im Jahre 1806*, Baden-Baden ²1994, S. 58.

6 Vgl. Helmut J. Schneider, »Aufklärung und Fiktion in Lessings Ringparabel«, in: *Aufklärung als Form. Beiträge zu einem historischen und aktuellen Problem*, hrsg. von Helmut Schmiedt und Helmut J. Schneider, Würzburg 1997, S. 46–63.

der Erzählung ausprobiert werden kann, wie man mit dieser Uneindeutigkeit umgeht. Dafür lässt man eine erdachte Figur hierzu Position beziehen (V. 2008f.). Für den Sultan rücken nun also die kreativen Möglichkeiten in den Vordergrund, die der Erzähler nutzt und an denen der Zuhörer sich erfreut (V. 2028). Das Erzählen wird so zu einem intensiven sozialen Austausch, umso mehr weil Nathans Erzählfigur des Richters ein auf Toleranz basierendes Zusammenleben vorschlägt. Saladin lässt sich hiervon berühren (V. 2054), so dass es ihm schließlich gelingt, seinen eigenen Platz in diesem Zusammenhang zu erkennen (V. 2056–60). Da hält er bereits Nathans Hand und bittet im selben Zug um seine Freundschaft. Gefahrlos kann nun der reiche Kaufmann dem Monarchen das Leihgeschäft anbieten (V. 2066–73), das dieser anfangs glaubte nach seinen Bedingungen erzwingen zu müssen. Nathan und Saladin sind sich am Ende bezüglich des Inhalts der Ringparabel, aber auch durch den durch die Poesie möglichen und nun praktizierten Austausch einig.

Das Publikum erlebt diesen Akt aufklärerischen Erzählens mit und beobachtet ihn gleichzeitig. Poesie der Aufklärung klärt gerade an der zentralen Stelle des Dramas über sich selbst auf.

Unterrichtsverlauf

Überblick. Die Schülerinnen und Schüler analysieren die Ringparabel in aufeinander aufbauenden Schritten und mit sich zunehmend erweiterndem Verständnis für die ihr zugrundeliegenden Schlüsselbegriffe. Sie erkennen die Bedeutung der »Demut« und des »Liebesgebots« und setzen hierzu die Begriffe »Offenbarung«, »Wahrheit« und »Toleranz« ins Verhältnis. Sie beziehen die Botschaft der Parabel auf die zentrale Intention des Stücks, d. i. das Favorisieren von Toleranz gegenüber Angehörigen anderer Religionen und das Vorbereiten einer dauerhaft friedlichen Welt. Ergänzend verorten sie den Begriff der »Toleranz« im historischen Kontext. Die Schülerinnen und Schüler erfassen, dass durch das unmittelbare Erzählen und Deuten der Parabel Toleranz sowohl für den Zuhörer auf der Bühne (Saladin) als auch das Publikum des Dramas nicht nur verständlich, sondern trainierbar wird. Sie erschließen, dass das Sich-Einlassen auf einen poetischen Akt bereits Teil des Praktizierens von Toleranz ist. ! Verkürzter Verlauf: 5.1 – 5.2 – 5.3 – 5.4

Phase	Thema	Sozialform	Kompetenzen und Lernziele	Materialien
Voraussetzungen: Kenntnis des Dramentextes bis Auftritt III,7				
5.1	Die Ringparabel: Geschichte eines Familienkonflikts	EA / UG	• Die Bildebene der Parabel erfassen	ARBEITSBLATT 5a ➤ S. 57
5.2	Vom Streit der Brüder zum Streit der Offenbarungsreligionen	EA / UG	• Die Sachebene der Parabel erklären	ARBEITSBLATT 5b ➤ S. 58
5.3	Lessings Vorstellung von »Wahrheit«	EA / UG	• Einen philosophischen Text des Autors in Bezug zur Ringparabel setzen • Den Begriff von »Wahrheit« in der Spätaufklärung erfassen	ARBEITSBLATT 5c ➤ S. 59
5.4	Toleranz im 17. und im 18. Jahrhundert	UG	• Lessings Vorstellung von »Toleranz« vervollständigen • Einen Auszug eines Vertragstextes zur Religionsfreiheit aus dem 17. Jahrhundert verstehen	
5.5 **fakultativ** (zusammen mit 4.6)	Dichten, verstehen, Freundschaft schließen	PA (arbeitsteilig) / UG	• Dichten als soziales Handeln begreifen	TAFELBILD 5 ➤ S. 55
HA	Vorbereitende Lektüre von III,9 bis IV,2			*Nathan der Weise*, Reclam XL, S. 87–103

EA / UG

ARBEITSBLATT 5a
➤ S. 57
Lösungshinweise
➤ S. 121

Unterrichtsschritt. Die Hausaufgabe zu dieser Unterrichtsstunde wird aufgegriffen, in der die Schülerinnen und Schüler die Zeitphasen der Parabel bestimmt haben. Auszugehen ist davon, dass sie mindestens drei Phasen (Zeit des Urrings, Vater mit drei Söhnen, Söhne vor dem Richter) identifizieren können. Im gemeinsamen Unterrichtsgespräch erfolgt die Differenzierung im Sinne von Spalte 1 auf ARBEITSBLATT 5a ***Die Ringparabel: Geschichte eines Familienkonflikts.*** Ähnlich wie bei einem Gedicht erschließt sich die Parabel nur durch ein detailliertes Textverständnis. Entsprechend beantworten die Schülerinnen und Schüler in Einzelarbeit in Spalte 3 die Fragen aus Spalte 2 des ARBEITSBLATTS 5a, vermerken die dazugehörigen Textstellen in Spalte 4 und erarbeiten so die Bildebene der Parabel. Die Ergebnisse werden im gemeinsamen Unterrichtsgespräch zusammengeführt und auf die Frage nach dem Gefühl hin ausgewertet, das die Familienmitglieder in den einzelnen Phasen leitet. Die Auswertung wird in Spalte 5 festgehalten. Sie bezieht den in den Erläuterungen zu diesem Unterrichtsschritt skizzierten Horizont mit ein und greift hierfür die folgenden Arbeitsaufträge/Leitfragen auf.

Arbeitsaufträge/Leitfragen:
1. Skizzieren Sie mit eigenen Worten die Situation der drei Brüder nach dem Tod des Vaters.
2. Beurteilen Sie mit Hilfe des Textes, ob der Vater seine Söhne betrogen hat.
3. Erklären Sie, wie der Rat des Richters den Brüdern hilft, moralisch besser zu leben.
4. Werden die »Kindes-Kindeskinder[]« noch auf die »Kräfte« »der Steine« (V. 2048 f.) angewiesen sein? Begründen Sie Ihre Antwort.

Erläuterungen zum Unterrichtsgespräch. Die Ringparabel beschreibt drei zeitliche Phasen, die sich deutlich in Hinblick auf das Gefühl unterscheiden, das das Handeln der Familienmitglieder leitet. Die erste Phase ist eine paradiesisch anmutende Urzeit, in der Liebe als ursprüngliches Gefühl empfunden und ohne Erwartung an eine Gegenleistung gegeben wird. Dem Vater widerfährt, wen seiner Söhne er am meisten liebt und wen er somit zum Wohle aller zum Fürsten des Hauses bestimmt, genauso, wie dem Lieblingssohn ohne jegliche Anstrengung und Leistung diese Liebe zufällt. Ebenso selbstverständlich ist dieser Lieblingssohn in der Lage, an die Wunderkraft des in »hundert schöne[n] Farben« (V. 1914) leuchtenden Opals zu glauben, die ihm wiederum die Liebe Gottes und anderer Menschen sichert. Hierdurch erfüllt sich ein höherer Wille, metaphorisch wird von der »liebe[n] Hand« (V. 1913) gesprochen, aus der der Vater den Ring empfangen hat. Die so erfolgende Festlegung der Erbfolge nehmen alle als natürlich wahr.

Die zweite Phase beginnt, als der Ring auf einen Lieblingssohn kommt, der als Vater nicht mehr in der Lage ist, aus einem intuitiven Gefühl heraus seinen Lieblingssohn zu bestimmen. Vielmehr liebt er seine drei Söhne gleich, weil diese ihm in gleichem Maße »gehorsam« (V. 1931) sind. Die Liebe des Vaters lässt sich nun also, zumindest ein Stück weit, verdienen. Das ursprüngliche Gebot der Erbfolge zugunsten des Lieblingssohns nicht mehr befolgen zu können und allen Söhnen den Ring zu versprechen, erscheint zunächst als Schwäche des Vaters. Im Grunde aber begegnet dieser dem Ausbleiben der intuitiven Vorliebe für einen der Söhne mit einem neuen Verständnis von Gerechtigkeit. Dadurch erscheint erst jetzt die einstige Bevorzugung eines Sohns als »Tyrannei« (V. 2036).

Wie dem Vater die Gabe fehlt, den Lieblingssohn spontan zu bestimmen, so – nach seinem Tod – den Söhnen die Fähigkeit, an die Wirkung des Steins zu glauben. Zusätzlich wird nun ihr Machtstreben (V. 1959–62) und ihre ausschließende Selbstliebe (V. 2022 f.) offensichtlich.

Der Rat des Richters bezieht diese neue Situation vollständig mit ein. Er fordert die Brüder auf, immer wieder neu anzusetzen, den Menschen zugewandt und ergeben in Gott zu leben (V. 2041–48). Er greift das neue Gerechtigkeitsverständnis ihres Vaters auf (V. 2037–40), um ihr Tun als Antwort auf dessen Liebe zu motivieren, damit aber auch ihre Kränkung als »[b]etrogene Betrieger« (V. 2024) einzudämmen (vgl. Schneider, Anm. 6, S. 53 f.).

Der Richter weist das Streben nach Gottes- und Menschenliebe als eine Art Wettstreit aus, um die Kräfte der Steine zu aktivieren. Gleichzeitig ist der Wettstreit ein Spiel, das einen jeweils eigenen Standpunkt der drei voraussetzt, aber jeden aus seiner Selbstbezogenheit löst. Immerhin funktioniert der Wettstreit nur mit der Annahme, dass die Mitstreiter etwas für ähnlich wertvoll Gehaltenes einbringen können wie man selbst.

Schaffen die Brüder den Rat des Richters umzusetzen, wird sich eine paradoxe Wirkung einstellen: Sie verwirklichen immer schon ein Stück die umfassende Familienharmonie, auf die sie und ihre Nachkommen hinarbeiten. In der großen zeitlichen Perspektive von über »tausend tausend Jahre[n]« (V. 2050) wird jedoch deutlich, dass es Gegenkräfte zu der zu schaffenden Harmonie gibt, die immer wieder neu überwunden werden müssen. So ist die Offenlegung der »Kräfte« »der Steine« (V. 2048) letztlich ein Ziel, dem die Brüder und ihre Nachkommen sich annähern, das sie aber aus eigener Kraft nie ganz erreichen können.

5.2 Vom Streit der Brüder zum Streit der Offenbarungsreligionen

EA / UG

ARBEITSBLATT 5b ➤ S. 58

Lösungshinweise ➤ S. 122

Unterrichtsschritt mit Erläuterungen. Die poetische Form der Ringparabel wird durch die Einführung oder Wiederholung der Definition der Parabel im Unterrichtsgespräch thematisiert. Die Überleitung zur Sachebene erfolgt, indem das *tertium comparationis* präzisiert wird. Eine Besonderheit ist, dass der erklärende Dialog zwischen Nathan und dem Sultan direkt auf dieses hinführt: Der ursprüngliche Ring ist »fast so unerweislich« (V. 1963) wie der richtige Glaube. Umgekehrt bedeutet dies, dass die drei Ringe wie die drei Religionen ihren Wert erst durch die liebevolle Weitergabe seitens der Eltern erhalten. Die Bedeutung des Gefühls der Liebe für die Familienmitglieder der Parabel lässt sich zudem in Bezug setzen zum verbindenden Aspekt der Offenbarungsreligionen. Alle drei Offenbarungsreligionen sehen die Ergebenheit in Gott, d. h. das Vertrauen in die göttliche Liebe und Überlegenheit, und die Liebe zum anderen Menschen als ihre höchsten Werte an.

Die Definition der »Offenbarungsreligionen« wird mit Hilfe von ARBEITSBLATT 5b ***Die Ringparabel im geschichtsphilosophischen Kontext I*** präzisiert. Lessing folgt der bis heute in religionswissenschaftlichen Kreisen gültigen Definition im Detail. Nathan argumentiert mit den einzelnen Aspekten der Definition, als Saladin einwendet, die Religionen seien sehr wohl zu unterscheiden. Dies weisen die Schülerinnen und Schüler in Einzelarbeit in V. 1974–90 auf ARBEITSBLATT 5b nach. Im gemeinsamen Unterrichtsgespräch werden die Befunde besprochen. Im Sinne der Definition der Parabel als eine »lehrhafte Erzählung, die eine allgemeine sittliche Wahrheit oder Erkenntnis« (Gero von Wilpert, *Sachwörterbuch der Literatur*, Stuttgart [7]1989, S. 655) vermittelt, formulieren die Schülerinnen und Schüler ein Fazit, wie die drei Religionen miteinander umgehen sollten, und begründen, was dieser Umgang für den Verlauf der Menschheitsgeschichte bedeutet.

5.3 Lessings Vorstellung von »Wahrheit«

EA / UG

ARBEITSBLATT 5c ➤ S. 59

Unterrichtsschritt. Die Schülerinnen und Schüler präzisieren in Einzelarbeit den Wahrheitsbegriff der Ringparabel mit Hilfe eines Auszugs aus Lessings *Eine Duplik* auf ARBEITSBLATT 5c ***Die Ringparabel im geschichtsphilosophischen Kontext II***. Hierfür bearbeiten sie in Stichworten den Arbeitsauftrag. Im gemeinsamen Unterrichtsgespräch wird anschließend der thematisierte Zusammenhang für alle formuliert.

Erläuterungen. Menschen können sich immer bemühen, besser zu unterscheiden, was gut und böse ist, mutiger zu werden, gut zu handeln und angemessener auf andere einzugehen. Sie können also ihre geistigen, moralischen und sozialen Kräfte trainieren. Sie erreichen hierbei aber nie einen Endpunkt.

Im Vergleich mit Gott sind ihre Kräfte begrenzt. In der Haltung der »Demut« wird dieses Verhältnis anerkannt. Mit »alle[r] Wahrheit« könnten Menschen nichts anfangen.

Leben die Brüder im Sinne des universalen Liebesgebotes der Offenbarungsreligionen, bemühen sie sich also zu verstehen, was dieses in verschiedenen konkreten Situationen bedeutet, und wenden das Verstandene an, trainieren sie ihre geistigen, moralischen und sozialen Kräfte. Dies wird durch den Umgang mit den Kontrahenten im Wettstreit noch effektiver. Dies gilt auch für den Wettstreit der Religionen. Bringt man Angehörigen anderer Religionen trotz des Standpunktes der eigenen Religion Wertschätzung entgegen und ist bereit, von ihnen zu lernen, ringt man mit ihnen gemeinsam um die richtige Auffassung dessen, was gut ist und getan werden sollte. Man nähert sich also der Wahrheit an. Gerade im Wettstreit trainiert man so besonders effektiv seine Kräfte und arbeitet an einem harmonischeren Zusammenleben in der Gegenwart mit. Zukünftige Generationen können hierauf aufbauen.

5.4 Toleranz im 17. und im 18. Jahrhundert

UG

Unterrichtsschritt. Der Begriff der »Toleranz« wird mit Hilfe eines gängigen Fremdwörterbuchs (z. B. *Duden*, *Wahrig*) oder Online-Angeboten (z. B. www.dwds.de/wb/Toleranz) explizit thematisiert. Sodann wird ausgehend von der Frage, warum Nathan Saladin gegenüber darauf besteht, dass er Jude ist, seine Religion ihm also nicht egal ist, im gemeinsamen Unterrichtsgespräch ausformuliert, worin nach Lessings Auffassung die Leistung jedes Menschen in Sachen Toleranz besteht. Fakultativ erfolgt die Einordnung des Begriffs »Toleranz« in den historischen Rahmen des 18. Jahrhunderts durch den Vergleich zu den einschlägigen Paragraphen des Westfälischen Friedens von 1648.

Arbeitsaufträge/Leitfragen:

- Schlagen Sie in einem gängigen Fremdwörterbuch, ggf. auch in der Onlineversion nach: Was bedeutet »Toleranz«?
- Wie lässt sich der Begriff auf die Ringparabel anwenden? Wer toleriert was bei wem?
- Erklären Sie, warum Nathan trotz seiner Toleranz in Religionsfragen darauf besteht, Jude zu sein (V. 1841 f.).
- Erläutern Sie, welche Einstellung zu Angehörigen anderer Religionen notwendig ist, damit der Wettstreit mit ihnen gelingt.
- Vergleichen Sie Nathans Vorstellung von Toleranz mit der, die in Art. V, § 34 des sogenannten Osnabrücker Friedensvertrags vom 24. Oktober 1648 deutlich wird (z. B. unter www.uni-muenster.de/FNZ-Online/politstrukturen/dreikrieg/quellen/vertrag.htm). Begründen Sie, welche Vorstellung fortschrittlicher ist. (Fakultativ.)

Erläuterungen. Laut *Duden* bedeutet »Toleranz« schlicht ›Duldsamkeit‹. In Bezug auf das Drama geht es darum, andere Religionen zu dulden. Gleichzeitig besteht Nathan aber darauf, Jude zu sein, weil er weiß, dass man am besten aus der Tradition heraus, die einem aus Liebe von klein auf vermittelt wurde, den Menschen zugewandt und ergeben in Gott leben kann. Da dies auch Angehörigen anderer Religionen zugestanden wird, entsteht *Wertschätzung*.

Man geht davon aus, dass die anderen Religionen genauso wie die eigene einen gleichwertigen Beitrag zum Guten in der Welt leisten. Diese Annahme ist die Grundlage, um sich mit ihnen im Wettstreit zu messen und sich gegenseitig anzutreiben. Das Neue, was so im Miteinander entsteht, ist nur möglich, weil jeder sich auf der Grundlage seiner Herkunft beteiligt.

Hierdurch wird ein entscheidender Schritt getan. Noch im Westfälischen Frieden von 1648, der immerhin den Dreißigjährigen Krieg beendete, geht es nur um das Verhältnis der zwei christlichen Konfessionen (katholische versus lutherisch-protestantische, d. i. die augsburgische Konfession). Zudem ist von kaum mehr als einem Dulden »mit Nachsicht« die Rede, nicht von einer Annahme ihrer Gleichwertigkeit.

5.5 Dichten, verstehen, Freundschaft schließen (fakultativ)

PA (arbeitsteilig) / UG

TAFELBILD 5 ➤ S. 55

Unterrichtsschritt. Die in Unterrichtsschritt 4.6 formulierte Frage wird wieder aufgegriffen, ob die Vieldeutigkeit des »Märchens« und sein Unterhaltungswert der Grund dafür sind, dass Saladin seinen Erpressungsversuch aufgibt und am Ende Nathans Freundschaft erbittet. Ziel ist, zu verstehen, dass Dichtung in einer Welt nicht festlegbarer endgültiger Wahrheiten eine Möglichkeit intensiven sozialen Austausches bietet, um diese Welt immer wieder neu zu deuten. Für die Erarbeitung der Antwort wird die Lerngruppe in zwei Hälften geteilt. Die erste Hälfte untersucht in Partnerarbeit die Verse 1904 bis 1992 (bis Saladins Replik), die zweite Hälfte, ebenso in Partnerarbeit, die Verse 1992 (ab Nathans Replik) bis 2060. Die Lernenden beschreiben Saladins Verhältnis zu Geschichten sowie seine Erkenntnis und seinen Bezug zu Nathan zum Ende des jeweils übernommenen Abschnitts. Die Ergebnisse werden in TAFELBILD 5 zusammengetragen. In der gemeinsamen Auswertung erkennen die Schülerinnen und Schüler, dass die Intensivierung aller drei untersuchten Aspekte in Phase 2 sich dem Ergebnis von Phase 1 verdankt. Der rote Pfeil im Tafelbild markiert diesen Zusammenhang. Abschließend steht die Frage nach dem Wert von Dichtung in einer nie endgültig deutbaren Welt. Die Besprechung der Wirkung auf die Zuhörerinnen und Zuhörer vor der Bühne führt zur Beschreibung dieses Werts. Zur weiteren Vertiefung besteht die Möglichkeit, dass die Schülerinnen und

Schüler die letzten zwei Fragen von Arbeitsauftrag 3 auf ihre eigene Person bezogen beantworten und sich hierüber austauschen.

Arbeitsaufträge/Leitfragen:

1. Für die Partnerarbeit: Beschreiben Sie für den von Ihnen übernommenen Textabschnitt (V. 1904–92 bzw. 1992–2060)
   a) Saladins Verhältnis zu Geschichten sowie
   b) seine Erkenntnis und seinen Bezug zu Nathan zum Ende des Abschnitts.
2. Formulieren Sie ein Fazit, welche Wirkung Dichtung in einer Welt hat, in der Erkanntes immer nur vorläufig sein kann.
3. Erschließen Sie die Wirkung der Szene III,7 auf das Publikum:
   - Was erlebt es während der Erzählung der Ringparabel?
   - Mit wem identifiziert es sich?
   - Was in Bezug auf die Frage nach der richtigen Religion versteht es?
   - Was lernt es über den Wert von Dichtung?

TAFELBILD 5

Erzählen, verstehen, Freundschaft schließen

	V. 1904–92 (Phase 1) →	V. 1992–2060 (Phase 2)
Saladins Verhältnis zu Geschichten	• mag gut erzählte Geschichten (V. 1906–08) • folgt aufmerksam (V. 1928) • lässt sich berühren (vor V. 1956), aber beharrt auf einer eindeutigen Botschaft (V. 1970–73)	• erkennt die Möglichkeit von Erzähleinfällen (V. 2008 f.) • genießt gute Einfälle (V. 2028) • lässt sich berühren (V. 2054)
Saladins Erkenntnis	• nach Erläuterung (V. 1974 ff.): es ist nicht festzustellen, welche Religion im Besitz der Wahrheit ist (V. 1991)	• neue Selbstverortung: in der jetzigen Zeit kann auch ein Monarch Wahrheit nicht eindeutig bestimmen (V. 2058 f.)
Saladins Bezug zu Nathan	• erkennt an, dass Nathan recht hat, beginnt ihn wertzuschätzen (V. 1991)	• bittet um Nathans Freundschaft (V. 2060)

Erläuterungen. Die Frage nach der Vieldeutigkeit des Märchens und seinem Unterhaltungswert legt zunächst nahe, Nathan weiche durch eine uneindeutige Erzählung einer klaren Antwort auf Saladins (Fang)frage aus und gewinne des Sultans Sympathie durch ablenkende Spaßelemente in der Erzählung. Eine genauere Untersuchung der Reaktionen des Sultans im Verlauf der Erzählung zeigt allerdings, dass dies zu einfach gedacht ist. Besonders während der zweiten Erzählphase sind Saladins Reaktionen deutlich von seiner Erkenntnis am Ende der ersten Etappe geprägt, nämlich dass Wahrheit in ihrer absoluten Form weder in den Religionen noch in Geschichten zugänglich ist. Hiermit einher geht bereits eine erste Akzeptanz der Person Nathans.

In der Folge lässt der Sultan sich deutlicher auf das spielerische Erproben von Erzähl- und damit Deutungsmöglichkeiten ein, das durch Dichtung nun gegeben ist. Freude an originellen Einfällen ist hierbei vom Lob für den Dichter nicht zu trennen.

Indem der Sultan den intensiven Austausch mit Nathan durch die Erzählung erlebt, wird er sich bewusst, welchen Entwicklungsstand in Bezug auf die Parabel er selbst erreicht hat. So stellt er seine Ansprüche als absolutistischer Herrscher in Frage. Zu Beginn der Szene hatte er sich noch auf seinen Titel »Verbesserer der Welt und des

Gesetzes« (V. 1902) bezogen und damit seine Richtergewalt als Monarch betont. Alles das spielt jetzt keine Rolle mehr. Vielmehr will Saladin Nathan auf Augenhöhe begegnen und bittet um dessen Freundschaft.

Die Vieldeutigkeit des Märchens ist also kein Mittel, um jemand anderen zu täuschen (vgl. Saladins anfänglichen Vorwurf, V. 1970), sondern sie wird in ihrem ganzen produktiven Potenzial vorgeführt. Dichtung hilft, Erlebtes in einen größeren Zusammenhang zu stellen, auch wenn man die Vorstellung von diesem Zusammenhang stetig korrigieren muss. Indem man sich über diese Deutungsversuche in der Dichtung austauscht, entstehen und festigen sich soziale Beziehungen.

Für das Publikum kommt es so während des Erzählens der Ringparabel auf der Bühne zu einer doppelten Wirkung. Es selbst empfindet sich als Adressat der Parabel, formuliert aber auch innerlich ähnliche Zweifel wie Saladin. Gleichzeitig beobachtet es die Wirkung der Dichtung auf die Figuren auf der Bühne. So erhält das Publikum einen verstärkten Anlass, über den Wert von Dichtung in einer Welt nicht endgültiger Wahrheiten nachzudenken. Dichtung klärt an dieser zentralen Stelle des Dramas über sich selbst auf.

Hausaufgabe

Arbeitsaufträge:

1. Vorbereitende Lektüre von III,9 bis IV,2 (*Nathan der Weise*, Reclam XL, S. 87–103) mit Weiterführen der Kurzskizzierung der Szenen III,7 bis IV,2 im in Unterrichtsstunde 1 vorgestellten Schema.
2. Beantwortung folgender Verständnisaufgaben:
   - Zu III,9: Arbeiten Sie die Gründe heraus, warum der Tempelherr von Nathans Reaktion auf seine Bitte, Recha heiraten zu dürfen, enttäuscht ist.
   - Zu III,10: Erschließen Sie die Gründe Dajas, warum sie dem Tempelherrn Rechas Herkunft verrät und sich damit Nathans Willen widersetzt.

Erläuterungen. Die Verständnisaufgabe zu III,9 bereitet Unterrichtsschritt 6.1 vor. Der Tempelherr ist davon ausgegangen, dass Nathan ihm Recha unmittelbar zuspricht. Das Zögern seines Gegenübers deutet er so, dass Nathan in Liebesdingen nicht einfach auf die Stimme der Natur hört. Diese aber bestimmt nach der Auffassung des Tempelherrn ihn selbst und Recha füreinander (V. 2180 f.). Zudem war der Bezug auf das Naturrecht der Grund seiner Übereinstimmung mit Nathan in Religionsfragen. Für Nathan scheint diese Übereinkunft nicht mehr zu zählen (V. 2191 f.). Der Tempelherr ist sich des Grundes ihrer Freundschaft nicht mehr sicher.

Auf die tiefen Gefühle des Tempelherrn antwortet Nathan anscheinend mit oberflächlicher Neugierde. Er fragt nach dem Vater Curds, den er zu kennen glaubt. Gerade seine Herkunft kann der Tempelherr aber nicht genau festlegen: Stammt er von einem orientalischen Vater ab oder ist er das uneheliche Kind eines Kreuzritters namens Conrad von Stauffen? Im Gegensatz zum unmittelbar vorausgehenden Monolog (III,8) gibt er sich jetzt als Letzteres aus. Nathan hat also ungewollt die Wunde dieser nicht geklärten Identität berührt.

Die Verständnisaufgabe zu III,10 bereitet Unterrichtsschritt 6.1 vor. In Dajas Augen war es verwerflich, dass der Jude Nathan das christliche Kind erzogen hat (das hat sie »blut'ge Tränen« gekostet, V. 2347). Sie kritisiert zudem, dass er die nun erwachsene junge Frau noch immer nicht über ihre christliche Herkunft aufgeklärt hat (V. 2357). Sie hält es für eine große Schwäche Nathans, dass dieser jetzt nicht die Gelegenheit nutzt, auf den Wunsch des christlichen Tempelritters einzugehen, einer Heirat mit Recha zuzustimmen (V. 2311–16). Dabei geht es Daja auch um einen sehr egoistischen Grund. Sie selbst möchte zurück nach Europa und hofft, das junge Paar werde sie dorthin mitnehmen (V. 2376–78).

ARBEITSBLATT 5a

Die Ringparabel: Geschichte eines Familienkonflikts

Phase	Beantworten Sie mit Hilfe des Textes:	Antwort (möglichst kurz und prägnant, Zitate griffiger Formulierungen sind möglich)	Vers	Welches Gefühl leitet die Familienmitglieder?
1 »Vor grauen Jahren« »Mann i[m] Osten«	Woher hat der Mann den Ring?			
	Worin besteht die Kraft des Steins?			
	Was ist die Bedingung, dass der Stein seine Kraft zeigt?	»wer / In dieser Zuversicht ihn trug« Träger muss an Wirkung des Rings glauben	1916 f.	
	Nach welcher Regel erfolgt die Vererbung?			
2a Vater von drei Söhnen	Warum liebt der Vater alle Söhne gleich?			
	Wie löst er das Problem der Vererbung?			
2b Die drei Brüder nach dem Tod des Vaters	Wie reagieren die Brüder nach dem Tod des Vaters?			
	Womit beweist der Richter, dass der echte Ring verloren ging?			
3 Die drei Brüder in der Zukunft	Was sollen die Brüder tun?			
Fazit: Die »Kindes-Kindeskinder[]« »in über tausend tausend Jahre[n]«	Wie profitieren die »Kindes-Kindeskinder[]«?			

ARBEITSBLATT 5b

Die Ringparabel im geschichtsphilosophischen Kontext I

Offenbarungsreligionen, Definition:

Offenbarung Gottes wird verstanden als Selbstmitteilung Gottes.

Gott zeigt sich z.B. in der Schöpfung, in außergewöhnlichen Naturphänomenen, Engelserscheinungen, durch die Inspiration von Propheten oder wie im Islam durch die Botschaft an einen einzigen Propheten. Höchste Werte aller drei Religionen sind: 1. Ergebenheit in Gott und 2. Liebe zum anderen Menschen (vgl. Verse 2045–48)

Arbeitsaufträge:

1. Weisen Sie im Text nach: Was führt Nathan als *tertium comparationis* seiner Parabel an?
2. Lessing ist auf der Höhe der theologischen Diskussion seiner Zeit. Grundlegende Inhalte der bis heute gültigen Definition der Offenbarungsreligionen finden sich in Nathans Antwort in den Versen 1974 bis1991auf Saladins Einwurf, die Religionen seien sehr wohl unterscheidbar.
   Ordnen Sie die folgenden einzelnen Aussagen jeweils einem Textausschnitt zu!

1	Als Offenbarungsreligionen gelten Judentum, Christentum und Islam.	V. 1987–90
2	Offenbarung ereignet sich in der Geschichte, als geschichtliches Ereignis, als Geschehen in der Zeit.	
3	Festgehalten wird das Offenbarungsgeschehen schriftlich, also in den heiligen Schriften (Tanach, Bibel, Koran).	
4	Alle drei Religionen haben den Anspruch, auf Wahrheit zu fußen. Diese ist aber nicht beweisbar, sondern kann nur geglaubt werden.	
5	Vertrauen in Glaubensinhalte entsteht, weil sie durch die vermittelt werden, von denen man weiß, dass sie einem aus Liebe das in ihren Augen Wertvollste geben.	

Arbeitsaufträge:

3. Formulieren Sie mit eigenen Worten, was der Richter den Brüdern in V. 2045 f. für den Umgang miteinander rät.
4. Erklären Sie, warum diese Form des Umgangs ebenso für Angehörige der drei Offenbarungsreligionen gilt. Berücksichtigen Sie hierbei auch die Aspekte 4 und 5 der Definition der Offenbarungsreligionen.
5. Bringen Sie die moralische Botschaft der Ringparabel auf den Punkt.

ARBEITSBLATT 5c

Die Ringparabel im geschichtsphilosophischen Kontext II

Die Frage nach der Erkenntnis von Wahrheit

Auszug aus G. E. Lessing: *Eine Duplik* (1778):

»Nicht die Wahrheit, in deren Besitz irgendein Mensch ist oder zu sein vermeinet, sondern die aufrichtige Mühe, die er angewandt hat, hinter die Wahrheit zu kommen, macht den Wert des Menschen. Denn nicht durch den Besitz, sondern durch die Nachforschung der Wahrheit erweitern sich seine Kräfte, worin allein seine immer wachsende Vollkommenheit bestehet. Der Besitz macht ruhig, träge, stolz –

Wenn Gott in seiner Rechten alle Wahrheit und in seiner Linken den einzigen immer regen Trieb nach Wahrheit, obschon mit dem Zusatze, mich immer und ewig zu irren, verschlossen hielte und spräche zu mir: wähle! Ich fiele ihm mit Demut in seine Linke und sagte: Vater gib! die reine Wahrheit ist ja doch nur für dich allein!«

Zit. nach Gotthold Ephraim Lessing: Über die Wahrheit. In: Was ist Aufklärung? Thesen und Definitionen. Hrsg. von Ehrhard Bahr. Stuttgart: Reclam, 1974 [u. ö.]. S. 43 f.

Arbeitsauftrag:

Zu Beginn der Begegnung mit Nathan will Saladin wissen, welche Religion die wahre ist (vgl. V. 1843–45). Nathan spricht davon, dass der Sultan Wahrheit wie ein Geldstück nehme, das man sich in die Tasche stecken könne (vgl. V. 1874 f.). Wahrheit im Rahmen einer Religion bezieht sich v. a. auf die Frage nach Gut und Böse. Wie Nathan sich die Erkenntnis von Wahrheit denkt, formuliert Lessing schon 1778 in *Eine Duplik*.

Erklären Sie:

1. Warum bestimmt die Suche nach Wahrheit den Wert des Menschen und nicht ihr Besitz?
2. Inwieweit ist der Wettstreit der Brüder in der Ringparabel und damit der Religionen eine Suche nach Wahrheit?

6 Der ›Junge‹ gegen den ›Alten‹: Den Konflikt zwischen dem Tempelherrn und Nathan erfassen

Sachanalyse

Weist der Ausgang des Treffens zwischen Nathan und Saladin durch den Freundschaftsschluss schon auf das versöhnliche Ende des Stücks hin, schließen sich unmittelbar hieran die Szenen an, die dies wiederum in Frage stellen: Mit seinem Monolog in III,8 artikuliert der Tempelherr seine stürmischen Gefühle für Recha und legt seine ungeklärte Herkunft offen. In dieser Verfassung trifft er in III,9 auf den vom Sultan zurückkehrenden Nathan und bittet diesen um die Hand des Mädchens.

Nichtsahnend stellt Nathan mit seiner Zurückhaltung die gerade erst begründete Freundschaft mit dem jungen Mann in Frage. Diese beruht, wie Auftritt II,5 deutlich gemacht hat, auf dem am Naturrecht orientierten Konsens beider Protagonisten in Religionsfragen (erst zählt der Mensch, dann seine Religionszugehörigkeit). Der Tempelherr weitet dies auf die »Bande[] der Natur« (V. 2181) hinsichtlich seiner Beziehungswünsche aus, so dass die Anziehung, die Recha auf ihn ausübt, sein Werben um sie zu rechtfertigen scheint. Im Gegenzug erlebt er Nathans begründetes, wenn auch nicht erklärtes Nachfragen bezüglich seiner väterlichen Herkunft als kränkend. Er missversteht es als oberflächliche Reaktion auf seine tief empfundenen Gefühle (V. 2197 f.). Zudem trifft Nathan ungewollt den neuralgischen Punkt einer eben doch nicht überwundenen Identitätskrise, denn Curd bezieht sich mit seiner Antwort nicht, wie in III,8 erwogen, auf einen orientalischen Vater, sondern weist sich als uneheliches Kind Conrad von Stauffens aus (V. 2206–10).

In dieser emotionalen Verwirrtheit fehlt nur noch Dajas Geheimnisverrat der angeblich christlichen Herkunft Rechas (III,10), damit der Tempelherr in seine eindimensionale Weltauffassung zurückfällt. Prompt verdächtigt er Nathan eines nach Kirchenrecht verurteilungswürdigen Verbrechens, durch das dieser seine Interessen als Jude über die der Christen gestellt habe (V. 2434–38).

So sucht er Rat beim Oberhaupt der christlichen Kirche in Jerusalem, dem Patriarchen, obwohl der Klosterbruder dessen zwielichtige Machenschaften in Erinnerung bringt. Die bedächtige Art des Bonafides bewirkt allerdings, dass der Tempelherr seine Motive in Frage stellt (V. 2441–43). Geht es ihm um einen offiziellen Schiedsspruch in Fragen des Kirchenrechts (= »[g]elehrte[r] Rat«, V. 2443), was, nennt er konkrete Namen, einer Anzeige gleichkommt, oder nicht vielmehr um die ehrliche Einschätzung eines Glaubensbruders (= »lauter[e]n […] Rat«, V. 2442 f.)? Um Letzteren bittet er nun den Klosterbruder, dies allerdings zu spät, um dem Gespräch mit dem herannahenden Patriarchen noch ausweichen zu können.

Konkret erinnert der Klosterbruder in Auftritt IV,1 den Tempelherrn noch einmal daran, dass der Patriarch sehr weltliche Interessen verfolgt (V. 2406–08). Wie aus Szene I,5 bekannt ist, versucht der Patriarch mit durchaus hinterhältigen Mitteln, nämlich Spionage und Auftragsmord, aktiv in die kriegerischen Auseinandersetzungen einzugreifen. Nicht nur hierbei, sondern grundsätzlich lässt er sich von einer fragwürdigen, da menschenverachtenden Moral leiten, die sich im Kontrast zur Ethik der Ringparabel fassen lässt.

Dies zeigt sich nun ganz offensichtlich in seinem Auftritt in IV,2: Die Erscheinung und Rhetorik des Patriarchen sind auf Dominanz angelegt. Dies geht so weit, dass er explizit bedingungslose Unterwerfung unter seinen Rat einfordert und dies als gottgewollt ausweist (V. 2480–92). In seinen religiösen Überzeugungen manifestiert sich sein Fundamentalismus: Für die Adoption des christlichen Mädchens durch einen Juden kennt er, ungeachtet der Umstände, einzig und alleine das äußerste Strafmaß, die Hinrichtung auf dem Scheiterhaufen (V. 2535–38).

Der Tempelherr zieht sich angesichts des so kaum verdeckten, mit Brutalität verbunden Machtstrebens zurück. Dass der »vorgetragne Fall« (V. 2519) einen sehr realen Hintergrund hat, ist jedoch dem Patriarchen klar geworden. Bringt der Tempelherr am Ende des Dialogs auch alle ihm verfügbaren Mittel in Anschlag, um den Patriarchen von einer weiteren Verfolgung der Angelegenheit abzuhalten – er nennt nicht Nathans Namen und betont seine Verbindung zum mächtigen Saladin –, hat er dennoch den eigenen Argwohn gegenüber Nathan noch nicht ausgekämpft. Dies wird in seinem ersten Dialog mit Saladin in IV,4 deutlich werden.

Unterrichtsverlauf

Überblick. Die Schülerinnen und Schüler lernen die drei Einheiten eines Dramas der aristotelischen Tradition kennen. Sie machen sich mit dem Aufbau und der Dynamik eines geschlossenen Dramas nach dem Modell von Gustav Freytag vertraut. Sie verstehen, dass solche Modelle Hilfen sind, um sich einen Überblick über ein Drama zu verschaffen, gleichzeitig aber Abweichungen und Variationen zwischen Modell und zu untersuchendem Stück die originäre Leistung eines Autors sichtbar machen können. Entsprechend wenden die Schülerinnen und Schüler die Schemata bis einschließlich Akt III an und begründen die Zugehörigkeit der Szenen IV,1 und IV,2 zur »fallenden Handlung«. Im Anschluss lernen sie durch die Detailanalyse von IV,2 die zerstörerische Dimension der Verbindung aus Machtkalkül und religiösem Dogmatismus und die damit verbundenen Argumentationsmuster kennen. Im Hinblick auf das nach dem Modell Freytags zu erwartende gute Ende entwerfen die Schülerinnen und Schüler einen Monolog des Tempelherrn, in dem er plant, die in IV,2 heraufbeschworene Gefahr für Nathan einzudämmen. ! **Verkürzter Verlauf: 6.1 – 6.2 – 6.3 – 6.4 –6.5**

Phase	Thema	Sozialform	Kompetenzen und Lernziele	Materialien
Voraussetzungen: Kenntnis des Dramentextes bis Auftritt IV,2				
6.1	Einstimmung: Freunde und Feinde	UG / LV	• Stimmungsumschwünge im Handlungsablauf als bedeutsames Mittel kennenlernen	
6.2	Die Einheiten des Dramas nach Aristoteles	EA / UG	• Mit Hilfe eines Dramenmodells neue Bedeutungsebenen des Stücks erschließen	ARBEITSBLATT 6a ➤ S. 68 f.
6.3	Der Aufbau und die Dynamik des Dramas nach Gustav Freytag	UG / EA	• Sich das Modell der geschlossenen Dramenform mit visuellen Mitteln erarbeiten	ARBEITSBLATT 6a ➤ S. 68 f.
6.4	Möglichkeiten und Grenzen klassischer Dramenmodelle	EA / UG	• Mit Hilfe eines Dramenmodells die Konfliktlinien des Stücks verfolgen und die damit verbundene Publikumswirkung erfassen • Auf der Grundlage eines Dramenmodells den weiteren Verlauf des Dramas antizipieren	ARBEITSBLATT 6b ➤ S. 70 f.
6.5	Religion und Macht: Der Patriarch	PA / UG	• Fehlformen religiöser Argumentation und ihre Motive identifizieren (IV,2)	VORLAGE 6a ➤ S. 65 TAFELBILD 6 ➤ S. 65
6.6 **fakultativ**	Formen kreativen Schreibens und Darstellens: Die Umkehr des Tempelherrn	PA / Forum	• Formen ganzheitlichen Erschließens von Dramentexten einüben	VORLAGE 6b ➤ S. 67
HA	Vorbereitende Lektüre von IV,3 bis IV,8			*Nathan der Weise*, Reclam XL, S. 104–124

6.1 Einstimmung: Freunde und Feinde

Unterrichtsschritt mit Erläuterungen. Auf der Grundlage ihrer Antworten auf die Verständnisfragen als Teil der Hausaufgabe der vorausgehenden Unterrichtsstunde kontrastieren die Schülerinnen und Schüler im gemeinsamen Unterrichtsgespräch die euphorische Stimmung am Ende von III,7 und den spannungsreichen Dialog zwischen Nathan und dem Tempelherrn in III,9. Sie erkennen, dass die Enttäuschung des Tempelherrn am Ende der Szene lediglich gedämpft, aber nicht ausgeräumt ist. Sie verstehen, dass Dajas Geheimnisverrat in III,10 damit auf fruchtbaren Boden fällt, so dass der Tempelherr sich auf die Seite derer zu schlagen droht, die Nathan nicht gewogen sind. Mit Hilfe zusätzlicher Informationen durch die Lehrkraft hinsichtlich der Unterscheidung »lauter[er] […] Rat« (V. 2442 f.) gegenüber »[g]elehrte[r] Rat« in IV,1 erfassen die Schüle- UG / LV rinnen und Schüler, dass der Tempelherr im Begriff ist, Nathan im Rahmen des Kirchenrechts anzuklagen. Der Patriarch stellt in IV,2 das Todesurteil für Nathan mit entsprechendem Bezug auf das päpstliche und kaiserliche Recht in Aussicht (V. 2531–34). Wie der Lerngruppe eventuell durch den fakultativen Unterrichtsschritt 5.5 bekannt ist, kommt in Jerusalem Richtergewalt alleine Saladin zu. Das bringt nun auch der vom harten Urteil des Patriarchen abgestoßene Tempelherr in Erinnerung (V. 2587 f.).

Als Fazit dieses Verlaufs ist festzuhalten, dass der zunächst durch das königliche Geschwisterpaar bedrohte, nun aber durch die Freundschaft mit Saladin geschützte jüdische Kaufmann unmittelbar danach wiederum bedroht ist. Die Frage ist, ob ihm Saladins Freundschaft nützen wird, diese neue Bedrohung abzuwehren. Die Spannung bleibt also, wie das Drama ausgehen wird.

Dieser Befund wird zum Anlass genommen, um Ablauf und Dynamik der Handlung in diesem und dem folgenden Unterrichtsschritt systematischer zu erfassen.

Leitfrage:

- Wie verändert sich die Bedrohungssituation für Nathan im Laufe des dritten Aktes und bis hin zu Szene IV,2?

6.2 Die Einheiten des Dramas nach Aristoteles

EA / UG

ARBEITSBLATT 6a
➤ S. 68 f.

Unterrichtsschritt. Die Schülerinnen und Schüler formulieren auf der Grundlage der Textausschnitte a und b in Teil I auf ARBEITSBLATT 6a ***Der Aufbau und die Dynamik des »geschlossenen Dramas«*** mit eigenen Worten, was Aristoteles unter Einheit der Handlung und Einheit der Zeit eines Dramas versteht. Sie erschließen im gemeinsamen Unterrichtsgespräch, was im Nachhinein (ab dem 16. Jahrhundert) mit Einheit des Ortes bezeichnet wurde. Sie schlussfolgern, dass die drei Einheiten eine starke Konzentration des Stoffes, d.h. einen stringenten Ablauf auf einer Handlungslinie, erfordern. Auf der Grundlage ihres bislang angelegten Inhaltsschemas überprüfen sie sodann in Einzelarbeit, inwieweit Lessing sich an die Einheit des Ortes hält. Sie erkennen, dass das Stück bislang wirklich durchgehend in Jerusalem spielt, aber hier die Schauplätze ständig wechseln. Sie stellen im auswertenden Unterrichtsgespräch fest, dass Angehörige einer bestimmten Religion bestimmten Orten zugeordnet sind. Besonders aufmerksame Schülerinnen und Schüler bemerken zusätzlich, dass sogar die Schauplätze an sich variiert werden. Sie deuten die Aufteilungen und werden sich so der zusätzlich geschaffenen Bedeutungsebenen bewusst.

Arbeitsaufträge/Leitfragen:

1. Aristoteles legt zwei grundlegende Einheiten für das Drama fest, die der Handlung und die der Zeit (s. Zitate a und b, ARBEITSBLATT 6a, Teil I). Spätere Dramentheoretiker fügen noch die Einheit des Ortes hinzu. Was ist unter diesen Einheiten zu verstehen? Formulieren Sie mit eigenen Worten!
2. Überprüfen Sie mit Ihrem bislang angefertigten Inhaltsschema, wie genau sich Lessing bis zur Szene IV,2 an die Einheit des Ortes hält.
3. Untersuchen Sie, wer an welchem Ort wohnt. Deuten Sie, warum der Tempelritter wiederholt wandelnd unter Palmen gezeigt wird.

*4. An welchem Ort im Palast des Sultans wird die Ringparabel erzählt? Beschreiben Sie die Wirkung, die sich hierdurch für diese Sequenz des Dramas ergibt.

Erläuterungen. Bezüglich der Einheit des Ortes hält Lessing sich zwar an seine anfängliche Ankündigung des Schauplatzes »Jerusalem« (S. 5). Dieser wird aber in weitere Orte unterteilt: 1. Nathans Haus, 2. den Palast des Sultans und 3. das Kloster als Sitz des Patriarchen. Damit sind die Orte gleichzeitig den Religionen zugeordnet. Nur der Tempelherr ist keinem Gebäude zugewiesen. Wiederholt wird er auf und ab gehend unter Palmen gezeigt. Gleichzeitig ist er der Einzige, der alle *drei* Orte aufsucht. Sein Wandeln unter Palmen, mal in der Nähe der Grabeskirche, mal weiter davon entfernt, ist Symbol seiner Identitätskrise (muslimischer oder christlicher Vater?). (Zu diesen und den folgenden Zusammenhängen vgl. Peter Pütz, *Die Leistung der Form. Lessings Dramen*, Frankfurt a. M. 1986, S. 261–265.)

Jeder Ort an sich – mit Ausnahme des Klosters – wird mehrfach variiert. So beginnt z. B. das Geschehen im Flur, also im Eingangsbereich von Nathans Haus, spielt dann davor, später auch im Innern und unterstützt so die Glaubwürdigkeit der Handlung insgesamt. Ähnliches gilt für den Palast des Sultans.

Die Erzählung der Ringparabel – und nur sie – findet im Audienzsaal statt, einem Ort also, an dem ein Monarch seine Macht zum Ausdruck bringt. Dadurch ist umso eindrucksvoller, wenn hier schließlich Freundschaft auf Augenhöhe geschlossen wird (vgl. Susanne Brüggemann, *Tableau oder Handlung? Zur Dramaturgie Diderots und Lessings*, Würzburg 2017, S. 305 f.).

6.3 Der Aufbau und die Dynamik des Dramas nach Gustav Freytag

Unterrichtsschritt. Die Schülerinnen und Schüler machen sich mit Hilfe von Textausschnitt c auf ARBEITSBLATT 6a ***Der Aufbau und die Dynamik des »geschlossenen Dramas«*** (Teil I), ergänzt durch das gemeinsame Unterrichtsgespräch, mit dem Modell von Gustav Freytag vertraut. Sie zeichnen den pyramidalen Verlauf nach. UG / EA

ARBEITSBLATT 6a ➤ S. 68 f.

Die Lehrkraft thematisiert die Einschränkung der Vorlagen, auf die Freytag sich bezieht. Vor diesem Hintergrund leitet sie über zum zwar an Aristoteles und an Freytag orientierten, aber elaborierteren Modell »Die Funktion der einzelnen Dramenteile« auf ARBEITSBLATT 6a (Teil II). Die Schülerinnen und Schüler beschreiben mit eigenen Worten »erregendes Moment« und »retardierendes Moment« und erklären die emotionale Dynamik des Dramas. Sie ergänzen die schlicht ansteigende und wieder abfallende Pyramide um entsprechende Zwischenschritte.

Arbeitsaufträge:
- Zeichnen Sie die von Gustav Freytag beschriebene Pyramide.
- Formulieren Sie mit eigenen Worten: Was verstehen Sie unter »erregendem Moment«? Was ist entsprechend das »retardierende Moment«?. Wie wirken sich beide auf die Spannung im Stück aus?
- Markieren Sie graphisch in Ihrer Zeichnung der Pyramide Beschleunigungen und Verzögerungen der Handlung. Kennzeichnen Sie zudem den Spannungsverlauf.

Erläuterungen. Freytags Ablaufschema richtet sich auf der Grundlage des Schicksalsverlaufs der tragischen Heldin / des tragischen Helden an der Einheit der Handlung aus, beschreibt den Weg bis zum Augenblick, in dem der Konflikt ausgetragen wird, und die Folgen für die Hauptfigur im Anschluss. In Teilen bezieht es so auch den Spannungsbogen ein. Sein Modell entwickelt Freytag vorzugsweise an der auf die antike Tragödie bezogenen *Poetik* des Aristoteles und an den mit dem Verständnis des 19. Jahrhunderts interpretierten Tragödien Sophokles', Shakespeares, Lessings, Schillers und Goethes. Verortet er vorzugsweise die Peripetie im vierten Akt, sehen andere Ansätze diese in stärkerer Verbindung mit dem Höhepunkt im dritten Akt (vgl. u. a. Manfred Fuhrmann, *Die Dichtungstheorie der Antike. Aristoteles – Horaz – ›Longin‹. Eine Einführung*, Darmstadt [2]1992, S. 36).

Dem erregenden Moment kommt schon in der Beschreibung Freytags in der Regel eine eigene Szene zu. In dieser kündigt sich ein Ereignis an, durch das die Figuren sich zum Handeln veranlasst sehen (vgl. Gustav Freytag, *Die Technik des Dramas*, zit. nach: *Dramentheorie. Texte vom Barock bis zur Gegenwart*, hrsg. von Peter Langemeyer, Stuttgart 2011, S. 342–349, hier S. 347). Insofern entspricht das erregende Moment häufig einem Umstand, der in der Wahrnehmung der Figuren Zeitdruck erzeugt. Die Figuren geraten in Aufregung und mit ihnen gegebenenfalls auch das Publikum. Das erregende Moment ist also ein Aufregung erzeugendes Moment. Die Figuren unternehmen in der Folge Schritte, durch die sie den Höhepunkt der Handlung mit herbeiführen. Hierdurch steigt die Spannung.

Freytag spricht umgekehrt für die fallende Handlung vom »Moment der letzten Spannung« (ebd., S. 346). Später wird allgemeiner der Begriff des retardierenden Moments geprägt, das laut Freytag zwar nach der Peripetie, aber entgegen seiner Vorstellung nicht zwingend erst kurz vor Schluss eintritt. Das retardierende Moment bezieht sich auf eine Wendung der Ereignisse, die den schon für sicher gehaltenen Ausgang in Frage stellt. Hiermit können sich weitere verzögernde Handlungsschritte verbinden.

6.4 Möglichkeiten und Grenzen klassischer Dramenmodelle

Unterrichtsschritt. In Einzelarbeit wenden die Schülerinnen und Schüler das die Vorstellungen Aristoteles' und Gustav Freytags erweiternde Dramenmodell bis zum Ende des dritten Aktes auf *Nathan der Weise* an. Sie gehen hierbei von den die Titelfigur berührenden Konfliktlinien aus. Hierfür vervollständigen sie die

EA / UG

ARBEITSBLATT 6b
➤ S. 70 f.
Lösungshinweise
➤ S. 123 f.

Tabelle auf ARBEITSBLATT 6b ***Die die Titelfigur berührenden Konfliktlinien und ihr Verlauf in den ersten drei Akten***. Die blau unterlegten Felder geben vor, an welcher Stelle des Dramas der Aspekt des Modells idealtypisch realisiert werden müsste. Wie zu erwarten, weicht Lessing hiervon regelmäßig ab. Im gemeinsamen Unterrichtsgespräch erfolgt die Auswertung des für die ersten drei Akte erhobenen Standes. Diese wird in Spalte 5 der Tabelle dokumentiert. Im Anschluss wird die Gesamtwirkung des sehr komplexen Vorgehens auf das Publikum beschrieben. Abschließend prognostizieren die Schülerinnen und Schüler grob den weiteren Verlauf des Dramas ab Akt IV auf der Grundlage des Modells in Teil II auf ARBEITSBLATT 6a und in Zusammenhang mit den Ergebnissen der Analyse der Konfliktlinien in den ersten drei Akten.

Arbeitsaufträge:

- Nehmen Sie Ihr Inhaltsschema zu *Nathan der Weise* zur Hand und untersuchen Sie bis zum dritten Akt einschließlich, ob sich Lessings Drama dem Modell in Teil II auf ARBEITSBLATT 6a zuordnen lässt. Verfolgen Sie dafür mit Hilfe von ARBEITSBLATT 6b die Nathan berührenden Konfliktlinien.
- Erschließen Sie die Wirkung von Lessings Vorgehen auf das Publikum.
- Skizzieren Sie, was nach dem Modell in Teil II auf ARBEITSBLATT 6a für den Verlauf des vierten Aktes und das Ende des Dramas zu erwarten ist.

Erläuterungen. Bereits bis zum Ende des dritten Akts lässt sich feststellen: So wenig wie Lessing die Einheit des Ortes unhinterfragt befolgt (s.o.), so wenig interpretiert er die Einheit der Handlung eindimensional. Gleich in der Exposition werden zwei Konfliktlinien und eine Nebenlinie (mit einer Nebenfigur) sichtbar. Zudem erstreckt sich die Exposition weit über den ersten Akt hinaus. Gleichzeitig entstehen besonders in den ersten zwei Akten spezielle Effekte der Binnenspannung (z.B. rund um die erste Begegnung Nathans mit dem Tempelherrn). Den zeitlich leicht verschobenen zwei Konflikten mit den Hauptfiguren entsprechen zwei erregende Momente (Ende Akt I: Der Tempelherr ist zurück, Nathan will ihn trotz Abwehr sprechen; Ende Akt II: Ankündigung, dass der Sultan Nathan sprechen will). Der Hauptkonflikt zwischen Nathan und Saladin endet mit ihrer Freundschaft, aber der zweite Konflikt (Nathan – Tempelherr) und der Nebenkonflikt (Nathan – Daja), die schon befriedet schienen, flammen erneut auf und das zeitgleich im retardierenden Moment in III,10. Am Ende – das macht der den Schülerinnen und Schülern durch die Hausaufgabe schon bekannte Auftritt IV,2 deutlich – wird es darum gehen, wie die zwei Konfliktlinien mit den Hauptfiguren sich verbinden werden, d.h. wie die Freundschaft Saladins mit Nathan die durch den Tempelherrn ausgelöste Gefahr ausgleichen kann.

Als Fazit lässt sich formulieren: Die Grundelemente eines Dramas der aristotelischen Tradition bleiben erkennbar, aber Lessing handhabt diese äußerst souverän. Ihm ist an einer maximal komplexen Gestaltung gelegen. Bezogen auf die Handlungsstränge entstehen so verschiedene unerwartete Wendungen, die dem Publikum hohe Konzentration abverlangen (es will die Übersicht behalten) und gleichzeitig seine Aufmerksamkeit binden (vom Ablauf verblüfft, möchte es wissen, wie es weitergeht). Gleich zu Anfang erhält das Publikum durch die Gestaltung der Heilung Rechas als Minidrama einen Hinweis auf das ›unkonventionelle Vorgehen im konventionellen Rahmen‹. Das Drama wird also auch auf dieser Ebene seinem Anspruch an Aufklärung gerecht.

6.5 Religion und Macht: Der Patriarch

PA / UG

VORLAGE 6a
➤ S. 65
TAFELBILD 6
➤ S. 65

Unterrichtsschritt. In Partnerarbeit beschreiben die Schülerinnen und Schüler zunächst in Stichworten das Verhältnis des Patriarchen zu Saladin, das in I,5 und IV,2 deutlich wird (VORLAGE 6a ***Arbeitsaufträge: Der Patriarch***, Arbeitsauftrag 1). Sie greifen hierfür u.a. auf die Hausaufgabe am Ende von Unterrichtsstunde 1 zurück. Im gemeinsamen Unterrichtsgespräch erfolgt die Auswertung auf das Machtinteresse des Patriarchen hin. Dies bildet den Übergang zur Analyse seiner sozialen Grundeinstellung auch anderen Menschen gegenüber, die die Schülerinnen und Schüler mit Hilfe der Arbeitsaufträge 2 und 3 in Einzelarbeit vorbereiten. Die Ergebnisse werden im Kontrast zu den Prämissen der Ringparabel in TAFELBILD 6 festgehalten. Die Lehrkraft bereitet dies vor, indem sie die nicht-blauen Passagen im Voraus einträgt. In Partnerarbeit geht es sodann um die ›mildernden Umstände‹ zugunsten des Juden. Dabei kümmert sich eine Person um die Umstände, die aus der Sicht des Templers zählen, und die andere um die jeweilige Bewertung durch den Patriarchen (s. Arbeitsauftrag 4a und 4b). Im gemeinsamen Unterrichtsgespräch werden auch diese Ergebnisse in TAFELBILD 6 festgehalten. Die unterstrichenen Oberbegriffe in den blauen Passagen des Tafelbildes werden ggf. erst im Anschluss an die jeweiligen Phasen des Zusammentragens der Ergebnisse gefunden. Den Schülerinnen und

Schülern sollte klar werden, wie sich der Mangel an Sozialkompetenz des Patriarchen auf sein Urteil auswirkt. Sie sollten im Einzelnen begründen können, warum dieses Urteil sowohl radikal als auch brutal ist. Im Umkehrschluss sollten sie den Humanitätsgedanken der Ringparabel erklären können.

VORLAGE 6a

Arbeitsaufträge: Der Patriarch

1. Beschreiben Sie in Stichworten das Verhältnis des Patriarchen zu Saladin. Beziehen Sie sich auf die Auftritte I,5 und IV,2.
2. Benennen Sie das soziale Prinzip, nach dem der Patriarch zu Beginn des Auftritts IV,2 bis V. 2475 handelt.
3. Erklären Sie, was der Patriarch unter seiner Rolle als »Diener Gottes« (V. 2477–92) versteht.
4. Beziehen Sie sich auf V. 2494 bis 2566:
   a) Arbeiten Sie die Umstände heraus, die für den Tempelherrn eine Rolle spielen, um die Adoption des christlichen Kindes durch den Juden zu bewerten.
   b) Vergleichen Sie, wie der Patriarch diese Umstände jeweils einschätzt.
5. Bewerten Sie das Urteil, das der Patriarch über den Juden fällt.

TAFELBILD 6

Religion und Macht: Der Patriarch (IV,2)

	Ringparabel (Phase 3)	Patriarch
Soziales Prinzip	<u>Liebe</u> der Menschen zueinander, Wertschätzung	<u>Dominanz:</u> • benimmt sich wie ein König: Prunk, Gefolge
Verhältnis zu Gott	<u>Ergebenheit</u> • außer Liebesgebot keine endgültige Kenntnis vom Willen Gottes • Vernunft spielt auf der Suche eine Rolle • Erkenntnis bez. Gottes Willen ergibt sich evtl. im Wettstreit mit anderen Religionen	<u>Überheblichkeit</u> • versteht sich als Engel Gottes bzw. »Diener seines Worts« (V. 2482) • dadurch ist ihm klar, was Gott will • andere müssen es ohne Prüfung annehmen • als Religion zählt nur Christentum
	Tempelherr	**Patriarch**
Urteil (V. 2494–2566)	<u>Umstände zählen:</u> • das Mädchen wuchs in Liebe auf • ohne den Juden wäre es umgekommen • das Mädchen hat weniger jüdische, sondern vernunftbasierte Gottesvorstellung ➤ Tempelherr verrät Nathans Namen nicht	<u>Urteil: radikal und brutal</u> • Liebesbezug ›Mädchen – Jude‹ zählt nicht • das Mädchen ist besser tot als im jüdischen Glauben erzogen • vernunftbasierte Gottesvorstellung ist nicht akzeptabel, entspricht Nicht-Glauben ➤ dreimal Foltertod für den »Juden« (V. 2536)

Erläuterungen. Bereits in I,5 wird deutlich, dass Saladin für den Patriarchen ein feindlicher Herrscher nicht-christlichen Glaubens ist, den er ohne Umschweife ausspionieren und ermorden ließe, böte sich hierzu die Gelegenheit. Die Milde Saladins gegenüber der christlichen Bevölkerung, sein Schutzversprechen für diese, spielt für den Patriarchen hierbei keine Rolle. Selbst nachdem Mord und Spionage (vorerst) nicht umsetzbar sind, lässt der Patriarch keinen Versuch aus, Saladin zumindest im Kleinen zu verunsichern, und sei es durch sein besonders prunkvolles Auftreten am Hofe. Dies ist zumindest ein Stich für einen Monarchen, von dem bekannt ist, dass stetige Kriege ihn in Geldnot treiben. Letztlich weiß der Patriarch aber ganz genau, dass er von der Gunst und Gerichtsbarkeit Saladins abhängt. So zeigt er sich auffällig opportunistisch, als der Tempelherr seine eigenen guten Beziehungen zum Sultan ins Spiel bringt (V. 2589–97). Gleichzeitig lässt er von dem vorgestellten Fall nicht ab. Immer wieder neu testet er aus, ob er seine Machtinteressen – wenn auch vorerst nur im Kleinen – durchsetzen kann.

Szene IV,2 zeigt sehr deutlich, dass der Patriarch mit den Werten der Ringparabel nichts anzufangen weiß: Respekt vor anderen oder gar Liebe sind ihm fremd, Demut Gott gegenüber erst recht. Dies führt den Patriarchen zu stark vereinfachenden, aber auch sehr brutalen Urteilen über andere. Ein differenziertes Bild einer Situation zu berücksichtigen, ist ihm nicht möglich.

Lessing überzeichnet die Figur bewusst, indem er ihr Verhalten und ihre Äußerungen wiederholt ins Absurde abdriften lässt (z. B. V. 2540–43 und V. 2560 f.). Die hier zugrundeliegenden Bezüge zur Entstehungsgeschichte des Stücks werden in Unterrichtsstunde 8 thematisiert.

Die endgültige Abkehr des Tempelherrn vom fragwürdigen Ratgeber beginnt genau an der Stelle, an der der Patriarch sein gnadenloses Urteil zum ersten Mal verkündet und dies mit der Unterstellung verbindet, der Jude habe bewusst die Schwäche des adoptierten Kindes ausgenutzt, um seine Religion geltend zu machen (V. 2535–43). Ab dem Moment hält der Tempelherr argumentativ dagegen und betont die gute Absicht des Handelnden, derer er sich anfangs selbst nicht mehr sicher war.

6.6 Formen kreativen Schreibens und Darstellens: Die Umkehr des Tempelherrn (fakultativ)

PA / Forum

VORLAGE 6b
➤ S. 67

Unterrichtsschritt. In Partnerarbeit entwerfen die Schülerinnen und Schüler einen Monolog in Prosa nach dem Motto »Curd! das geht so nicht« (als für die Lernenden noch nicht erkennbare Vorwegnahme der Umkehr durch Selbstermahnung in V,3, V. 3273; VORLAGE 6b ***Arbeitsaufträge: Monolog des Tempelherrn***). Sie legen den Text in Prosa fest, außerdem auch Szenenanweisungen für Gestik, Mimik, Kostüm und Szenenbild.

Sie rekapitulieren sowohl die erarbeiteten Charakterzüge der Figur als auch die für diese relevanten Handlungssequenzen. Sie setzen intuitiv zwei Grundmuster monologischen Sprechens, das der Selbstvergewisserung und das der Entscheidungsfindung, um. Sie wenden hierbei ihre Kenntnisse zum Ablaufschema eines Dramas im Sinne Gustav Freytags an.

In einem zweiten Schritt üben die Lernpartnerinnen und -partner das Spiel ihres Monologs ein. Dafür übernimmt eine Person die Rolle, die zweite die Regie.

Der Monolog wird schließlich vor der Lerngruppe aufgeführt. Dies beruht auf freiwilliger Basis. Die Lerngruppe prämiert, ausgehend von den Kriterien Textqualität und Aufführungsqualität, den besten Monolog. So vertiefen alle ganzheitlich das bereits erworbene Wissen und bereiten sich auf die Schlussszenen vor.

Erläuterungen. Wesentliche Inhalte des Monologs sollten sein:

- Der Tempelherr will Recha nach wie vor unbedingt heiraten. Er erkennt, dass ihn die Wut auf Nathan bislang völlig in die Irre geführt hat. Er versteht, dass er Nathan und Recha in große Gefahr gebracht hat.
- Er muss sich entscheiden, ob er Nathan direkt fragen will, was es mit Rechas Herkunft auf sich hat oder ob er zumindest vorläufig auf eine Erklärung verzichtet. Vielleicht nicht für Nathan und Recha, aber für sich muss er Klarheit über seine väterliche Herkunft erlangen. Er muss Nathan vor dem Patriarchen warnen, dessen Kundschafter früher oder später auftauchen werden.
- Helfen könnte Saladin als Instanz mit richterlicher Gewalt, auch über den Patriarchen. Zudem scheint sich der Sultan mit Nathan gut verstanden zu haben.
- Der Tempelherr beschließt, Nathan zu warnen und sich zu entschuldigen. Beim anstehenden Gespräch mit dem Sultan will er erkunden, ob Saladin bei Gefahr für Nathan bereit ist, den Patriarchen in die Schranken zu weisen.

VORLAGE 6b

Arbeitsaufträge: Monolog des Tempelherrn

1. Entwerfen Sie in Partnerarbeit den Monolog des Tempelherrn in Prosa. Dieser Monolog sollte unter dem Motto »Curd! das geht so nicht« stehen und das gute Ende des Dramas einleiten.

- Halten Sie den Text so kurz wie möglich.
- Gliedern Sie Ihren Text in folgende Schritte:
  - sich der eigenen emotionalen Lage klar werden
  - sich der Lage der anderen klar werden
  - die Handlungsnotwendigkeiten festlegen, Helfer finden
  - einen Entschluss fassen, womit anzufangen ist
- Berücksichtigen Sie, dass der Tempelherr zwar aufbrausend, aber aufrichtig und mutig ist.

2. Bereiten Sie das Spiel des Monologs vor.

- Legen Sie hierfür Gestik und Mimik für die verschiedenen Passagen Ihres Textes fest.
- Gestalten Sie Kostüm und Szenenbild mit einfachen Mitteln, aber im Sinne des Stücks.
- Teilen Sie sich auf: Eine Person übernimmt die Rolle, die andere testet die Wirkung und gibt Hinweise, damit Text und Spiel stimmig sind. Die zweite Person trainiert mit der ersten das freie Sprechen des Textes.

Hausaufgabe

Arbeitsaufträge:

1. Vorbereitende Lektüre von IV,3 bis IV,8 (*Nathan der Weise*, Reclam XL, S. 104–124) mit Weiterführen der Kurzskizzierung der Szenen im in Unterrichtsstunde 1 vorgestellten Schema.
2. Beantwortung folgender Verständnisfrage:
   - Zu IV,4: Wie reagiert Saladin auf die Nachricht des aufgebrachten Tempelherrn, Nathan hätte ein Christenkind großgezogen?

Erläuterungen. Die Verständnisfrage zu IV,4 bereitet Unterrichtsschritt 7.3 und 7.4 vor. Saladin gebietet dem Tempelherrn Einhalt, sich seinen starken Gefühlen zu überlassen (V. 2783 ff.). Da Saladin sowohl Nathan als auch den Tempelherrn zu seinen Freunden zählt, möchte er beide miteinander versöhnen (V. 2796 f., 2816 f.). Aber in seiner großen Sympathie für den jungen Mann verspricht er ihm auch Unterstützung für dessen Heiratspläne (V. 2817 f.) und stellt für Nathan eine wenn auch nicht vernichtende Strafe in Aussicht (V. 2819–21).

Der Aufbau und die Dynamik des »geschlossenen Dramas«

I Die Handlung als Einheit und ihre Aufteilung

a. »Wir haben festgestellt, daß die Tragödie die Nachahmung einer in sich geschlossenen und ganzen Handlung ist, die eine bestimmte Größe hat […]. Ein Ganzes ist, was Anfang, Mitte und Ende hat. […] Demzufolge dürfen Handlungen, wenn sie gut zusammengefügt sein sollen, nicht an beliebiger Stelle einsetzen, noch an beliebiger Stelle enden […].«

Aristoteles: Die Poetik. Griechisch/Deutsch. Übers. und hrsg. von Manfred Fuhrmann. Stuttgart: Reclam, 2003. Kap. 7, S. 25.

»Ferner müssen die Teile der Geschehnisse so zusammengefügt sein, daß sich das Ganze verändert und durcheinander gerät, wenn irgendein Teil umgestellt oder weggenommen wird.«

Ebd. Kap. 8, S. 29.

b. »[…] die Tragödie versucht, sich nach Möglichkeit innerhalb eines einzigen Sonnenumlaufs zu halten […]«

Ebd. Kap. 5, S. 17.

c. »Durch die beiden Hälften der Handlung, welche in einem Punkt zusammenschießen, erhält das Drama […] einen pyramidalen Bau. Es steigt von der Einleitung mit dem Zutritt des erregenden Momentes bis zu dem Höhenpunkt, und fällt von da bis zur Katastrophe. Zwischen diesen drei Theilen liegen die Theile der Steigerung und des Falls.«

Gustav Freytag: Die Technik des Dramas. Zit. nach: Dramentheorie. Texte vom Barock bis zur Gegenwart. Hrsg. von Peter Langemeyer. Stuttgart: Reclam, 2011. S. 342–349, hier S. 345.

II Die Funktion der einzelnen Dramenteile

(Erweiterung der Modelle von Aristoteles und Gustav Freytag)

1. Exposition

- Zeitliches und räumliches Ambiente des Stücks werden vorgestellt
- Die Grundstimmung des Stücks wird erfahrbar
- Die Hauptfiguren werden präsentiert
- Die Vorgeschichte wird bekannt gemacht
- Der Konflikt, in den die Heldin / der Held verwickelt ist, scheint durch

Erregendes Moment ▼ Umstand, der die Figuren zum Handeln veranlasst

2. Steigerung der Verwicklungen

- Verschiedene Interessengruppen konturieren sich zunehmend
- Der Konflikt verschärft sich
- Pläne gegen die gegnerische Partei werden geschmiedet

3. Höhepunkt (Klimax) und Umschlag (Peripetie)

- Der Konflikt zwischen den Interessengruppen wird ausgetragen
- Umschlag im Schicksal der Heldin / des Helden (Peripetie):
  vom Glück ins Unglück (Tragödie) oder umgekehrt
- Die Handlung öffnet sich zum fatalen oder zum versöhnlichen Ende hin

Retardierendes Moment ▲ Umstand, der das zu erwartende Ende in Frage stellt
Wirkung beim Publikum:
noch einmal Aufkeimen von Hoffnung (Tragödie) oder
noch einmal Bangen um den guten Ausgang

4. Fallende Handlung

- Die Handlung entwickelt sich in die durch die Peripetie vorgegebene Richtung
- Die Heldin / der Held ordnet das Geschehen ein, gewinnt Erkenntnis
- Weitere verzögernde Handlungsschritte treten hinzu

5. Ausgang

- Der durch die Peripetie vorgegebene Ausgang tritt ein:
  Untergang der Heldin / des Helden (Katastrophe) oder versöhnliches Ende

ARBEITSBLATT 6b (Seite 1 von 2)

Die die Titelfigur berührenden Konfliktlinien und ihr Verlauf in den ersten drei Akten

	Akt 1	Akt 2	Akt 3	Auswertung
1. Exposition				
Hauptfiguren	Nathan, Recha, Templer			
Vorgeschichte	• Saladin begnadigt Templer, weil der seinem Bruder ähnelt • Templer rettet Nathans Tochter Recha			
Konflikt	1 Nathan/Recha gegen Templer (2 Nathan gegen Saladin) Nebenkonflikt: Nathan gegen Daja zusätzlich Minidrama ›Nathan heilt Recha‹			
erregendes Moment				

ARBEITSBLATT 6b (Seite 2 von 2)

	Akt 1	Akt 2	Akt 3	Auswertung
2 Steigerung der Verwicklungen				
Verschiedene Interessen-gruppen				
Verschärfung des Konflikts				
Pläne gegen Gegner				
3 Höhepunkt und Peripetie				
Interessen-gruppen tragen Konflikte aus				
Wendung im Schicksal des Helden				
Das Ende scheint durch				
retardierendes Moment				

7 Nathans Weisheit begründen

Sachanalyse

In seinen bisherigen zentralen Begegnungen konnte Nathan seine Dialogpartner dazu anregen, zumindest vorübergehend einseitige Standpunkte aufzugeben. Der Grund, warum er aber emotional und moralisch anderen voraus ist, ist bislang nicht klar geworden. Erklärungsbedürftig ist auch, warum er ein christliches Mädchen adoptierte und warum er zögert, dieses dem Tempelherrn zuzusprechen.

Mit dem Klosterbruder Bonafides trifft Nathan in Auftritt IV,7 nun auf einen Gesprächspartner, der am verdächtigen Ereignis, der Adoption Rechas, beteiligt war, und damit zur Erhellung fraglicher Fakten beitragen kann. Gleichzeitig ist der Klosterbruder als »fromme[] Einfalt« (V. 3032) in der Lage, Nathans Entscheidungen im Kontext religiösen Erlebens nachzuvollziehen. Entsprechend bietet die Szene wesentliche Informationen, die die scheinbaren Widersprüche in Nathans Verhalten verständlich machen. Zudem wird nun deutlich, dass Nathans Überlegenheit gegenüber anderen, wie der Titel des Dramas nahelegt, etwas mit Weisheit zu tun hat.

Der zentrale Passus hierzu innerhalb der Szene IV,7 umfasst 116 Verse (V. 2954–3070). In diesen stellt der Klosterbruder Bonafides (also ›der, der guten Glaubens ist‹) zunächst grundsätzlich in Frage, ob Apostasie (= Abfall vom christlichen Glauben) oder auch die Verführung hierzu, wie der Patriarch behauptet, als Blasphemie und damit als unverzeihlich gewertet werden müssen (V. 2960–63). Für Bonafides hat Nathan das einzig Richtige getan. Er habe das aufgenommene Kind in Liebe erzogen und so die unter den gegebenen Umständen einzige Möglichkeit für eine spätere Hinwendung des Mädchens zum christlichen Glauben wahrgenommen (V. 3009–19). Das Aufwachsen im jüdischen Haus stehe dem nicht entgegen, da der christliche dem jüdischen Glauben sehr nahe sei (V. 3020–24). Als klar wird, dass Nathan das getaufte Kind voll Liebe angenommen hat, obwohl wenige Tage zuvor seine Frau und seine sieben Söhne durch Christen ermordet worden waren, wird dem Klosterbruder die Adoption geradezu zur gottgefälligen Handlung (V. 3066–68).

Der Grund für Nathans Liebe zu Recha ist aber nicht nur ein zumindest teilweiser Ausgleich der vorausgehenden grauenvollen Verlusterfahrung. Die Aufnahme des Kindes ist gerade auch Teil der gegenseitigen Vertrauensbeweise, die den Vater des Mädchens und Nathan aneinanderbinden. Nathan verdankt Wolf von Filnek mehr als einmal das Leben (V. 2988 f.). Umgekehrt konnte Wolf von Filnek sicher sein, dass sein Freund für sein Kind bestens sorgen würde. Dabei war religiöse Zugehörigkeit der Beteiligten zweitrangig: Zwar war Wolf von Filnek mit einer Christin verheiratet, schrieb jedoch arabisch, was Fragen nach seiner religiösen Herkunft aufwirft, und zögerte nicht, sein getauftes Kind dem jüdischen Freund zu überantworten.

Das Wesentliche aber ist, dass Nathan sich bereit zeigt, die Liebe zu diesem Kind und den damit verbundenen Freundschaftsbeweis einem höheren Ziel unterzuordnen. Der Adoption voraus geht Nathans Bekenntnis zur Demut: Erst als er in der Lage ist, den Verlust seiner Familie im Pogrom durch die Christen als »Gottes Ratschluss« (V. 3054) anzuerkennen und die Rachegefühle gegen das Volk der Täter zu überwinden, sind die besten Voraussetzungen für die Aufnahme des Kindes gegeben. Umgekehrt ist Nathan auch 18 Jahre später bereit, das »siebenfach[]« (V. 3072) geliebte Mädchen freizugeben, wenn dies Gottes Plan ist (V. 3072–77). Auf diesen Moment hin hat er Recha geradezu vorbereitet (V. 3089–91). Nathan lebt bis zur letzten Konsequenz, was er verstandesmäßig begriffen hat, nämlich die Grundwerte der Ringparabel »Ergebenheit in Gott« (V. 2047 f.) und Liebe zu den Menschen. Er agiert gemäß der dritten Phase der Parabel. Er ist weise. Er kann damit Einfluss auf Menschen nehmen, die in Krisensituationen in den Stand der missgünstigen Brüder in der Parabel zurückfallen, ist aber umgekehrt auch – wie im Fall des Tempelherrn – deren Misstrauen ausgesetzt. Nicht zufällig missdeutet der Tempelherr mit Hilfe des für das gesamte Drama bedeutsamen Motivs von »Sein und Schein« Nathans Absichten (V. 2780–82).

Dabei stellt sich die Frage von »Sein und Schein« gerade in Bezug auf den Tempelherrn selber und das gleich aus mehreren Perspektiven. Grundsätzlich werden nämlich nun äußere Umstände deutlich, die Nathan zur Zurückhaltung gegenüber dem Werben des Tempelherrn um Recha geradezu zwingen: Wie Nathan bereits bei ihrer ersten Begegnung feststellt, gleicht der junge Mann auffällig Wolf von Filnek. Da er zudem den Familiennamen von Rechas Mutter trägt, ist damit zu rechnen, dass Curd und Recha Geschwister sind. Dabei legen die dem Auftritt IV,7 unmittelbar vorausgehenden Szenen mit Saladin zusätzlich, aber noch ohne Wissen der Beteiligten nahe, dass Saladins verschollener Bruder Assad und Wolf von Filnek dieselbe Person sind, Curd und Recha also einem muslimischen Königshaus entstammen.

Unterrichtsverlauf

Überblick. Die Schülerinnen und Schüler erfassen die Aufteilung der Vorgeschichte in einen mindestens 18 Jahre vor der Dramenhandlung liegenden Teil und in einen, der dieser direkt vorausgeht. Sie wenden die Kategorien »analytisches Drama« und »synthetisches Drama« auf der Basis ihres eigenen Leseerlebnisses auf den Text an. Sie begreifen die Motivreihe von »Sein und Schein« als wesentliches Element der bildhaften Sprache des Dramas und als relevant für das Fragen des Publikums nach den Beweggründen der Figuren. Sie verorten Nathans Handeln in einem sozialhistorischen, philosophischen und theologischen Kontext und begründen dadurch seine Weisheit systematisch. Sie stellen abschließend die Beziehung Nathans zu Recha in einen ihr bislang erworbenes Wissen zu beiden Figuren berücksichtigenden Zusammenhang. ! Verkürzter Verlauf: 7.1 – 7.2 – 7.4 – 7.5 – 7.6

Phase	Thema	Sozialform	Kompetenzen und Lernziele	Materialien
Voraussetzungen: Kenntnis des Dramentextes bis Auftritt IV,8				
7.1	Vor mehr als 18 Jahren	GA (arbeitsteilig)	• Die Struktur der Vorgeschichte(n) eines Dramas erfassen	ARBEITSBLATT 7a ➤ S. 79 ARBEITSBLATT 7b ➤ S. 80 ARBEITSBLATT 7c ➤ S. 81
7.2	Die Handlung der ›Alten‹ versus die der ›Jungen‹	LV / UG	• Analytische von synthetischer Dramenform unterscheiden • Die Kategorien auf das Stück anwenden	VORLAGE 7 ➤ S. 75
7.3 fakultativ	Sein und Schein	LV / EA / UG	• Motivreihen in Dramen als relevante Bedeutungsebene kennen • Die Motivreihe von »Sein und Schein« im Drama interpretieren	ARBEITSBLATT 7d ➤ S. 82
7.4	Nathans Leben in kriegerischen Zeiten	UG	• Den Begriff von »Freundschaft« sozialhistorisch einordnen • Nathans Handeln in Darun im philosophischen Kontext des Stücks verorten	
7.5	Nathans Weisheit	UG / EA	• Das Konzept von »Weisheit« im theologischen Kontext des Dramas erschließen • Nathans hervorgehobene Stellung inhaltlich erklären	ARBEITSBLATT 7e ➤ S. 83
7.6	Vater und Tochter, Nathan und Recha	EA / UG	• Die Hauptfigur an ihrer grundlegendsten Beziehung messen • Sich als Leserin und Leser im Verhältnis zu Figurenperspektiven positionieren	
HA	Vorbereitende Lektüre von V,6–V,7 und von Kant, *Beantwortung der Frage: Was ist Aufklärung?* (1784) [Auszug]			*Nathan der Weise*, Reclam XL, S. 138–145 sowie ebd., S. 208 f. und S. 211 f. (letzter Absatz) ARBEITSBLATT 8a ➤ S. 95 f.

7.1 Vor mehr als 18 Jahren

Unterrichtsschritt mit Erläuterungen. Die Schülerinnen und Schüler rekonstruieren die Vorgeschichte(n) des Stücks. Hierfür teilen sich in drei Gruppen auf. Sie bearbeiten mit Hilfe von ARBEITSBLATT 7a ***Die Adoption Rechas***, ARBEITSBLATT 7b ***Der verschollene Bruder*** und ARBEITSBLATT 7c ***Rechas Ursprungsfamilie*** die jeweiligen Ar-

GA (arbeitsteilig)

ARBEITSBLATT 7a bis ARBEITSBLATT 7c ➤ S. 79–81
Lösungshinweise ➤ S. 125

beitsaufträge und bereiten so eine die verschiedenen Informationen zusammenführende Präsentation vor. An dieser Stelle ist Binnendifferenzierung möglich: ARBEITSBLATT 7b (Gruppe 2) ist für weniger leistungsstarke Schülerinnen und Schüler geeignet.

- Gruppe 1 beschreibt die Ereignisse rund um die Adoption Rechas.
- Gruppe 2 erschließt, dass Assad der Vater des Tempelherrn ist.
- Gruppe 3 leitet her, dass Wolf von Filnek nicht nur der Vater Rechas, sondern wohl auch des Tempelherrn ist und Conrad von Stauffen ihr Onkel. Nathan zögert also in III,9, dem Tempelherrn Recha zur Frau zu geben, weil er nicht ausschließen kann, dass sie Geschwister sind.

Die Vorstellung der Ergebnisse im Plenum erfolgt in der Reihenfolge der Nummerierung der Gruppen. Gruppe 1 wird hierfür die Landkarte auf ihrem Arbeitsblatt als an die Wand projizierbare Vorlage zur Verfügung gestellt, in die sie im Vorfeld ihre Ergebnisse einträgt.

Nach Abschluss der Präsentation formulieren die Schülerinnen und Schüler mit Hilfe der durch Gruppe 2 vermerkten Detailinformationen zur Geschichte Assads in IV,5 die These, dass Assad und Wolf von Filnek dieselbe Person sind. Demnach wären Recha und der Tempelherr nicht nur Geschwister, sondern entstammten einem muslimischen Königshaus. Die Schülerinnen und Schüler der Gruppen 2 und 3 führen entsprechend ihre Stammbäume zu einem gemeinsamen an der Tafel zusammen (zum gemeinsamen Stammbaum siehe die Lösungshinweise zu ARBEITSBLATT 9a, S. 108, allerdings ohne das Feld für Nathan und mit Ausnahme von Wolf von Filnek / Assad ohne die doppelten Namen, die erst in der Schlussszene bekannt werden).

Vor diesem Hintergrund werden die zwei dem Stück unmittelbar vorausgehenden Rettungen im Plenum neu bewertet. Genau genommen begnadigt der Onkel seinen Neffen und rettet der Bruder seine Schwester aus dem Feuer.

Arbeitsaufträge/Leitfragen für die Besprechung der Gruppenergebnisse im Plenum:

- Vergleichen Sie das Wissen Saladins über den Verbleib seines Bruders in IV,5 und das in IV,7 berichtete Schicksal Wolf von Filneks. Erschließen Sie die zu vermutenden Zusammenhänge und ihre Bedeutung für die Zukunft Rechas und des Tempelherrn.
- Welche Bedeutung haben die ab Akt IV zu vermutenden Verwandtschaftsverhältnisse für die Begnadigung des Tempelherrn und die Rettung Rechas aus dem Feuer?

7.2 Die Handlung der ›Alten‹ versus die der ›Jungen‹

LV / UG

VORLAGE 7 ➤ S. 75

Unterrichtsschritt. Die Lehrkraft erklärt mit Hilfe des Schemas auf VORLAGE 7 ***Synthetische und analytische Dramenform in »Nathan der Weise«*** die Kriterien eines analytischen gegenüber einem synthetischen Drama. Im gemeinsamen Unterrichtsgespräch erschließen die Schülerinnen und Schüler, warum es sich bei *Nathan der Weise* um ein synthetisches Drama mit einem hohen Anteil analytischer Elemente handelt. Sie bringen ihre eigene Leseerfahrung, das beinahe schon kriminologische Rekonstruieren der familiären Hintergründe des Stücks, mit Fachbegriffen der Dramenanalyse auf den Punkt.

Arbeitsaufträge/Leitfragen:

- Erklären Sie die typographische Gestaltung des Schemas: Warum erscheint der Handlungsstrang, der der synthetischen Dramenform folgt, für *Nathan der Weise* fettgedruckt?
- Begründen Sie, warum das ›Entflammen‹ des Tempelherrn für Recha in Akt III eine Abweichung vom Schema des analytischen Dramas bedeutet.
- Kaum ein Drama folgt nur der synthetischen oder nur der analytischen Dramenform. Formulieren Sie ein Fazit mit kurzer Begründung, wie Sie das Verhältnis beider Dramenformen für *Nathan der Weise* gewichten.

Erläuterungen. Der Haupthandlungsstrang des Dramas zum Thema Toleranz, in dessen Zentrum die Ringparabel erzählt wird, folgt dem synthetischen Muster. Lessing verbindet den Konflikt zwischen dem muslimischen Herrscher in Geldnöten und dem reichen jüdischen Kaufmann aber geschickt mit einer Familiengeschichte, die dem Drama 18 Jahre vorausliegt und in ihren Zusammenhängen erst langsam im Laufe des Stücks aufgeklärt wird. Er bedient sich also auch der Elemente der analytischen Dramenform. Er geht aber nicht so weit, dass er den durch die Familiengeschichte möglichen Konflikt im Vorfeld des Dramas verortet (vgl. hierzu Sophokles' Drama *König*

VORLAGE 7

Synthetische und analytische Dramenform in *Nathan der Weise*

Grundsätzlich: Beiden Dramenformen liegt eine konfliktträchtige Situation zugrunde.

Synthetisches Drama / Entfaltungsdrama		Analytisches Drama / Enthüllungsdrama	
Konflikt ergibt sich im Verlauf des Dramas	**Reicher jüdischer Kaufmann trifft auf muslimischen Herrscher mit Geldsorgen**	Muslimischer Prinz heiratet Christin. Beide sterben. Ihr Sohn und ihre Tochter wissen nichts voneinander.	Konflikt liegt vor Einsetzen der Dramenhandlung
	Akt III: Sohn (= Neffe des Sultans) verliebt sich in seine Schwester (= Adoptivtochter des Juden)		Abweichung
Konkurrenten nähern sich an: gutes Ende	**Beide erreichen Einverständnis in Religionsfragen, werden Freunde und lösen das Geldproblem konstruktiv**	Der Adoptivvater des Mädchens erkennt zunehmend die Zusammenhänge und erhält Möglichkeit, diese zu beweisen.	Umstände kommen im Laufe des Dramas nach und nach ans Licht und begründen gutes Ende
Oder: Konflikt führt mindestens einen der Konkurrenten in die Katastrophe	**entfällt**	entfällt	Oder: Umstände kommen im Laufe des Dramas nach und nach ans Licht und begründen Untergang des Helden

Ödipus, das einsetzt, als Ödipus in Unkenntnis seiner Eltern den Vater längst erschlagen und die Mutter geheiratet hat). Die Gefahr des Inzests, die die unbekannte Familiengeschichte birgt, wird erst in Akt III durch die Liebe des Tempelherrn zu Recha virulent. Gerade in Akt III wird aber im Haupthandlungsstrang das gute Ende des Dramas durch den Freundschaftsschluss zwischen Saladin und Nathan bereits vorbereitet und zusätzlich verdeutlicht, dass von der Seite der Frau her für eine Liebeshandlung die Voraussetzungen fehlen. Die Verwicklungen des Handlungsstrangs rund um das Liebesthema können damit nur noch verzögernde Wirkung haben, wenn Lessing sie auch nutzt, um erhebliche Spannung zu erzeugen.

Zu den Begriffen synthetisches/analytisches Drama vgl. z.B. die Darstellung in Sabina Becker / Christine Hummel / Gabriele Sander, *Literaturwissenschaft: Eine Einführung*, Stuttgart [2]2018, S. 160 f.

7.3 Sein und Schein (fakultativ)

LV / EA / UG

Unterrichtsschritt. Die Schülerinnen und Schüler lernen Form und Funktion von Motivreihen kennen und am Beispiel des Motivs von »Sein und Schein« einzuschätzen, wie diese in *Nathan der Weise* die philosophische Tiefe des Stücks mitbestimmen.

ARBEITSBLATT 7d ➤ S. 82 Lösungshinweise ➤ S. 126

Am Beispiel des Motivs des »Brennens« führt die Lehrkraft zunächst in grundlegende Merkmale von Motiven in Dramen ein. Diese werden an der Tafel oder auf dem Whiteboard festgehalten. Im Anschluss wenden die Schülerinnen und Schüler das so Vorgestellte auf das Motiv von »Sein und Schein« an, indem sie das Schema auf ARBEITSBLATT 7d ***Das Motiv von »Sein und Schein«*** in Einzelarbeit vervollständigen. Die Auswertung im gemeinsamen Unterrichtsgespräch führt zur Ergänzung der begonnenen allgemeinen Merkmalsliste und betont die durch das konkret untersuchte Motiv und seine Abwandlungen zusätzlich entstehenden Bedeutungsebenen. Mit der Metapher vom »Wolf im Schafspelz« erfolgt die Überleitung zur genaueren Untersuchung von Nathans Weisheit und der Vorwürfe, die ihm wegen der Adoption Rechas gemacht werden.

Erläuterungen. Das Stück zeichnet sich durch eine besondere Form der Bildlichkeit aus. Hierzu gehören u.a. kleinere bildliche Themeneinheiten, also Motive. Als solche können sie erzähltes Element des Geschehens sein, als Teil des Bühnenbildes erscheinen oder die Metaphorik der Figurenrede bestimmen. Ein Beispiel ist das Motiv des Feuers, das mit den Berichten vom Brand in Nathans Haus und im Haus seines Bruders die Vorgeschichten des Dramas prägt, Spuren auf dem Mantel des Tempelherrn hinterlassen hat (V. 1243–46), symbolisch im ›Entflammen‹ Curds für Recha wiederkehrt (V. 2224 f.), das »Urteil« des Patriarchen ausmacht (V. 2535–38) und Nathan, als es ihn drängt, den Tempelherrn zu beschwichtigen, »auf Kohlen« (V. 2944) stehen lässt, die Daja wiederum als Ausdruck der Schuld auf Nathans Haupt versammelt wissen will (V. 2892–95).

Ein anderes Motiv ist das von »Sein und Schein«. Auch an ihm lässt sich besonders gut zeigen, dass Motive in *Nathan der Weise* thematisch variiert in Reihen auftauchen. Dabei können die berührten Themen in sich noch einmal differenziert sein. Gerade Letzteres trägt erheblich zur philosophischen Tiefe des Stücks bei.

Das Motiv von »Sein und Schein« ist z.B. rund um die Figuren des Derwischs und des Patriarchen durch die Spannung »innere Überzeugung versus gesellschaftliche Rolle« geprägt. Die Entscheidung Al-Hafis, das Prachtkleid und damit die Stellung des Schatzmeisters Saladins aufzugeben, steht aber im Kontrast zum Patriarchen, der bewusst darauf setzt, andere mit seinem prunkvollen Auftreten einzuschüchtern, ohne dass die christlichen Werte, die er eigentlich vertreten sollte, auch nur erwähnt würden. Als Variante des Motivs wird so das Defizitäre des Lebensentwurfs des Patriarchen für das Publikum besonders deutlich, ohne dass die Figur bereits zu Wort gekommen wäre.

Zudem verbindet sich in Bezug auf die Figuren des Derwischs und des Patriarchen das Motiv von »Sein und Schein« sehr deutlich mit der Frage nach dem Verhältnis von Theater und Leben. Welche Rolle spielt man in der Gesellschaft, v.a. aber auch auf der Bühne des Lebens? Wann wird man zum »Gecken« (V. 479), also richtet sich am Blick der anderen aus und betrügt sich selbst (V. 480–496)? Daran schließt sich die umgekehrte Perspektive im Sinne des Tempelherrn an: Wem wiche man lieber aus, weil dessen äußere Erscheinung zu stark im Vordergrund steht (V. 2454)? Hier schließt sich die Frage des Publikums an: Welche Figur im Stück ist vertrauenswürdig? Durch die sich allmählich erst erhellende Familiengeschichte stellt sich diese Frage im Laufe des Dramas besonders häufig. Nicht zufällig taucht das Motiv von »Sein und Schein« in diesem Kontext in seiner prägnantesten Metapher von »Kern und Schale« (V. 1197) auf, und zwar bei der ersten Begegnung Nathans mit dem Tempelherrn. Hier verbindet es sich zudem unmittelbar mit der Identitätskrise des jungen Mannes. Der Tempelherr ist längst, was er scheint, der Sohn des besten Freunds Nathans mit entsprechend geradlinigem Wesen, muss das Wissen hierüber und das dem angemessene Verhalten jedoch erst erwerben.

So verdächtigt der Tempelherr Nathan zunächst, mit dem Propagieren von Toleranz andere bewusst zu täuschen. Die im Dialog mit Saladin für das Motiv genutzte Metapher vom Wolf im Schafspelz, auf den Hunde zu hetzen seien, ist vom ›Brausen‹ des jungen Mannes geprägt. Das Fragwürdige des Gefühls, das Saladin sofort kennzeichnet, trifft somit auch den Inhalt des Verdachts (V. 2780–91). Ab IV,7 ist schließlich für das Publikum auch der letzte Zweifel ausgeräumt, dass Sein und Schein im Falle Nathans nicht im Sinne einer völlig vertrauenswürdigen Existenz deckungsgleich wären. Diese Figur auf der Bühne kann für das eigene Leben ernst genommen werden.

Arbeitsaufträge/Leitfragen im Anschluss an die Analyse auf **ARBEITSBLATT 7d**:

- Erklären Sie, wie die Motivreihe von »Sein und Schein« dazu beiträgt, dass der Patriarch noch vor allem Sprechen in sozialer Hinsicht als fragwürdig erscheint.
- Wie wirkt es auf das Publikum, dass der Tempelherr die blinden Stellen in Nathans Geschichte mit einer sehr brutalen Metapher deutet? Folgt es dem Tempelherrn in seinem Misstrauen oder geht es auf Distanz? Wie wird in der Folge Nathans Erzählung in IV,7 aufgenommen werden? Begründen Sie Ihre Antwort!

7.4 Nathans Leben in kriegerischen Zeiten

UG

Unterrichtsschritt mit Erläuterungen. Die Schülerinnen und Schüler verstehen, dass Nathans Leben von existenziellen Situationen und Entscheidungen geprägt ist und somit in deutlichem Kontrast steht zu Erfahrungen von Menschen in dauerhaft kriegsfreien Zeiten.

Entsprechend ordnen sie die Vorstellung von Freundschaft im Stück zu, die im Gegensatz zu heute weniger durch Vertraulichkeit im Privaten definiert ist, sondern vielmehr durch eine gemeinsame Weltsicht, die sich im Handeln für den anderen bewährt. Um dies nachzuvollziehen, erschließen die Schülerinnen und

Schüler im gemeinsamen Unterrichtsgespräch mit Bezug auf die Verse 2987–91 die Gründe, warum Wolf von Filnek seine Tochter an Nathan übergab. Zur Sprache kommen sollte hier die in existenziellen Situationen gewachsene Beziehung, die sich an der Güte des anderen orientiert, ohne nach der Zugehörigkeit zu einem bestimmten Glauben zu fragen und Geheimnisse zu persönlichen Hintergründen als Vertrauensbruch zu deuten (V. 3092 f.). Nathans Freundschaftsschlüsse mit dem Tempelherrn und Saladin folgen einer ähnlichen Devise, auch wenn sich im Nachhinein wiederholt Irritationen zeigen.

Ausgehend von V. 3045–66 bewerten die Schülerinnen und Schüler sodann Nathans grundsätzlichste Erfahrung und seinen Umgang mit dieser im philosophischen Horizont des Stücks. Hierfür erklären sie das Überwinden seines Haderns nach der Ermordung seiner Familie in Zusammenhang mit den in der Ringparabel favorisierten Werten (»Ergebenheit in Gott«, V. 2047 und Liebe zum Mitmenschen). Die Schülerinnen und Schüler ordnen Nathans Handeln der in der Ringparabel beschriebenen dritten Phase zu. Sie verstehen, dass Nathan andere zu der damit verbundenen Friedfertigkeit motivieren kann, aber zeitweilig auch dem Misstrauen derer ausgesetzt ist, die ähnlich wie die Brüder vor dem Richter noch nicht geübt sind, sich nicht feindseligem Verhalten zu überlassen. Besonders das Verhalten des Tempelherrn unterliegt einem solchen Schwanken.

Arbeitsaufträge/Leitfragen für das Unterrichtsgespräch:

- Erschließen Sie aus den Versen 2987–91 die Gründe, warum Wolf von Filnek seine Tochter ausgerechnet an Nathan übergeben ließ.
- Erklären Sie Nathans Überwinden des Haderns nach der Ermordung seiner Familie vor dem Hintergrund der in der Ringparabel favorisierten Werte (»Ergebenheit in Gott«, V. 2047 und Liebe zum Mitmenschen).
- Welcher Phase der Ringparabel entspricht Nathans Bereitschaft zur Adoption Rechas? Was bedeutet dies für Nathans Kommunikation mit Figuren wie dem Tempelherrn?

7.5 Nathans Weisheit

UG / EA

ARBEITSBLATT 7e ➤ S. 83

Lösungshinweise ➤ S. 127

Unterrichtsschritt. Die Schülerinnen und Schüler erklären Nathans Weisheit im theologischen Kontext des Dramas. Zur Einstimmung sammelt die Lerngruppe in einer an der Tafel oder auf dem Whiteboard festzuhaltenden Mindmap ihre Vorstellungen von Weisheit. Die erarbeiteten Ergebnisse werden sodann in den angesprochenen Zusammenhang gestellt und systematisiert. Die Schülerinnen und Schüler ordnen hierfür ihre Vorstellungen von Weisheit den Kategorien von Ilse Müllner auf ARBEITSBLATT 7e ***Was ist Weisheit?*** zu. Sie überprüfen anschließend in Einzelarbeit, inwieweit die so erweiterten und vertieften Aspekte von Weisheit auf die Figur Nathan zutreffen, und führen Belege aus dem gesamten bislang gelesenen Dramentext an. Die Ergebnisse werden im gemeinsamen Unterrichtsgespräch zusammengetragen. Besonders aufmerksame Schülerinnen und Schüler verorten hierbei ggf. explizit die Erfahrung Nathans in Darun im Kontext seines Verhaltens in der Dramengegenwart.

In einem letzten Schritt erklären die Schülerinnen und Schüler die Personifizierung der »Vernunft« (V. 3052) im Bericht von Darun. Die Formulierung steht in Verbindung mit der Annahme eines größeren, gottgegebenen Zusammenhangs vernunftbasierter Erkenntnisse, der das Individuum übersteigt (siehe die Kategorien 6 und 8 bei Müllner und M. Fick, *Lessing-Handbuch. Leben – Werk – Wirkung*, Stuttgart ^{4}2016, S. 464 ff.).

Arbeitsaufträge/Leitfragen:

- Tragen Sie in einer Mindmap zusammen, was einen weisen Menschen auszeichnet.
- Überprüfen Sie, ob Sie mit Hilfe der Kategorien von Ilse Müllner (ARBEITSBLATT 7e) Ihre Vorstellungen ergänzen und ordnen können.
- Lässt sich Nathans Weisheit mit den so formulierten Aspekten erfassen? Belegen Sie mit Hilfe des Dramentextes!
- Um welches Stilmittel handelt es sich: »Sie [die Vernunft] sprach mit sanfter Stimm'« (V. 3053)? Welche Wirkung erreicht Lessing durch seine Verwendung hier?

7.6 Vater und Tochter, Nathan und Recha

EA / UG

Unterrichtsschritt. Ausgehend von der Einschätzung des Klosterbruders in den Versen 2996 bis 3024 und den Plänen Nathans für Recha in den Versen 3072 bis 3091 und in Zusammenhang mit den Besprechungsergebnissen zu ihrem Charakter bewerten die Schülerinnen und Schüler in schriftlicher Einzelarbeit, ob Nathan alles unternommen hat, um für seine Adoptivtochter optimale Voraussetzungen für ein gutes Leben zu schaffen. Im auswertenden Unterrichtsgespräch werden die ausschlaggebenden Argumente zusammengetragen und bei Bedarf gegen die zweifelnden Stimmen im Stück (v.a. zeitweilig des Tempelherrn) explizit abgegrenzt.

Arbeitsauftrag:

- Beurteilen Sie, ob Nathan alles getan hat, um für seine Adoptivtochter optimale Voraussetzungen für ein gutes Leben zu schaffen. Nutzen Sie als Grundlage die Einschätzung des Klosterbruders (V. 2996–3024) und die Pläne Nathans für Recha (V. 3072–3091) sowie die Besprechungsergebnisse zu ihrem Charakter.

Erläuterungen. Nathan hat alles unternommen, um für Recha eine optimale Ausgangssituation für ein gutes Leben zu schaffen. Er hat ihre Erziehung nicht aus den Händen gegeben, um ihr als ihre Bezugsperson seine volle Liebe zukommen lassen zu können. Mit dieser Voraussetzung kann sie die Werte der natürlichen Religion für ihr Leben umsetzen. Zudem steht ihr offen, sich dem christlichen Glauben zuzuwenden. Sie wuchs zwar in einem jüdischen Haus auf, aber im Respekt vor ihrer christlichen Herkunft beschäftigt Nathan mit Daja eine Gesellschafterin für Recha, die sie mit den Vorstellungen des christlichen Glaubens bekannt gemacht hat, wenn Daja hierbei auch ›Schwärmerei‹, also unreflektiertes, emotionales Engagement, vorwerfbar ist. Darüber hinaus baut der christliche auf dem jüdischen Glauben auf, wie der Klosterbruder betont (V. 3020 f.).

Wie die Analysen von Rechas Auftritten im ersten Akt und zu Beginn des dritten Akts gezeigt haben, ist sie eine wortgewandte, emotional differenzierte, moralisch und religiös gebildete junge Frau. Sie bringt also wirklich die Voraussetzungen mit, »jedes Hauses, jedes Glaubens Zierde« (V. 3090) zu sein.

Nathan hat Rechas Herkunft ihr selbst gegenüber bislang nicht aufgedeckt. Dies geschah zu ihrer Sicherheit, aber auch, weil Nathan die Rolle des Vaters nicht unnötig aufgeben will. Recha steht für ihn im Mittelpunkt. Ist sein Aufrechterhalten der Situation so auch nicht ganz frei von egoistischen Motiven, ist Nathan dennoch bereit, einem Blutsverwandten ein höheres Recht ihr gegenüber einzuräumen, als er selbst beanspruchen kann.

Hinweis: Zu ergänzen wäre für die Schülerinnen und Schüler gegebenenfalls, dass Nathans Überlegungen für die Zukunft Rechas der noch im 18. Jahrhundert gültigen Rechtsauffassung folgen, nach der eine junge Frau innerhalb der Gesellschaft nicht ohne Vormund sein kann. Sie wird grundsätzlich einem männlichen Verwandten, sei es Vater, Bruder, Vetter oder dann auch Ehemann, zugeordnet (V. 3086–89).

ARBEITSBLATT 8a
➤ S. 95 f.

Hausaufgabe

1. Vorbereitende Lektüre von V,6 und V,7 (*Nathan der Weise*, Reclam XL, S. 138–145) mit Weiterführen der Kurzskizzierung der Szenen im in Unterrichtsstunde 1 vorgestellten Schema. Für die Auftritte V,1 bis V,5 sind zunächst Platzhalter vorzusehen.
2. Vorbereitende Lektüre von ARBEITSBLATT 8a ***Immanuel Kant: »Beantwortung der Frage: Was ist Aufklärung?« (1784)*** (auch in: *Nathan der Weise*, Reclam XL, S. 208 f. und S. 211 f., letzter Absatz) und Formulieren der zentralen Aussage pro Absatz.

ARBEITSBLATT 7a

Gruppe 1
Die Adoption Rechas

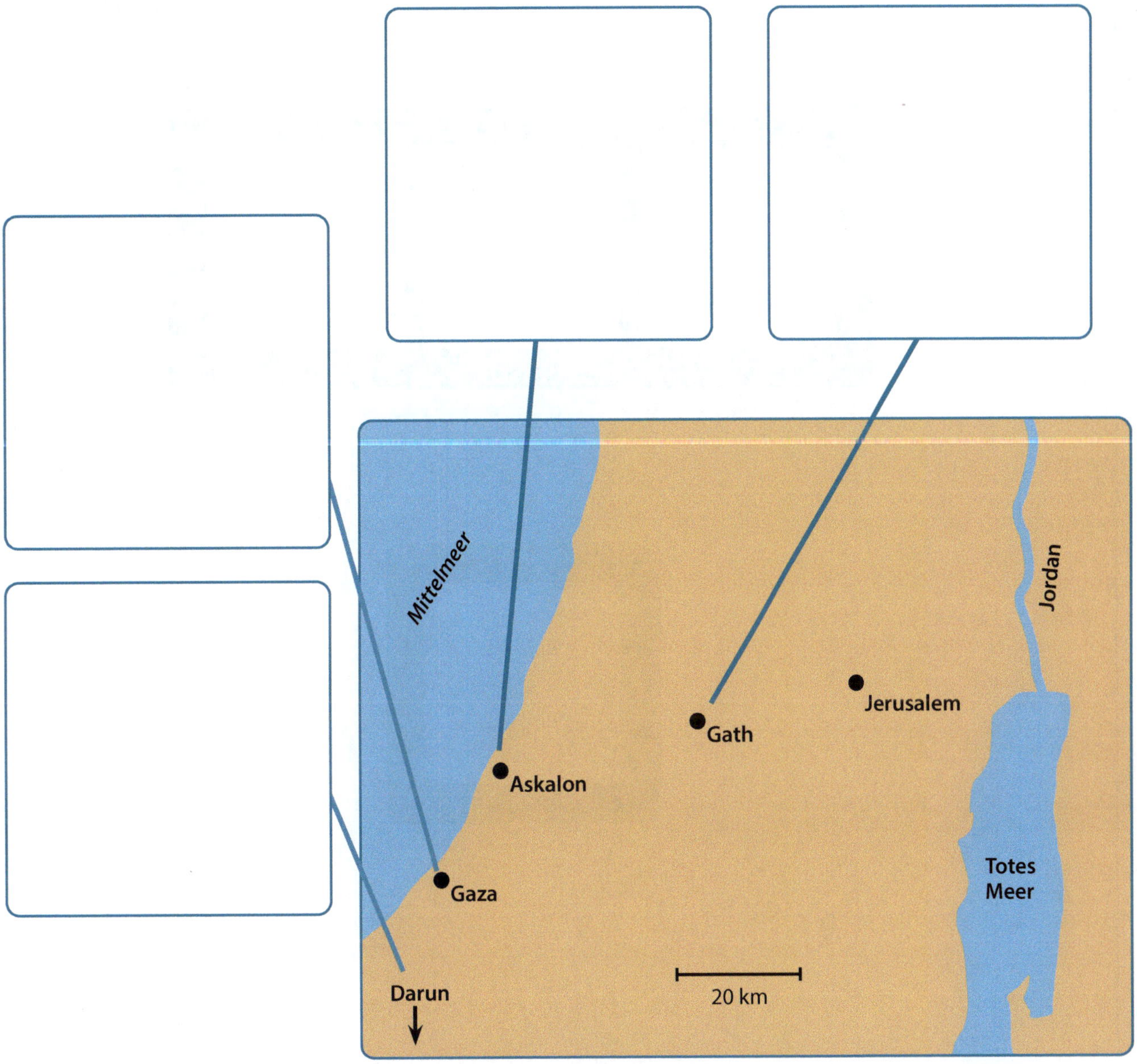

Karte Palästinas, Vorlage: de.wikipedia.org/wiki/Ekron (angepasst). – CC BY-SA 3.0/Ekuah

Arbeitsaufträge :

1. Lesen Sie aufmerksam in Auftritt IV,7 die Verse 2970 bis 3066.
2. Rekonstruieren Sie, welche Ereignisse an den Orten Askalon, Darun, Gath und Gaz(z)a der Dramenhandlung um ca. 18 Jahre vorausgehen.
3. Bringen Sie die Ereignisse in die richtige zeitliche Reihenfolge.
4. Tragen Sie Ihre Ergebnisse in Stichworten in die dafür vorgesehenen Felder auf der Karte ein.
5. Bereiten Sie eine kurze, aber präzise Präsentation im Plenum vor. Stellen Sie sicher, dass jedes Gruppenmitglied hierzu in der Lage ist.

ARBEITSBLATT 7b

Gruppe 2
Der verschollene Bruder

Arbeitsaufträge :

1. Lesen Sie aufmerksam in Auftritt IV,3 die Verse 2619 bis 2645 sowie in Auftritt IV,5 die Verse 2821 bis 2838.
2. Halten Sie die Informationen über Assad fest.
3. Erklären Sie die große Ähnlichkeit zwischen Assad und dem Tempelherrn. Berücksichtigen Sie hierbei die Unsicherheit des Tempelherrn bezüglich seiner Herkunft in III,8. Was vermuten Sie?
4. Vervollständigen Sie mit dem zu Vermutenden das Schema des Stammbaums.
5. Bereiten Sie eine kurze, aber präzise Präsentation im Plenum vor. Stellen Sie sicher, dass jedes Gruppenmitglied hierzu in der Lage ist.

ARBEITSBLATT 7c

Gruppe 3

Rechas Ursprungsfamilie

Arbeitsaufträge:

1. Lesen Sie aufmerksam in Auftritt IV,7 die Verse 2970 bis 2992 sowie 3092 bis 3117 und halten Sie die Informationen zu Rechas Ursprungsfamilie fest.
2. Lesen Sie noch einmal in II,7 die Verse 1373 bis 1400. Was fällt Nathan auf?
3. Vervollständigen Sie mit dem zu Vermutenden zu Rechas Ursprungsfamilie das Schema des Stammbaums. Markieren Sie mit Pfeilen u. Ä. die Verwandtschaftsverhältnisse.
4. Erklären Sie Nathans Zögern gegenüber dem Tempelherrn in III,9, diesem Recha zur Frau zu geben.
5. Bereiten Sie eine kurze, aber präzise Präsentation im Plenum vor. Stellen Sie sicher, dass jedes Gruppenmitglied hierzu in der Lage ist.

ARBEITSBLATT 7d

Das Motiv von »Sein und Schein«

Vervollständigen Sie das Schema wie im Beispiel:

Textauszug Wer spricht? In welcher Szene / welchem Vers?	Über wen wird gesprochen? Warum stellt sich hinsichtlich der Figur die Frage von »Sein und Schein«?	Wie entscheidet sich die Frage von »Sein und Schein« für die Figur?	Zentraler Themenaspekt
»Bist du's? bist du es nicht? – In dieser Pracht, / Ein Derwisch! …« ________________			
»Ich wich' ihm lieber aus. – Wär nicht mein Mann! – / Ein dicker, roter, freundlicher Prälat! / Und welcher Prunk!« ________________			
»Ein Jüngling wie ein Mann. Ich mag ihn wohl / Den guten, trotz'gen Blick! den prallen Gang! / Die Schale kann nur bitter sein: der Kern / Ist's sicher nicht. – Wo sah ich doch dergleichen? –« Nathan in II,5, V. 1195–98	• über den Tempelherrn • Die äußere Erscheinung verspricht einen guten Charakter, obwohl der Tempelherr sich bislang hartherzig gezeigt hat.	Nathan hat recht. Der Tempelherr hat einen guten Charakter, muss aber lernen, ihn kontinuierlich zur Geltung zu bringen.	Inneres Wesen und Verhalten anderen gegenüber
»Der tolerante Schwätzer ist entdeckt! / Ich werde hinter diesen jüd'schen Wolf / Im philosoph'schen Schafpelz, Hunde schon / Zu bringen wissen, die ihn zausen sollen!« ________________			

ARBEITSBLATT 7e

Was ist Weisheit?

Vorbemerkung: Weisheit lässt sich nicht abschließend definieren, aber man kann einige Kategorien als »Suchraster« formulieren, so Ilse Müllner in: *Das hörende Herz. Weisheit in der hebräischen Bibel*, Stuttgart 2006, S. 8. Sie tut dies mit Hilfe einschlägiger Weisheitstexte des Alten Testaments, auf die sich auch Lessing mit seiner Figur des Nathan bezogen hat, wie z. B. das Buch Ijob.

1. »Weisheit ist selten«
Weise Menschen sind selten und nehmen häufig eine soziale Sonderstellung ein, sei es als Herrscher oder Königin, aber auch als Eremit oder Bettler.

2. »Weise Alte«
Weise sind selten junge Menschen, denn Weisheit ist mit Lebenserfahrung verbunden. Sie entsteht nicht einfach durch Lernen mit dem Verstand, sondern bezieht den ganzen Menschen, sein Fühlen, seine moralische Haltung und sein Handeln ein.

3. »Weise stellen sich der Wirklichkeit«
Weise kennen das Leben in seiner Vielfalt, gerade auch die schwierigen Seiten, Leiden und Tod.

4. »Weise Menschen sind gelassen«
Weise Menschen haben gelernt, die Dinge ruhig anzusehen. Sie wägen in Ruhe ab, ob es sinnvoll ist, etwas zu tun oder nicht. Dabei sind sie nicht kalt-distanziert, sondern wahren ihre Fähigkeit, sich anrühren zu lassen.

5. »Weisheit ist langsam«
Weise wissen, dass man bestimmte Dinge nur entdeckt, wenn man auf Langsamkeit setzt und ablenkende äußere Reize reduziert.

6. »Weise wissen um ihre Grenzen«
Weise überschätzen sich und andere nicht. Sie wissen, dass niemand vollkommen und die eigene Wahrnehmung immer begrenzt ist. Sie bezeichnen sich selbst nicht als weise.

7. »Weise leben in Beziehung«
Weise nehmen intensiv am Austausch mit anderen teil, sie halten das soziale Miteinander im Fluss. Sie sorgen sich darum, dass es den Menschen, mit denen sie leben, gut geht. Sie stellen ihr Wissen in den Dienst der anderen.

8. »Weisheit überschreitet den eigenen Horizont«
Weisheit entsteht in Kontakt mit denen, die aus der Ferne kommen. Der weise Mensch lässt sich auf das ein, was Fremde an ihm Unbekanntem mitbringen.

9. »Weisheit, Wissen und Wahrheit«
Weisheitliches Wissen ist kein akademisches oder enzyklopädisches Wissen. Weisheit ist Wissen, das aus Lebenszusammenhängen geschöpft wird und sich an diesen bewähren muss. Trifft weisheitliches Wissen zu, erscheinen die Dinge »wahr«. Dieser Moment ist in Kommunikation mit anderen eingebunden. Eine solche Kommunikation folgt den Regeln des Respekts und der Fairness und zielt auf Gerechtigkeit ab.

Nach: Ilse Müllner: Das hörende Herz. Weisheit in der hebräischen Bibel. Stuttgart: Kohlhammer, 2006, S. 8–16. [Die Bezeichnungen der Kategorien sind wörtlich zitiert, die Erläuterungen gekürzt und paraphrasiert.]

8 *Nathan der Weise* als Drama der Aufklärung einordnen

Sachanalyse

Die Aufklärung ist eine geistesgeschichtliche Epoche vom Ende des 17. Jahrhunderts bis zur Französischen Revolution, deren Programm das Selbstverständnis westlich geprägter Kulturen, z. B. in Bezug auf ihre gesellschaftliche Organisation, ihre ästhetischen Ausdrucksformen und ihre naturwissenschaftlichen Methoden, bis in die heutige Zeit hinein prägt.[1] Licht ins Dunkel bringen, das verbinden die Zeitgenossen mit dem Begriff[2] und meinen damit zunächst den Kampf gegen Aberglauben und religiöse Vorurteile.

Sich der Welt öffnen, deutliche Vorstellungen von ihr und ihrer Ordnung durch Beobachtung mit Hilfe der eigenen Sinne und durch kritisches Hinterfragen entwickeln, ist bereits der Anspruch der Philosophie und Wissenschaft im 17. Jahrhundert, der nun eine immer breitere Öffentlichkeit erreichen soll. Großunternehmen wie die *Encyclopédie* in Frankreich entstehen in diesem Geist. So formuliert diese bis in ihre Bildsprache hinein das Ablösen religiös geprägter Weltbilder und bestimmt den Platz des Menschen neu.

Kants berühmtes Dictum »Habe Mut, dich deines *eigenen* Verstandes zu bedienen!«[3] von 1784 benennt eine der wesentlichen Voraussetzungen dieser Neuverortung des Individuums, nämlich sein autonomes, selbstverantwortliches Denken in Abgrenzung zu staatlicher und kirchlicher Bevormundung. Deutlich zeigt sich die politische Zielsetzung: Auf Dauer soll sich eine mündige, moralisch interagierende Gesellschaft als Basis des Staatswesens etablieren.[4] Typisch – nicht nur für Kant – ist dabei das Selbstbewusstsein der Epoche: Die europäische »Gelehrtenrepublik« nimmt für sich in Anspruch, in einer Zeit der Aufklärung zu leben, deren Errungenschaften aber erst einer weit in der Zukunft verorteten Nachwelt zugutekommen werden.

Lessings Schaffen ist aufs engste mit diesen Kontexten verwoben. Eigene Standpunkte gerade in Auseinandersetzung mit religiösen Autoritäten zu entwickeln, ist typisch für ihn. Ein wesentlicher Entstehungsstrang von *Nathan der Weise* geht auf den Streit mit dem Hamburger Hauptpastor Goeze über die Veröffentlichung von angeblich durch den Hofbibliothekar Lessing wiederentdeckten Fragmenten eines anonymen Autors zurück. In diesen werden die Wunder der Bibel aus empirischer Perspektive als reine Erfindungen eingestuft, somit dieses Fundament des christlichen Glaubens in Frage gestellt. Der Zwist schlägt so hohe Wellen, dass er für Lessing mit dem herzoglichen Publikationsverbot »in Religionssachen«[5] endet. Daraufhin gibt dieser der Auseinandersetzung durch *Nathan der Weise*, also mit poetischen Mitteln, eine neue Richtung.

Umso deutlicher wird, wie sehr Lessing sein Stück für eine Nachwelt geschrieben hat. Ganz Aufklärer, betrachtet er die Öffentlichkeit als aktiven Teil des Theatergeschehens, will das Publikum sowohl in seiner Gefühlskompetenz, seiner Verstandesleistung als auch seinem moralischen Urteil fördern. Vernunft und Gefühl als gleichwertige Zugänge zur Welt einzustufen, die im Zusammenspiel zur Erkenntnisquelle werden, das verbindet ihn mit den großen Dramaturgen in Europa.[6] Einen Juden als äußerst klug und emotional differenziert darzustellen, ihm eine Tochter an die Seite zu geben, die über eine umfassende humane Bildung verfügt, und damit Aufklärung nicht nur für die jüdische Minderheit, sondern auch ganz selbstverständlich für Frauen geltend zu machen, weist allerdings weit über die Lebenswirklichkeit des 18. Jahrhunderts hinaus.[7] Das Miterleben im Theater

1 Zur Mehrdeutigkeit des Begriffs »Aufklärung« vgl. Oliver R. Scholz, »Kants Aufklärungsprogramm: Rekonstruktion und Verteidigung«, in: *Kant und die Zukunft der europäischen Aufklärung*, hrsg. von Heiner F. Klemme, Berlin / New York 2009, S. 28–42, hier S. 28.

2 Vgl. den Artikel zum Adjektiv »klar« in Jacob Grimm / Wilhelm Grimm, *Deutsches Wörterbuch*, 16 Bde. in 32 Teilbänden, Leipzig 1854–1961, Quellenverzeichnis Leipzig 1971, hier Bd. 11, Sp. 981 ff., zit. nach: www.woerterbuchnetz.de/cgi-bin/WBNetz/wbgui_py?sigle=DWB (Stand: 30.6.2020).

3 Immanuel Kant, »Beantwortung der Frage: Was ist Aufklärung? (1784)«, in: *Was ist Aufklärung? Thesen, Definitionen, Dokumente*, hrsg. von Barbara Stollberg-Rilinger, Stuttgart 2019, S. 9 (Arbeitsblatt 8a).

4 Vgl. Wolfgang Bartuschat, »Kant über Philosophie und Aufklärung«, in: *Kant und die Zukunft der europäischen Aufklärung* (Anm. 1), S. 7–27.

5 »Resolution für den Hofrat Lessing«, zit. nach: *Nathan der Weise*, Reclam XL, S. 190.

6 Daniel Fulda empfiehlt, »[…] die Aufklärung weniger durch ihren Vernunftglauben als durch ihre immer weiter ausgreifende Gefühlsemphase ausgezeichnet […] zu sehen«. »Der Mensch, der zu fühlen in der Lage ist, erscheint […] als bereichert, weil sich seine Erlebens- und damit Lebensmöglichkeiten quantitativ wie qualitativ steigern« (Daniel Fulda, »Die Aufklärung als Epoche einer fundamentalen Emotionalisierung – reflektiert durch Schillers ›romantische Tragödie‹ *Die Jungfrau von Orleans*«, in: *Aufklärung und Romantik. Epochenschnittstellen*, hrsg. von D. F., Sandra Kerschbaumer und Stefan Matuschek, Paderborn 2015, S. 101–117, hier S. 107 und S. 106).

7 Recha entspricht so gleichzeitig einem in bürgerlichen Kreisen favorisierten Ideal: Praktizieren einer mitmenschlichen Haltung ist die Motivation von Frauen im 18. Jahrhundert, die ihnen abverlangte gesellschaftliche Unterordnung zu akzeptieren. Vgl. Pia Schmid, »Weib oder Mensch, Wesen oder Wissen? Bürgerliche

zudem mit einer komplexen geschichtsphilosophischen Fragestellung zu kombinieren, sprengt schließlich vollends die ästhetischen Gewohnheiten der Zeitgenossen.[8]

Theorien zur weiblichen Bildung um 1800«, in: *Geschichte der Mädchen- und Frauenbildung*, Bd. 1: *Vom Mittelalter bis zur Aufklärung*, hrsg. von Elke Kleinau und Claudia Opitz, Frankfurt a. M. / New York 1996, S. 327–345, hier S. 339.

8 Vgl. Monika Fick, *Lessing-Handbuch. Leben – Werk – Wirkung*, Stuttgart [4]2016, S. 468.

Unterrichtsverlauf

Überblick. Die Schülerinnen und Schüler formulieren mit Hilfe einer Graphik aus der *Encyclopédie* von Diderot und d'Alembert Grundfragen der Aufklärung in Europa. Sie machen sich mit Elementen des Aufklärungsprogramms im politisch-gesellschaftlichen Kontext vertraut, so wie Kant es in *Beantwortung der Frage: Was ist Aufklärung?* formuliert. Sie vergleichen Kants Utopie eines aufgeklärten Menschen mit der Lessings, indem sie überprüfen, inwieweit Lessing mit der Figur Rechas ein eigenständiges Ideal aufstellt. Die Schülerinnen und Schüler untersuchen anschließend, inwieweit *Nathan der Weise* dazu beiträgt, dem Publikum zu einer aufgeklärten Haltung und Lebensweise zu verhelfen. Sie ordnen abschließend den Fragmentenstreit als wesentlichen Entstehungsstrang des Dramas dem Kontext der Aufklärung zu und erproben hierbei ein praktisches Anwendungsfeld der bislang erworbenen Kenntnisse und Kompetenzen. ! **Verkürzter Verlauf: 8.1 – 8.2 – 8.3 – 8.4**

Phase	Thema	Sozialform	Kompetenzen und Lernziele	Materialien
Voraussetzungen: Kenntnis des Dramentextes bis Auftritt IV,8 sowie der Auftritte V,6 und V,7 Kenntnis von Immanuel Kant, »Beantwortung der Frage: Was ist Aufklärung?« (Ausschnitt)				
8.1	Eine Frage der Aufklärung in Europa: Was ist der Mensch?	UG / LV oder SV	• Umgang mit Bildern: beschreiben und deuten • Die Frage nach dem Menschen als zentral für die Epoche erkennen • Aufklärung als europäische Bewegung wahrnehmen	VORLAGE 8a ➤ S. 87
8.2	Immanuel Kant: *Beantwortung der Frage: Was ist Aufklärung?*	UG / EA	• Einen philosophischen Text entschlüsseln	ARBEITSBLATT 8a ➤ S. 95 f. TAFELBILD 8a ➤ S. 88 ARBEITSBLATT 8b ➤ S. 97
8.3	Aufklärung nach Kant in einem humanen Staat	UG / EA	• Eine graphische Darstellung des Aufklärungsprozesses nach Kant erschließen • Aufklärung im gesellschaftlich-politischen Kontext erklären	ARBEITSBLATT 8b ➤ S. 97
8.4	Eine Figur der Aufklärung: Recha	EA / UG	• Das Figurenbild Rechas durch die Auftritte V,6 und V,7 vervollständigen • Eine dramatische Figur im Epochenkontext verorten	VORLAGE 8b ➤ S. 90 TAFELBILD 8b ➤ S. 90
8.5 **fakultativ**	Die ›Welt‹ sieht und hört zu: Das Theater als Ort der Aufklärung	GA / UG	• Die Wirkung des Stücks als Aufklärung des Publikums deuten	TAFELBILD 8c ➤ S. 92
8.6 **fakultativ**	Der Streit mit dem Hamburger Hauptpastor Goeze: ein typischer Konflikt der Aufklärung	EA / UG	• Einen wesentlichen Entstehungsstrang des Dramas im Kontext der Aufklärung bewerten • Materialgestütztes Schreiben einüben	ARBEITSBLATT 8c ➤ S. 98 f. VORLAGE 8c ➤ S. 93

HA	Vorbereitende Lektüre von V,1–V,5 und V,8 sowie des Redeausschnitts von Navid Kermani: *Vergesst Deutschland! Eine patriotische Rede*			*Nathan der Weise*, Reclam XL, S. 125–138 und S. 145–152 ARBEITSBLATT 9b ➤ S. 109 f.

8.1 Eine Frage der Aufklärung in Europa: Was ist der Mensch?

UG / LV oder SV

VORLAGE 8a ➤ S. 87

Unterrichtsschritt. Die Schülerinnen und Schüler stimmen sich im gemeinsamen Unterrichtsgespräch auf grundlegende Fragen des Jahrhunderts der Aufklärung ein, indem sie die Graphik VORLAGE 8a ***»Anatomie«*** beschreiben und deuten. Durch Vortrag der Lehrkraft oder einer Schülerin bzw. eines Schülers werden zusätzliche Informationen zur Herkunft der Abbildung vermittelt. Die Schülerinnen und Schüler benennen den Zweck der Zeichnung und kommen auf die aus heutiger Sicht unpassende symbolische Aufladung zu sprechen. Sie erfassen so das grundlegende Spannungsfeld, das die Wahrnehmung im 18. Jahrhundert deutlicher prägt als heute. Sie erkennen den modernen Ansatz, alle für den Menschen relevanten Lebensbereiche präzise erforschen zu wollen.

Arbeitsaufträge/Leitfragen:

- Formulieren Sie, zu welchem Zweck die Graphik angefertigt wurde.
- Beschreiben Sie die Körperhaltung und die Umgebung, in der sich das Skelett befindet und welche Bedeutung hierdurch in die Zeichnung aufgenommen wird.
- Es handelt sich um eine Graphik aus dem 18. Jahrhundert, dem sog. Zeitalter der Aufklärung. Leiten Sie mit Hilfe des Dargestellten ab, was für die Menschen besonders wichtig, aber auch spannungsreich gewesen zu sein scheint.

Erläuterungen. Die *Encyclopédie ou Dictionnaire raisonné des sciences, des arts et des métiers* (= Enzyklopädie oder vernunftgeleitetes Lexikon der Wissenschaften, Künste und Handwerke) entstand in Paris unter der Leitung von Denis Diderot und zunächst auch von Jean le Rond d'Alembert. Zwischen 1751 und 1772 erschienen 17 Textbände und 11 weitere mit kommentierten Graphiken und Zeichnungen. Die über 130 Autoren versuchten in mehr als 74 000 Artikeln sämtliche für das menschliche Leben relevanten Wissensbestände begrifflich zu erfassen. Lessing verfolgte sehr aufmerksam die durch die staatliche Kontrolle beinahe verhinderte Entstehung.

Die hier gezeigte Graphik entstammt der Serie »Anatomie« des ersten Bildbandes (1762). Durch die Durchbuchstabierung bzw. -zählung der einzelnen Knochen des Skeletts vermittelt sich deutlich das Ansinnen, den menschlichen Körper in sämtlichen Details präzise zu benennen. Gleichzeitig scheint sich der Zeichner noch nicht von der jahrhundertealten symbolischen Bedeutung des Knochenmanns befreien zu können: Als Anspielung auf den Tod wird das Skelett auf einen Sarkophag gestützt gezeigt. Mimik und Gestik vermitteln das Bedauern über das in Aussicht stehende Lebensende.

Der Zeichner schwankt also zwischen naturwissenschaftlicher Nüchternheit und der Annahme einer dadurch nicht erfassbaren, aber bedeutsamen Wirklichkeit. Symbole und Allegorien, Märchen und Mythen gehören im 18. Jahrhundert noch ganz selbstverständlich zum Alltag. An dieser Graphik ist so die Spannung deutlich ablesbar, die der naturwissenschaftliche Blick für die Zeitgenossen mit sich bringt. Ein Vergleich mit rein funktionalen Abbildungen zum menschlichen Knochenbau, z. B. in heutigen Lehrwerken für das Fach Biologie, bei denen jede mythische Ausrichtung als befremdlich empfunden würde, macht dies nachvollziehbar.

Dennoch ist gerade durch die das Lebensende bedauernde Gestik und Mimik deutlich, dass nicht der Tod, sondern der Mensch im Mittelpunkt der Darstellung steht. Letzteren mit allen seinen Lebensbereichen immer präziser zu erfassen ist ein Hauptanliegen der Aufklärung. Gleichzeitig muss das Verhältnis zu Bildern und Mythen neu bestimmt werden.

VORLAGE 8a

»Anatomie«

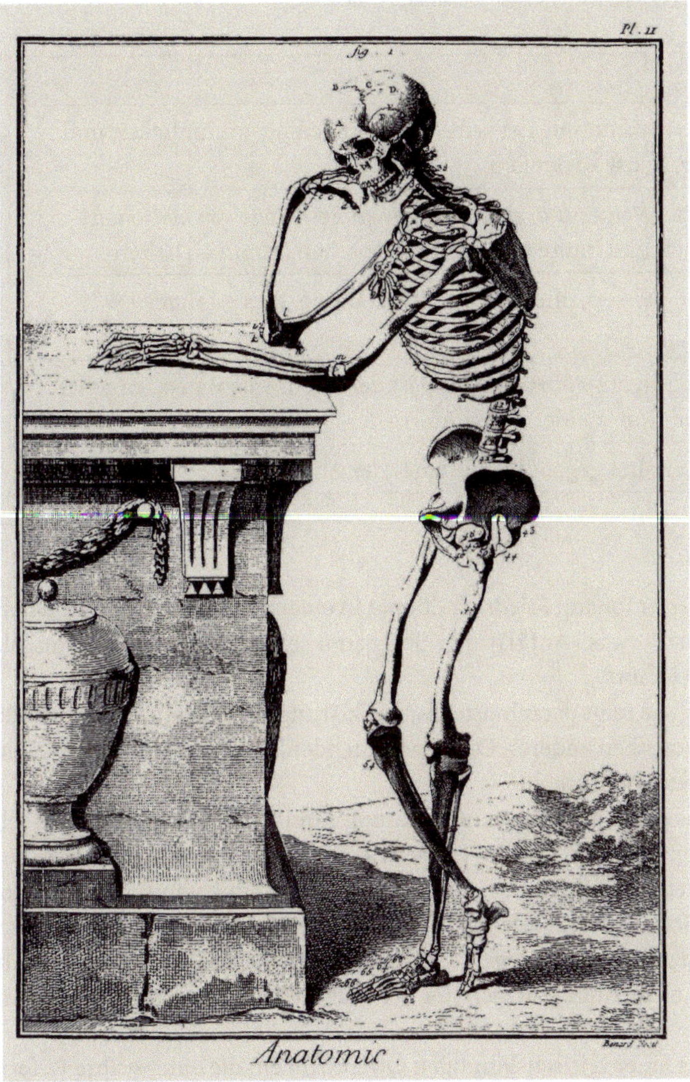

»Anatomie«, Graphik aus der *Encyclopédie ou Dictionnaire raisonné des sciences, des arts et des métiers*, hrsg. von Denis Diderot und Jean le Rond d'Alembert (1762) (Online u. a.: http://planches.eu/planche.php?nom=ANATOMIE&nr=3)

8.2 Immanuel Kant: *Beantwortung der Frage: Was ist Aufklärung?*

UG / EA

Unterrichtsschritt. Die Schülerinnen und Schüler formulieren mit eigenen Worten den ersten Abschnitt des bereits in Hausarbeit gelesenen ARBEITSBLATTS 8a ***Immanuel Kant, »Beantwortung der Frage: Was ist Aufklärung?« (1784)*** (auch in: *Nathan der Weise*, Reclam XL, S. 208 f., S. 211 f., letzter Absatz). Sie präsentieren die ebenfalls in Hausarbeit vorbereiteten zentralen Aussagen der jeweiligen Textabschnitte. Die Ergebnisse werden für alle in TAFELBILD 8a festgehalten.

ARBEITSBLATT 8a ➤ S. 95 f.
TAFELBILD 8a ➤ S. 88

Sie erfassen grundlegende Inhalte des Textausschnitts genauer, indem sie für Schlüsselbegriffe Formulierungen für Leserinnen und Leser des 21. Jahrhunderts einsetzen, die auf ARBEITSBLATT 8b ***Immanuel Kant, »Beantwortung der Frage: Was ist Aufklärung?« Der Prozess*** im »kleinen Glossar« vorgegeben sind. Sie erweitern das Glossar entsprechend dem Bedarf der Lerngruppe.

ARBEITSBLATT 8b ➤ S. 97

Arbeitsaufträge/Leitfragen:

1. Was ist laut Kant »Aufklärung«? Formulieren Sie den ersten Abschnitt des Textes mit eigenen Worten.
2. Einigen Sie sich auf die treffendsten Formulierungen der jeweiligen zentralen Aussage der Abschnitte des Ihnen vorliegenden Textauszugs.
3. Klären Sie mit Hilfe des Glossars auf ARBEITSBLATT 8b den Zusammenhang, um den es Kant geht.

TAFELBILD 8a

Immanuel Kant: *Beantwortung der Frage: Was ist Aufklärung?*

Aufbau des Textausschnitts auf ARBEITSBLATT 8a

Teil	Zeilen	Thema
1	1–9	Aufklärung = Überwindung der selbst verschuldeten Unmündigkeit und der Weigerung, selbst zu denken
2	10–33	Ursachen für die Weigerung, sich des eigenen Verstandes zu bedienen: Feigheit, Faulheit und Interesse anderer, Menschen dumm zu halten
3	34–47	Angst, selbst zu denken, und mangelndes Training, dies erfolgreich zu tun
4	48–68	Vorteilhafte Bedingung für Aufklärung ist der öffentliche Raum; es geht nicht um Revolution, sondern um Reform der Denkungsart
5	69–80	Aufgeklärtes Zeitalter gegenüber Zeitalter der Aufklärung

Erläuterungen. Mit Skepsis fragt der Berliner Pfarrer Johann Friedrich Zöllner in einem Artikel gegen die Zivilehe der *Berlinischen Monatsschrift* vom Dezember 1783, was »Aufklärung« überhaupt sei. In der Dezember-Ausgabe des Folgejahres erscheint die Antwort Immanuel Kants.

Der erste Abschnitt von Kants Text lässt sich wie folgt paraphrasieren: Aufklärung findet statt, wenn der oder die Einzelne den Mut aufbringt, selbst, ohne Vorgaben anderer, Dinge zu durchdenken und zu beurteilen. Dies ist, wie der Imperativ des Horaz-Zitats ausdrückt, unerlässlich.

So universell und in Händen des Individuums das Unternehmen Aufklärung damit zunächst erscheint, so sehr steckt Kant doch den Rahmen ab, um den es ihm geht, und der ist ein politischer (zu diesen und den folgenden Aspekten vgl. Bartuschat, Anm. 4). Letztlich steht das Gleichgewicht zwischen Autonomie von Individuen und machthabenden Institutionen wie Kirche und Staat in Frage. Hierbei geht es um grundsätzliche Belange, nämlich die Würde des Menschen und seine Bestimmung zu eigenständigem Denken (Z. 53 f.). Beide Belange sind unmittelbar verbunden mit »der Freiheit […], die in elementaren Fragen der Lebensführung Selbstbestimmung einschließt« (Bartuschat, S. 19).

Was Kant vorschwebt, ist die Gewährleistung einer kritisch-kundigen Öffentlichkeit, die eine »wahre Reform der Denkungsart« (Z. 65 f.) für alle auf den Weg bringt und durch ihre forschesten Mitglieder gleichzeitig schon praktiziert. Hieraus folgt umgekehrt, dass er eine Revolution, die nur die Machthabenden stürzt, aber das Denken in Vorurteilen nicht behebt, für ungeeignet hält.

8.3 Aufklärung nach Kant in einem humanen Staat

UG / EA

ARBEITSBLATT 8b

➤ S. 97

Unterrichtsschritt. Die Schülerinnen und Schüler beschreiben im gemeinsamen Unterrichtsgespräch das Schema auf ARBEITSBLATT 8b ***Immanuel Kant, »Beantwortung der Frage: Was ist Aufklärung?« Der Prozess*** und erschließen so den von Kant im Gesamttext umrissenen Aufklärungsprozess zwischen Individuum und Institution. Sie benennen verlangsamende Faktoren und erklären entsprechend die Metaphern »Hausvieh [im] Gängelwagen« (Z. 25–27) und »Fußschellen« (Z. 41). Sie erkennen, dass es Kant um ein gesellschaftlich-politisches Geschehen geht, er also Bereiche wie Kunst und Wissenschaft, zumindest in diesem Text, unbesprochen lässt.

Um die rudimentäre Bildungssituation nachzuvollziehen, von der Kant ausgeht, kann eine kurze Recherche der Lerngruppe zur Einführung der Schulpflicht in Preußen im 18. Jahrhundert, die auf starken Widerstand in der Bevölkerung stieß, hilfreich sein.

Die Schülerinnen und Schüler fragen, inwieweit Kant Frauen und Männer für gleich geeignet hält, sich aus ihrer Unmündigkeit zu befreien. Wie passen seine Vorstellungen zu Lessings Gestaltung der Figur der Recha? Mit dieser Frage wird zum nächsten Unterrichtsschritt übergeleitet.

Arbeitsaufträge:

- Beschreiben Sie mit Hilfe des Schaubildes auf ARBEITSBLATT 8b (I.) den Gesamtprozess, der Kant vorschwebt.
- Informieren Sie sich zur Einführung der Schulpflicht in Preußen im 18. Jahrhundert z.B. unter: www.deutschlandfunk.de/einfuehrung-der-schulpflicht-in-preussen-zur-bildung-guter.871.de.html?dram:article_id=396893 (Stand: 30.6.2020). (Fakultativ.)
  Bewerten Sie die vorgeschriebenen Maßnahmen hinsichtlich ihrer Wirkung.
- Begründen Sie mit Hilfe des Textes, ob Kant Männer und Frauen für gleich geeignet hält, sich aus ihrer Unmündigkeit zu befreien.

Erläuterungen. Der öffentliche Gebrauch von Vernunft im Rahmen der Aufklärung meint nach Kant das durch andere nachvollziehbare Hinterfragen von »Satzungen und Formeln« (ARBEITSBLATT 8a, Z. 38 f.), also von Regeln und Gesetzen der Institutionen, in Hinblick auf die Beschneidung der autonomen Lebensführung des Menschen. Dabei geht es letztlich um die universalen Belange der Menschen. Aufklärung nach Kant zielt langfristig auf das gemeinsame Sich-Verständigen und Handeln in einer »Weltbürgergesellschaft« (Kants Ausdruck in einem späteren Abschnitt des Textes, s. *Nathan der Weise*, Reclam XL, S. 210).

Angesteuert wird also ein großes Ideal in einem langwierigen Prozess. Anteil an der öffentlichen Auseinandersetzung haben anfangs die Schrift- und Lesekundigen, die genügend Kenntnisse in Menschenrechtsfragen mitbringen und mutig genug sind, deren Beachtung machthabenden Institutionen wie Finanzwesen des Staates, Kirche und Militär gegenüber einzufordern. In ihrer freiheitlichen »Denkungsart« (ARBEITSBLATT 8a, Z. 66) beeinflussen sie auf Dauer diese Institutionen selbst, aber auch die große Menge der Untertanen, die zunehmend dazu angeregt wird, sich selbst genügend Kenntnisse anzueignen, um an der öffentlichen Auseinandersetzung teilnehmen zu können. Dabei wirken die noch sehr verbreitete kleinmütige Denkungsart, durch die die Menschen auf das verzichten, was sie von Tieren unterscheidet, nämlich den autonomen Gebrauch der Vernunft, und die noch nicht reformierten Regeln und Gesetze, gerade auch im Zusammenspiel, verlangsamend (vgl. die Metaphern »Hausvieh […] [im] Gängelwagen«, Z. 25–27, und »Fußschellen«, Z. 41). Erste Anzeichen, dass der Aufklärungsprozess dennoch bereits im Gang ist, nimmt Kant aber schon wahr. Deswegen spricht er zwar nicht von einem »*aufgeklärten* Zeitalter«, aber doch von einem »Zeitalter der *Aufklärung*« (Z. 69–71).

8.4 Eine Figur der Aufklärung: Recha

EA / UG
VORLAGE 8b ➤ S. 90
TAFELBILD 8b ➤ S. 90

Unterrichtsschritt. Die Schülerinnen und Schüler präzisieren mit Hilfe der Auftritte V,6 und V,7 das Charakterbild Rechas und messen es an den Kriterien Kants für Aufklärung. Sie erkennen, dass Lessing mit seiner Figur einen deutlicheren Schwerpunkt auf emotional-soziale Bildung legt. Sie begründen, dass Lessing im Gegensatz zu Kant eine sehr positive Vorstellung von Frauen hat. Er spricht ihnen Mut und Bildung zu. Sie erschließen, dass Lessing literarische und moralische Bildung nicht zwangsläufig in Zusammenhang mit Schriftgebrauch sieht. Die Schülerinnen und Schüler vollziehen zudem nach, dass die Figur Rechas nicht frei ist von Erwartungen der Gesellschaft im 18. Jahrhundert bezüglich Bescheidenheit und Zurückhaltung junger Mädchen.

Mit Hilfe der VORLAGE 8b ***Arbeitsaufträge*** werden diese Zusammenhänge im gemeinsamen Unterrichtsgespräch erarbeitet. Dabei wird zur Bearbeitung der Arbeitsaufträge 2 und 3 die Lerngruppe geteilt und eine Sequenz in Einzelarbeit vorgesehen, bevor zur Auswertung das gemeinsame Unterrichtsgespräch wieder aufgenommen wird. Die Ergebnisse zu den Arbeitsaufträgen 1 bis 5 bereiten die Bearbeitung von Arbeitsauftrag 6 vor. Die Ergebnisse zu letzterem werden in TAFELBILD 8b für alle festgehalten. Dabei werden die Einträge in die linke Spalte durch die Lehrkraft vorgegeben, bei Zeitknappheit auch die der mittleren Spalte.

Erläuterungen. Der Dialog Rechas mit Sittah resümiert und ergänzt das bislang im Stück offensichtlich gewordene Charakterbild des jungen Mädchens. Durch ihre Auftritte im ersten und dritten Akt ist bereits deutlich geworden, dass sie eine gebildete junge Frau ist, die nur in Ausnahmesituationen wie im Anschluss an eine Situation in Todesangst ihrer Gefühle nicht Herr ist. Ansonsten zeigt sie sich in der Lage, Letztere sprachlich sehr differenziert, also mit Hilfe ihres Verstandes, zum Ausdruck zu bringen. Sie hat Humor und setzt diesen ein, wenn andere sich ihr gegenüber respektlos verhalten. Gleichzeitig ist sie zu umfassender Empathie fähig. Im Gegensatz zum Tempelherrn zeigt sie sich an keiner Stelle von feindseligen Ansichten gegenüber anderen eingenommen.

VORLAGE 8b

Arbeitsaufträge

1. Fassen Sie die im Unterricht bereits besprochenen Charaktermerkmale Rechas zusammen.
2. Lesen Sie noch einmal die Verse 330 bis 367. Erklären Sie, was Recha hier lernt. In welchem Bereich erwirbt sie Kompetenzen? Setzen Sie die Sequenz in Bezug zu Rechas Beschreibung von Nathans Unterricht in den Versen 3532 bis 3542.
3. Arbeiten Sie die Haltung heraus, mit der Recha die »quälen[de]« (V. 3586) Liebe Dajas erträgt. Beziehen Sie sich auf die Verse 3579 bis 3608.
4. Wie beschreibt Recha in den Auftritten V,6 und V,7 ihre Beziehung zu Nathan?
5. Erläutern Sie, in welchem Verhältnis für Recha Zurückhaltung und Geduld gegenüber Mut und Selbständigkeit stehen. Beziehen Sie in Ihre Antwort den Beginn der Szene V,7 ein.
6. Prüfen Sie, ob Recha im Sinne Kants ein Mensch der Aufklärung ist.

TAFELBILD 8b

Junge Frauen in der Aufklärung: Recha

	Mensch der Aufklärung nach Kant	Recha
Einsatz des Verstandes (im Verhältnis zum Gefühl)	• prüft Dinge mit dem Verstand	• sprachlich und in moralischen Fragen sehr gebildet • nur in Ausnahmesituationen ihren Gefühlen ausgeliefert, macht sich ihre Gefühle mit Hilfe des Verstandes bewusst, vertraut ihren Gefühlen
Eigenständigkeit des Denkens	• durchdenkt und beurteilt Dinge eigenständig, ohne Unterstützung anderer	• profitiert sehr von der ganzheitlichen Lehrweise Nathans, ist in der Lage, sich ihr eigenes Urteil zu bilden, z. B. in Bezug auf Tempelherrn und Daja ←→ Ihre Zukunft planen andere.
Mut	• hat Mut, für ein selbstbestimmtes Leben einzutreten	• setzt sich sehr mutig für ihre Belange ein
Beitrag zu einem guten Zusammenleben	• nimmt am ›politischen Kreislauf‹ teil	• verhält sich sozial sehr ausgleichend: im Umgang mit der sehr anstrengenden Daja • Kritik am, aber auch Empathie für den Tempelherrn

Fazit:

- Recha ist ein Mensch der Aufklärung.
- Lessing betont mehr als Kant, dass es auf ein ausgeglichenes Verhältnis von Gefühl und Verstand ankommt.
- Recha bleibt durch die Erwartungen des 18. Jahrhunderts an die Zurückhaltung junger Frauen in ihrer Autonomie z. T. eingeschränkt.

Ihr letzter Bezugspunkt ist Nathan. Er sichert ihr ganzheitliche Lernprozesse, während derer sie fehlgeleitete Gefühle überwinden und in Worte fassbare moralische Erkenntnis gewinnen kann. Sie resümiert dieses Vorgehen noch einmal Sittah gegenüber durch ihre Erklärung, dass sie kaum lesen könne, ihre Bildung also lebensnah und nicht Ergebnis »kalte[r] Buchgelehrsamkeit« (V. 3534) sei. Sittah versteht sofort: »So lernt / Mit eins die ganze Seele« (V. 3541 f.).

Rechas Vertrauen in Nathan ist ohne Einschränkung. Als Daja ihr ihre Herkunft verrät, hadert sie nicht mit Nathan wegen des ihr vorenthaltenen Geheimnisses, sondern fürchtet, ihn zu verlieren. Mehr noch: Sie ist in Angst, einen anderen Vater aufgezwungen zu bekommen (V. 3551–56). Recha kann mit ihrer von Daja offenbarten christlichen Herkunft nichts anfangen und fürchtet, mit der Trennung von Nathan ihren Ursprungsort und ihre emotionale Stabilität zu verlieren. Sie zieht gar nicht erst in Betracht, ein anderer könne ihre diese genauso gewähren. Die von großer Vertrautheit und Offenheit geprägte und damit für das 18. Jahrhundert utopisch angelegte Vater-Tochter-Beziehung scheint sich fast gegen die Unabhängigkeit des Mädchens zu wenden, wüsste man nicht, dass Nathan sie immer wieder befähigt, eigene Urteile zu fällen, und – wenn auch schweren Herzens – bereit wäre, sie freizugeben (siehe Unterrichtsschritt 7.6).

Gleichzeitig sind aber einer solchen Unabhängigkeit durch die juristisch eingeschränkte Mündigkeit junger Frauen in dieser Zeit (siehe Unterrichtsschritt 7.6) von vornherein Grenzen gesetzt. Die Art, wie wiederholt über Recha entschieden wird, z. B. indem sie in die Obhut einer Prinzessin geschickt oder für sie ein Ehemann gesucht wird, macht das deutlich.

Zudem liegen Rechas Äußerungen über Daja genau im Spannungsfeld ihrer für das 18. Jahrhundert utopischen Erziehung durch Nathan und der Erwartungen dieser Zeit an das bescheidene Verhalten junger Mädchen: Mit großer Klarheit beschreibt Recha die Motive ihrer christlich schwärmerischen Gesellschafterin, die diese zum Geheimnisverrat bewegt haben und zur »gute[n] böse[n] Daja« (V. 3572) machen. Gleichzeitig erklärt Recha, dass Dankbarkeit für die umfassende Versorgung in ihren ersten Lebensjahren (V. 3579–82), aber auch Langmut und Reflektiertheit ihr erst ermöglichten, den Zumutungen Dajas etwas Positives abzugewinnen (V. 3600–08). Bei aller ihr als junger Frau abgeforderten Zurückhaltung hat Recha so aber auch ähnlich wie Nathan ein Verhalten praktiziert, das in einer Welt religiöser Konfrontationen auf sozialen Ausgleich ausgerichtet ist.

Der Aussicht auf den Verlust eines Vaters wie Nathan kann sie allerdings, wie sie selbst äußert, nichts entgegenhalten (V. 3610 f.), sie zwingt sie förmlich in die Knie. Genau in dieser Haltung nutzt sie jedoch ihre Verzweiflung, um mutig für sich einzustehen, dem hereintretenden Herrscher Saladin ihr Anliegen eindrücklich deutlich zu machen und diesem so das Versprechen abzuringen, ihr umfassend zu helfen (V. 3648–51). Für einen kurzen Moment lebt sie ein Stück Autonomie, die jungen Frauen ihrer Zeit so in der Regel nicht zugestanden wird. Saladins weitere Reaktion zeigt dies. Er nimmt Recha kaum ernst, zumal er ihr Anliegen nicht versteht. So bietet er sich als dritter Vater an, sollten ihr leiblicher und ihr Adoptivvater sich um sie streiten, und disqualifiziert sich als solcher gerade durch diesen Vorschlag: Recha erlebt Nathan als optimalen Vater, weil ihr Wohlergehen für ihn an erster Stelle steht. Die Anfangsverse von Auftritt V,8 (bis V. 3708) bringen genau das noch einmal auf den Punkt.

8.5 Die »Welt« sieht und hört zu: Das Theater als Ort der Aufklärung (fakultativ)

Unterrichtsschritt. Ausgehend von Nathans Einladung an die Welt, der Erzählung der Ringparabel zu lauschen (»Möcht auch doch / Die ganze Welt uns hören«, V. 1894 f.), wird thematisiert, inwiefern eine Aufführung des Dramas zur Aufklärung des Publikums beiträgt. Um eine strukturierte Antwort zu ermöglichen, werden zunächst die innerhalb der Unterrichtsreihe besprochenen Themenaspekte rekapituliert. Im Anschluss formulieren die Lernenden in Gruppenarbeit Aspekte der Publikumswirkung entlang der Kategorien in TAFELBILD 8c. Die Lehrkraft gibt diese in der linken Spalte auf der Tafel / dem Whiteboard vor. Jede Gruppe übernimmt jeweils einen der vier Aspekte (Training des Verstandes, Training des Gefühls, eigenes Urteil, Beitrag zu gutem Zusammenleben). Im gemeinsamen Unterrichtsgespräch wird das am Text von Kant entwickelte und um die Gefühlskomponente im Sinne Lessings erweiterte Schema in TAFELBILD 8c durch Zusammenführen der Ergebnisse der Gruppenarbeit konkretisiert. Zu den unten genannten Ergebnissen können je nach Lerngruppe weitere hinzukommen. Eine Sequenz zur Reflexion des eigenen Leseerlebnisses schließt den Unterrichtsschritt ab.

GA / UG

TAFELBILD 8c
➤ S. 92

Arbeitsaufträge/Leitfragen:

- Vergegenwärtigen Sie sich noch einmal wesentliche Themenfelder während der bisherigen Erarbeitung des Dramas.
- Formulieren Sie in Stichworten, in welcher Form das Drama zur Aufklärung der Zuschauerinnen und Zuschauer beiträgt. Sammeln Sie hierfür Argumente zum Ihnen im Rahmen der Gruppenarbeit zugeteilten Aspekt.
- Welche Wirkung auf sich selbst konnten Sie feststellen? Können Sie Abweichungen vom Schema erklären?

Erläuterungen. Zu den behandelten Themenfeldern der Unterrichtsreihe gehören: 1. Gefühle und Handlungsmotive der Protagonisten in ihrer Zeit (Recha, Tempelherr, Nathan, Saladin), 2. religiöse Argumente in unterschiedlichen Konstellationen (Nathan m. Recha, m. Tempelherr, m. Saladin, Tempelherr gegen Patriarch), 3. der Beitrag von Dichtung zu einem guten Zusammenleben, 4. Verssprache im Drama, 5. Konfliktlinien der Hauptfigur. Zu fragen ist, wie ein Stück zur Aufklärung von Zuschauerinnen und Zuschauern beiträgt, das Figuren sehr lebensnah gestaltet, Protagonisten mit verschiedenen religiösen Auffassungen präsentiert, den Eigenwert von Dichtung vorführt, eine kunstvolle Sprache wählt und eine komplexe, temporeiche Handlung präsentiert. Verschiedenheiten in der Wirkung auf das Publikum im Theatersaal einerseits und auf die Schülerinnen und Schüler andererseits erklären sich durch den Unterschied zwischen Theaterbesuch und Lesen, von Lessing angenommene, aber heute andere mediale Gewohnheiten etc. Auffällig dürfte dennoch auch für die Lerngruppe das Erleben von Aktualität, u. a. durch die präzise Psychologie der Figuren und den nach wie vor bedenkenswerten Umgang mit der immer noch virulenten Frage der Toleranz, sein.

TAFELBILD 8c

Aufklärung des Publikums

Aspekte der Aufklärung nach Kant	Zuschauerin/Zuschauer
Einsatz des Verstandes (im Verhältnis zum Gefühl)	Training des Verstandes: • setzt die einzelnen Handlungsstränge zusammen, nimmt das Ende vorweg • rekonstruiert die Vorgeschichte • lernt die Argumente zu religiöser Toleranz kennen Training des Gefühls: • folgt den Spannungsbögen • fühlt sich in verschiedene Figuren ein, aber erlebt auch ihre Irrwege • genießt die Schönheit der Figurenrede und des Schauspiels
Eigenständigkeit des Denkens	bildet sich ein eigenes Urteil • über den moralischen Wert des Handelns der einzelnen Figuren • zum Religionsthema • zur Qualität des Dramas
Mut	• lebt Toleranz außerhalb des Theaters (Idealfall)
Beitrag zu einem guten Zusammenleben	• praktiziert Wertschätzung für andere • hat ein Gemeinschaftserlebnis im Theater • tauscht sich mit anderen zur Qualität des Dramas aus

8.6 Der Streit mit dem Hamburger Hauptpastor Goeze: ein typischer Konflikt der Aufklärung (fakultativ)

Unterrichtsschritt. Mit Hilfe der Textauszüge auf ARBEITSBLATT 8c ***Der Fragmentenstreit: ein typischer Konflikt der Aufklärung*** bearbeiten die Schülerinnen und Schüler einzeln eine Aufgabe materialgestützten Schreibens, die Erstellung eines Flyers für eine Ausstellung zu *Nathan der Weise* (VORLAGE 8c ***Arbeitsauftrag: Ausstellungs-Flyer***). Zur Unterstützung kann die Untersuchung, welches Verhältnis des Patriarchen zum Theater in Auftritt IV,2 deutlich wird, vorweggenommen werden.

EA / UG

ARBEITSBLATT 8c ➤ S. 98 f.

VORLAGE 8c ➤ S. 93

Bei Zeitknappheit kann der Arbeitsauftrag auf die ersten zwei Schritte reduziert werden. Grundsätzlich ist der Unterrichtsschritt erweiterbar, sei es, dass man im Rahmen des Deutschkurses tatsächlich eine kleine Ausstellung zu *Nathan der Weise* vorbereitet, sei es, dass man die beschriebene multidisziplinäre Projektwoche für die Schule initiiert. Entsprechend ließe sich die Sozialform zur Erarbeitung des Flyers (z. B. Partnerarbeit) anpassen.

VORLAGE 8c

Arbeitsauftrag: Ausstellungs-Flyer

Die Oberstufe Ihrer Schule plant eine Projektwoche zum Zeitalter der Aufklärung. Verschiedene Fächer wie die Naturwissenschaften, Fremdsprachen, Geschichte, Pädagogik, Philosophie, Religion, Kunst und Deutsch sind beteiligt. Für den letzten Tag ist eine Ausstellung geplant, die die wichtigsten Vertreterinnen und Vertreter und die markantesten Fragen der Epoche vorstellt. Die Besucherinnen und Besucher sollen verstehen, wie aktuell viele der damaligen Fragen bis heute sind. Die ganze Schulgemeinschaft ist eingeladen, es kommen auch Eltern sowie Vertreterinnen und Vertreter der lokalen Presse.

Ihr Deutschkurs bereitet einen Ausstellungsraum zu Lessing und seinem bekanntesten Drama *Nathan der Weise* vor. Sie haben die Darstellung des Fragmentenstreits übernommen. Über www.lessingdatenbank.de konnten Sie aus einer frühen Gesamtausgabe von Lessings Schriften Faksimiles des herzoglichen Publikationsverbots für Lessing vom 3. August 1778 und von seinem Brief an Elise Reimarus vom 6. September 1778 bekommen. Außerdem hat Ihnen die Universitätsbibliothek in Ihrer Nähe den Band 13 mit dem sog. *Anti-Goeze* zur Verfügung gestellt. Hinzu kommen großformatige Abbildungen von Lessing und Goeze und eine Wandprojektion des zentralen Zitats aus der *Duplik* zum Wert der Suche nach Wahrheit. Damit die Objekte von den Besuchern eingeordnet und gewürdigt werden können, haben Sie einen Flyer geplant. Dieser informiert über:

a. das Thema des Streits
b. seine Bedeutung für die Epoche
c. den zeitlichen Ablauf von der Veröffentlichung des ersten Fragments bis zum Brief an Elise Reimarus
d. die Kontrahenten
e. die Argumente der Kontrahenten
f. die Gründe, warum der Streit nicht zu lösen war
g. die Frage, was *Nathan der Weise* mit dem Streit zu tun hat

Erarbeiten Sie in Einzelarbeit den Flyer wie folgt:

- Nutzen Sie als Informationsgrundlage die Materialien auf ARBEITSBLATT 8c.
- Beziehen Sie für Punkt e Ihre Kenntnisse zur sog. *Duplik* vom Januar 1778 ein.
- Für Punkt g untersuchen Sie im Stück,
  - welches Verhältnis des Patriarchen zum Theater in Auftritt IV,2 deutlich wird
  - mit welcher Strategie Nathan reagiert, als Saladin in III,5 von ihm reine »Wahrheit« (V. 1867) fordert.

Arbeiten Sie in drei Schritten:

1. Formulieren Sie einen Text, der alle notwendigen Informationen enthält.
2. Der Text des Flyers sollte nicht mehr als 450 Wörter enthalten. Kürzen Sie Ihren Ausgangstext, falls nötig, und formulieren Sie, wo nötig, Passagen präziser nach. Die Besucherinnen und Besucher sollten gut über das Wesentliche informiert werden und den Bezug zu Ihren Ausstellungsmaterialien erkennen.
3. Arbeiten Sie auch mit visuellen Elementen wie z. B. einem Zeitstrahl. Sehen Sie Platzhalter für (Teil-)Abbildungen Ihrer Ausstellungsmaterialien vor, die durch Ihre Informationen im Text erklärt werden.

Erläuterungen. Der Fragmentenstreit wird 1774 initiiert, als Lessing Teile der Schrift *Apologie oder Schutzschrift für die vernünftigen Verehrer Gottes* des verstorbenen Orientalisten Hermann Samuel Reimarus anonym veröffentlicht. Reimarus stellte darin fest, dass die Geschichte von der Auferstehung Jesu einer vernunftbasierten Prüfung nicht standhalte und das Christentum auf diesem Weg nicht zu rechtfertigen sei. Im 18. Jahrhundert sind solche Aussagen ein Skandal, auch wenn bereits Aufklärer wie Lessing nicht annehmen, dass eine bestimmte Religion reine Wahrheit zugänglich machen kann. Mit der *Duplik* im Januar 1778 macht er dies deutlich. Ihm geht es darum, Reimarus' Thesen zur Diskussion zu stellen. Dadurch provoziert er den Widerspruch des Hamburger Hauptpastors Johann Melchior Goeze, der als Verteidiger der reinen lutherischen Glaubenslehre Uneindeutigkeiten nicht akzeptieren will. So greift er Lessings bildhafte Sprache an, die nur »vernebele«. Goeze zeigt sich ähnlich engstirnig wie anfangs der Sultan in *Nathan der Weise* mit seiner Frage nach der wahren Religion. Nathan setzt die Ringparabel, also eine einfache Antworten verweigernde Dichtung, dagegen und gewinnt Saladin als Freund.

Goeze ist für solche Lösungen nicht offen. Ähnlich abwertend zu Theater und Dichtung wie er äußert sich im Drama auch der fundamentalistische Patriarch, wenn er den Tempelherrn mit dem »hypothetischen Fall« zur Adoption eines Christenkindes durch einen Juden auf die Bühne schickt (V. 2519 ff.), wo dieser aus Sicht des Publikums ironischerweise längst steht. Ironie ist es auch, wenn Lessing dem Patriarchen eine Neigung zur theatralen Inszenierung *»mit allem geistlichen Pomp«* (vor V. 2454) anhängt.

Der Fragmentenstreit wird durch das Aufeinanderprallen zweier Lebensformen mitbestimmt. Lessing, der Auseinandersetzungen mit Gelehrten als Vorankommen auf der Suche nach Wahrheit wertet und sich in seinen Freundschaften mit gesellschaftlich Ausgegrenzten nicht beirren lässt, trifft auf einen Theologen, der einen Ruf als Reinhalter der von ihm vertretenen Lehre zu verlieren hat. Der Konflikt eskaliert derart, dass der Dienstherr Lessings, der Herzog von Braunschweig, seinem Beamten im August 1778 ein Publikationsverbot der damit verbundenen Schriften erteilt. So sucht dieser einen anderen Weg und kündigt einen Monat später der Tochter des »Ungenannten«, Elise Reimarus, die zu seinem Freundeskreis zählt, die Herausgabe des *Nathan* an.

ARBEITSBLATT 9b
➤ S. 109 f.

Hausaufgabe

Arbeitsaufträge:

1. Vorbereitende Lektüre von Aufzug V, Auftritt 1–5 und Auftritt 8 (*Nathan der Weise*, Reclam XL, S. 125–138 und S. 145–152) mit Weiterführen der Kurzskizzierung der Szenen im in Unterrichtsstunde 1 vorgestellten Schema.
2. Vorbereitende Lektüre von ARBEITSBLATT 9b ***Navid Kermani: »Vergesst Deutschland! Eine patriotische Rede«*** und Formulieren des jeweiligen Hauptgedankens der Abschnitte.

Erläuterungen. Bei begrenzten digitalen Möglichkeiten im Klassenraum kann die in Unterrichtsschritt 9.3 vorgesehene Internetrecherche mit entsprechender Aufteilung der Lerngruppe als Hausaufgabe vorweggenommen werden. Um die Schülerinnen und Schüler nicht zu überlasten, wäre das Formulieren des jeweiligen Hauptgedankens der Abschnitte des Redeausschnitts dann in Unterrichtsschritt 9.4 zu integrieren.

Immanuel Kant: *Beantwortung der Frage: Was ist Aufklärung?* (1784)

»*Aufklärung ist der Ausgang des Menschen aus seiner selbstverschuldeten Unmündigkeit. Unmündigkeit* ist das Unvermögen, sich seines Verstandes ohne Leitung eines anderen zu bedienen. *Selbstverschuldet* ist diese Unmündigkeit, wenn die Ursache derselben nicht am Mangel des Verstandes, sondern der Entschließung und des Mutes liegt, sich seiner ohne Leitung eines andern zu bedienen. Sapere aude![1] Habe Mut, dich deines eigenen Verstandes zu bedienen! ist also der Wahlspruch der Aufklärung.

Faulheit und Feigheit sind die Ursachen, warum ein so großer Teil der Menschen, nachdem sie die Natur längst von fremder Leitung freigesprochen (naturaliter majorennes[2]), dennoch gerne zeitlebens unmündig bleiben; und warum es anderen so leicht ward, sich zu deren Vormündern aufzuwerfen. Es ist so bequem, unmündig zu sein. Habe ich ein Buch, das für mich Verstand hat, einen Seelsorger, der für mich Gewissen hat, einen Arzt, der für mich die Diät beurteilt u. s. w., so brauche ich mich ja nicht selbst zu bemühen. Ich habe nicht nötig zu denken, wenn ich nur bezahlen kann; andere werden das verdrießliche Geschäft schon für mich übernehmen. Dass der bei weitem größte Teil der Menschen (darunter das ganze schöne Geschlecht) den Schritt zur Mündigkeit außer dem, dass er beschwerlich ist, auch für sehr gefährlich halte: dafür sorgen schon jene Vormünder, die die Oberaufsicht über sie gütigst auf sich genommen haben. Nachdem sie ihr Hausvieh zuerst dumm gemacht haben und sorgfältig verhüteten, dass diese ruhigen Geschöpfe ja keinen Schritt außer dem Gängelwagen[3], darin sie sie einsperreten, wagen durften, so zeigen sie ihnen nachher die Gefahr, die ihnen drohet, wenn sie es versuchen, allein zu gehen. Nun ist diese Gefahr zwar eben so groß nicht, denn sie würden durch einigemal Fallen wohl endlich gehen lernen; allein ein Beispiel von der Art macht doch schüchtern und schreckt gemeiniglich von allen ferneren Versuchen ab.

Es ist also für jeden einzelnen Menschen schwer, sich aus der ihm beinahe zur Natur gewordenen Unmündigkeit herauszuarbeiten. Er hat sie sogar liebgewonnen und ist vorderhand wirklich unfähig, sich seines eigenen Verstandes zu bedienen, weil man ihn niemals den Versuch davon machen ließ. Satzungen und Formeln, diese mechanischen Werkzeuge eines vernünftigen Gebrauchs oder vielmehr Missbrauchs seiner Natur-

1 (lat.) Habe Mut, zu wissen! (Horaz, *Episteln* 1,2,40).
2 (lat.) von Natur aus Volljährige.
3 Korbgestell mit Rädern, in dem Kinder das Gehen lernen.

gaben, sind die Fußschellen[4] einer immerwährenden Unmündigkeit. Wer sie auch abwürfe, würde dennoch auch über den schmalesten Graben einen nur unsicheren Sprung tun, weil er zu dergleichen freier Bewegung nicht gewöhnt ist. Daher gibt es nur wenige, denen es gelungen ist, durch eigene Bearbeitung ihres Geistes sich aus der Unmündigkeit herauszuwickeln und dennoch einen sicheren Gang zu tun.

Dass aber ein Publikum[5] sich selbst aufkläre, ist eher möglich; ja es ist, wenn man ihm nur Freiheit lässt, beinahe unausbleiblich. Denn da werden sich immer einige Selbstdenkende, sogar unter den eingesetzten Vormündern des großen Haufens, finden, welche, nachdem sie das Joch der Unmündigkeit selbst abgeworfen haben, den Geist einer vernünftigen Schätzung des eigenen Werts und des Berufs jedes Menschen, selbst zu denken, um sich verbreiten werden. Besonders ist hiebei: dass das Publikum, welches zuvor von ihnen unter dieses Joch gebracht worden, sie hernach selbst zwingt, darunter zu bleiben, wenn es von einigen seiner Vormünder, die selbst aller Aufklärung unfähig sind, dazu aufgewiegelt worden; so schädlich ist es, Vorurteile zu pflanzen, weil sie sich zuletzt an denen selbst rächen, die, oder deren Vorgänger, ihre Urheber gewesen sind. Daher kann ein Publikum nur langsam zur Aufklärung gelangen. Durch eine Revolution wird vielleicht wohl ein Abfall von persönlichem Despotism und gewinnsüchtiger oder herrschsüchtiger Bedrückung, aber niemals wahre Reform der Denkungsart zustande kommen; sondern neue Vorurteile werden, ebensowohl als die alten, zum Leitbande des gedankenlosen großen Haufens dienen. […]

Wenn denn nun gefragt wird: Leben wir jetzt in einem *aufgeklärten* Zeitalter? so ist die Antwort: Nein, aber wohl in einem Zeitalter der *Aufklärung*. Dass die Menschen, wie die Sachen jetzt stehen, im ganzen genommen, schon imstande wären oder darin auch nur gesetzt werden könnten, in Religionsdingen sich ihres eigenen Verstandes ohne Leitung eines andern sicher und gut zu bedienen, daran fehlt noch sehr viel. Allein, dass jetzt ihnen doch das Feld geöffnet wird, sich dahin frei zu bearbeiten, und die Hindernisse der allgemeinen Aufklärung oder des Ausganges aus ihrer selbstverschuldeten Unmündigkeit allmählich weniger werden, davon haben wir doch deutliche Anzeigen.«

Immanuel Kant: Beantwortung der Frage: Was ist Aufklärung? (1784). In: Was ist Aufklärung? Thesen, Definitionen, Dokumente. Hrsg. von Barbara Stollberg-Rilinger. Stuttgart: Reclam, 2019. S. 9–16.

4 Fußfesseln.
5 Gesamtheit der Menschen an einem Ort.

ARBEITSBLATT 8b

Immanuel Kant: *Beantwortung der Frage: Was ist Aufklärung?*, Der Prozess

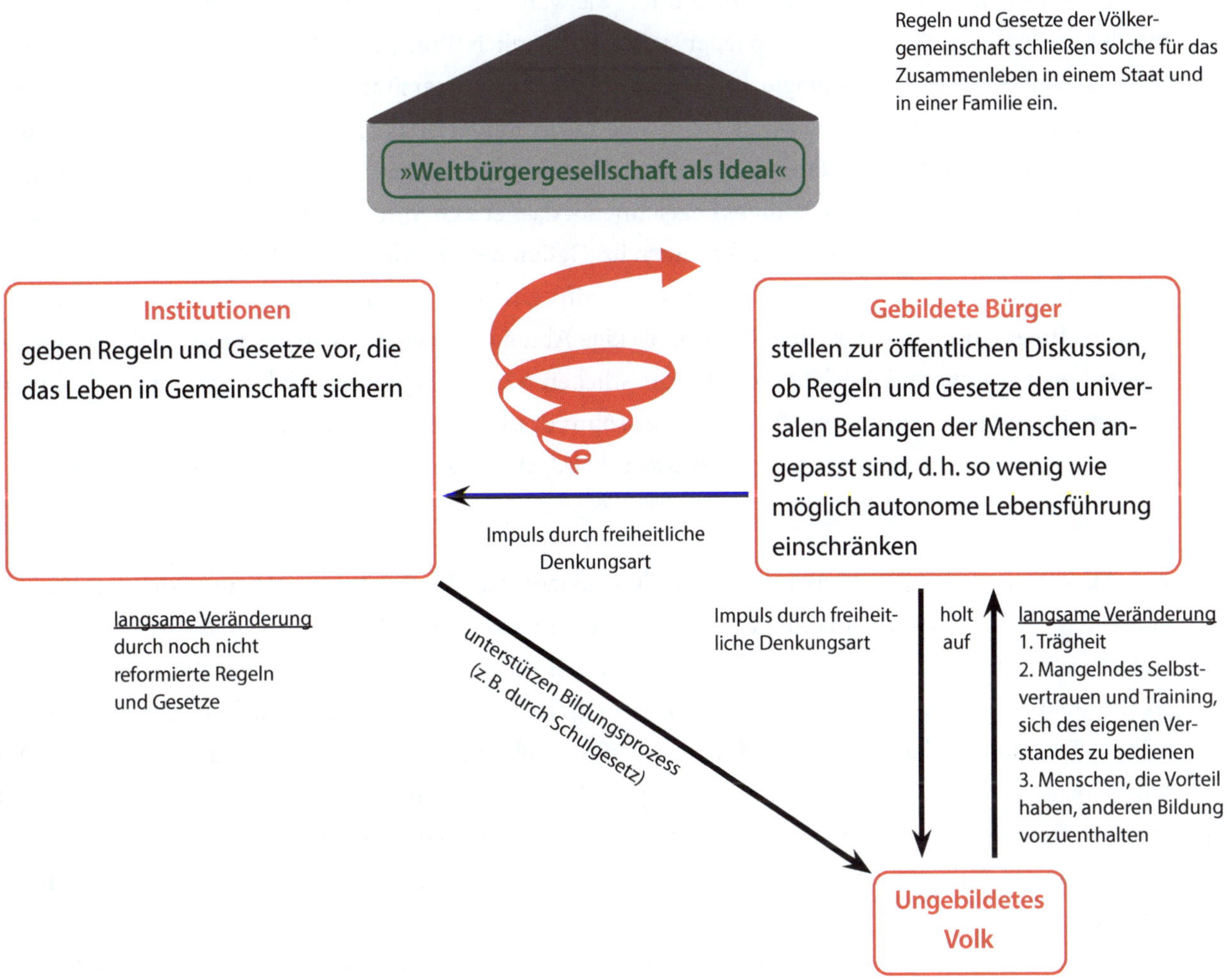

Kleines Glossar zum Textausschnitt:

Sprache Kants	Sprache des 21. Jahrhunderts
Satzungen und Formeln (Z. 38 f.)	Gesetze und Regeln
Schätzung des eigenen Werts (Z. 53 f.)	Wertschätzung der eigenen Würde
Beruf[] jedes Menschen, selbst zu denken (Z. 54 f.)	Bestimmung des Menschen, selbst zu denken
Vorurteile (Z. 60)	Urteile, die einer Prüfung mit Hilfe des Verstandes und unter Einbezug der Sachlage nicht standhalten

Der Fragmentenstreit: ein typischer Konflikt der Aufklärung

1 »Ohne Konflikte hätte er nicht leben können. Sie waren für ihn Motor des eigenen Lebens, aber auch des intellektuellen Fortschritts. Immer wieder suchte er förmlich Streit, vor allem mit offiziellen Stichwortgebern aus Philosophie und Theologie. […] Nie strebte er eine universitäre Laufbahn an; stattdessen suchte er die Nähe zur Bühne und zu Schauspielern. In einem Jahrhundert, das Theaterleuten ein christliches Begräbnis verweigerte, war das eine Provokation, zumal für den Sohn eines lutherischen Pfarrers. […] Je genauer man hinschaut, desto mehr erscheint es bezeichnend, dass er sich immer wieder mit Außenseitern anfreundete, ja mit ihnen zusammenlebte und sie auch im Gefängnis besuchte, etwa den verfolgten Juden Alexander Daveson, den er 1780 nach der Haftentlassung in sein Haus aufnahm […]. Vom – gescheiterten – Versuch, als freier Autor zu leben, über die hartnäckige Abneigung gegen höfisches Leben, Etikette und Zeremoniell bis zur unverbrüchlichen, von der christlichen Mehrheitsgesellschaft beargwöhnten Freundschaft mit dem jüdischen Philosophen Moses Mendelssohn: Lessing bleibt kompromisslos.«

Cord Friedrich Berghahn: In Sprache denken. Gotthold Ephraim Lessing, Deutschlands Aufklärer par excellence. In: Spiegel Geschichte 2 (2017) S. 88–95, hier S. 90.

2 »Als Zerstörer des Glaubens sollte er in die Geistesgeschichte eingehen. Wohlweislich und aus Angst vor seiner Kirche hatte Hermann Samuel Reimarus, brillanter Gelehrter für orientalische Sprachen, sein Hauptwerk – an dem er 32 Jahre lang heimlich gearbeitet hatte – zu seinen Lebzeiten in der Schublade versteckt gehalten und nicht einmal gewagt, es unter falschem Namen zu veröffentlichen. Erst sechs Jahre nach seinem Tod [ab 1774] lancierte der Aufklärer Gotthold Ephraim Lessing Fragmente dieser Schrift in die Öffentlichkeit – anonym. […] Es war eine ›Apologie oder Schutzschrift für den [!] vernünftigen Verehrer Gottes‹ […]. Reimarus fasste darin seine umfangreichen Bibelstudien in der Erkenntnis zusammen, dass ein Beweis für die Auferstehung des gekreuzigten Jesus ›vor dem Richterstuhl der Vernunft nicht bestehen kann‹.«

Johanna Haberer / Sabine Rückert: Das leere Grab. Wie es nach dem Tod Jesu weiterging, darüber gibt es mehr als eine Version in der Bibel. In: Zeit Magazin 16 (2020) S. 14–23, hier S. 16.

3 »Seit 1755 ist er Hauptpastor an der Katharinenkirche in Hamburg, daneben ist er (von 1760 bis zur Amtsniederlegung 1770) Senior des Ministeriums und so der Wortführer der lutherischen Stadtgeistlichkeit. Lessing pflegt in Hamburg geselligen Umgang mit ihm. Er schätzt ihn als Gelehrten, Goeze hat z. B. ausgezeichnete Kenntnisse früher Bibeldrucke und eine bedeutende Bibelsammlung. Bereits vor dem Fragmentenstreit ist er in manche Auseinandersetzung verstrickt, in der er vehement für die Reinhaltung der Lehre eintritt […].«

Monika Fick: Lessing-Handbuch. Leben – Werk – Wirkung. Stuttgart: Metzler, ^{4}2016. S. 374.

4 »Gott weiß es, ich habe nichts dagegen, daß Sie und alle Schulrectores in Niedersachsen gegen meinen Ungenannten [d. i. H. S. Reimarus, dessen Identität Lessing nie offenlegt] zu Felde ziehen. Vielmehr freue ich mich darüber; denn eben darum zog ich ihn an das Licht, damit ihn recht viele prüfen, recht viele widerlegen könnten. Ich hoffe auch, er wird noch Zeit genug unter die rechten Hände kommen, unter welchen er mir noch nicht zu sein scheinet: und so dann glaube ich wirklich der christlichen Religion durch seine Bekanntmachung einen größern Dienst erwiesen zu haben, als Sie, mit allen Ihren Postillen und Zeitungen.«

Gotthold Ephraim Lessing: Anti-Goeze [April 1778]. In: G. E. L.: Werke und Briefe in zwölf Bänden. Hrsg. von Wilfried Barner [u. a.]. Bd. 9: Werke 1778–1780. Hrsg. von Klaus Bohnen und Arno Schilson. Frankfurt a. M. 1993. S. 93–99, hier S. 93 f.

5 »[…] Herr Leßing [fordert mich] auf, seine Duplic zu widerlegen. Ich finde solches nicht nötig […]. Daß er in der Kunst, mit seiner Theater-Logik und Bildersprache die richtigsten Sachen zu verwirren, und die hellesten in Nebel und Dunkelheit einzuhüllen, ein großer Meister sei, das will ich ihm gerne zugestehen. Sollten sich indessen Leser finden, welche sich überreden könnten, daß er in seiner Duplic die, von dem Fragmentenschmiede angegebenen Widersprüche erwiesen habe, so kann man sie ihrem Dünkel überlassen: denn bei Leuten, welche sich durch solchen Wind hin und her treiben lassen, ist wenig auszurichten.«

Johann Melchior Goeze: Lessings Schwächen II [Juni 1778]. In: Ebd. S. 357–394, hier S. 393 f.

6 »Resolutio für den Hofrat und Bibliothekar Lessing zu Wolfenbüttel, dessen neuerlich herausgegebene Schriften betreffend:

Der Durchleuchtigste Fürst und Herr, Herr Karl Herzog zu Braunschweig und Lüneburg etc. lassen dem Hofrat und Bibliothekar Lessing zu Wolfenbüttel […] hiemit die Resolution erteilen: daß, gleichwie es überhaupt bei der angeordneten Konfiskation der noch vorrätigen Exemplarien des 3ten und 4ten Teils der sogenannten ›Beiträge aus den Schätzen der Bibliothek zu Wolfenbüttel‹ sowohl, als des besonders gedruckten ›Fragments von dem Zweck Jesu und seiner Jünger‹, auch aller anderen darauf einen Bezug habenden Schriften ein für allemal sein Bewenden hat, also auch fürs Künftige […] weder die sogenannten Anti-Goezischen Blätter, noch sonst andre eigene oder fremde Schriften, sie mögen Namen haben, wie sie wollen, ohne Zensur drucken zu lassen dem Supplikanten gestattet werden könne […].

Braunschweig, den 3ten August 1778 — Urkundlich etc.«

G. E. L.: Gesammelte Werke. Hrsg. von Paul Rilla. Bd. 9. Berlin 1968. S. 778 f. Zit. nach: Nathan der Weise. Reclam XL, S. 189 f.

7 »Meine werte Freundin, ich danke Ihnen für die gütige Übersendung des 3ten Stücks meiner ›Schwächen‹, die ein wenig stark zu werden anfangen. Meine Antwort darauf ist schon fertig, und ich würde eine Abschrift davon beilegen, wenn ich sie Ihnen nicht lieber – selbst bringen wollte. In allem Ernste: ich bin in einigen Tagen in Hamburg; und wenn die Geschäfte, die mich dahin bringen, auch wohl die angenehmsten nicht sein dürften, so weiß ich doch schon das Haus, wo ich wenigstens einige vergnügte Stunden werde zubringen können. […]

Das Angeschlossene ist eine Ankündigung, über welche meine Freunde sich zum Teil wundern werden. Aber wenn Sie im ›Decameron‹ des Boccaz (I. 3.) die Geschichte vom Juden Melchisedech, welche in meinem Schauspiele zum Grunde liegen wird, aufschlagen wollen, so werden Sie den Schlüssel dazu leicht finden. Ich muß versuchen, ob man mich auf meiner alten Kanzel, auf dem Theater wenigstens, noch ungestört will predigen lassen. […]

Wolfenb., — Dero ergebenster Freund,
den 6. Septbr. 1778 — Lessing.«

Brief an Margaretha Elisabeth Reimarus, genannt Elise, Tochter von H. S. Reimarus. In: G. E. L.: Werke. Vollständige Ausgabe in 25 Teilen. Hrsg. von Julius Petersen und Waldemar von Olshausen. Reprogr. Nachdr. Hildesheim / New York: Olms, 1970. Bd. 2. S. 313 f. Zit. nach: Nathan der Weise, Reclam XL, S. 191.

9 Die Botschaft des Dramas als stetigen Auftrag verstehen

Sachanalyse

In der letzten Szene werden die zwei grundlegenden Themen des Stücks, das friedliche Nebeneinander der Religionen und die Familienzusammenführung, in einem Schlusstableau verbunden. Das, was Saladin zu Beginn von Aufzug II als nicht verwirklichbares Ideal hinnehmen musste, eine gemeinsame Familie aus Christen und Muslimen, steht nun doch auf der Bühne. Dabei liegt der Beweis für die schon zu vermutenden Verwandtschaftsverhältnisse durch das Brevier Wolf von Filneks wörtlich in der Hand Nathans.

Für Lessing aber ist es nicht damit getan, Recha und Curd als christlich getaufte Geschwister und ihren Vater als Bruder Saladins auszuweisen. Durch den Zusammenhang zwischen den ihnen durch die kriegerischen Verwicklungen zugewiesenen Namen und ihren Geburtsnamen war ihre Zuordnung eigentlich von Anfang an ausgesprochen. Der Tempelherr heißt nicht nur nach seinem Onkel, sondern »Curd« (V. 1374) (= türk. ›Wolf‹) ebenso wie »Leu« (V. 3765) (= Löwe) verweisen den jungen Mann zurück auf seinen leiblichen Vater Wolf von Filnek alias Assad (= Löwe). Recha hingegen erhielt durch Nathan die jüdische Version ihres christlichen Namens »Blanda« (V. 3806) als der Zärtlichen, Feinfühligen. In ihrem Geburtsnamen drückt sich zudem das aus, was sie für Nathan ist, ein Geschenk. In der Langform seines Namens ist er entsprechend der von Gott Beschenkte.[1]

Lessing weiß, dass diese doppelten Bedeutungen kaum bemerkt werden können. Dennoch schreibt er dem Stück ein Wissen ein, das die Zugehörigkeiten von Anfang an festlegt, auch wenn die Figuren diese nur durch ihr Handeln aufklären und zur Geltung bringen können. Lessing imitiert hier die für das Stück so wichtige göttliche Vorsehung, auf die der Mensch aktiv antworten muss. Nathan glaubt, dass Gott natürliche Wunder wirkt. So sind für ihn weder die anfänglich berichteten Rettungen noch die Ähnlichkeit zwischen Curd und dem einstigen Freund Zufall. Er nimmt das Brevier als Gelegenheit, intuitives Gefühl in gesichertes Wissen zu überführen.

Nathan steht hierbei im Dialog mit den anderen Hauptfiguren, die zwar das Richtige tun, aber dem nur den Wert einer spontanen Tat zumessen. So begnadigt Saladin den Tempelherrn und rettet der Tempelherr Recha, aber die Retter wollen daran nicht erinnert werden (V. 778 f., 2090–92). Folglich stärkt Nathan die Retter, Dank anzunehmen, also sich mit anderen sozial auszutauschen. Dadurch kann er Spannungen dämpfen, aber nicht beheben.

Die Schlussszene zeigt dies: Saladin, durch die eingetroffene Karawane nicht mehr vom jüdischen Kaufmann abhängig (V. 3158–60), macht dies sofort Nathan deutlich und übergeht dadurch die für seinen Freund und Recha existenzielle Frage nach dem Fortbestand des Adoptivverhältnisses (V. 3689–99). Der Tempelherr wiederum benötigt einen Verweis Saladins, um zu akzeptieren, dass Recha niemals seine Frau, aber eben seine Schwester sein kann (V. 3796–99). Recha zeigt sich hier Curd überlegen. Mit ihrer im dritten Akt tief empfundenen Sympathie für ihn hat sie intuitiv die Geschwisterliebe vorweggenommen.[2]

Nathan geht wie gewohnt behutsam vor. Er bestätigt erst mit Hilfe des schriftlich niedergelegten Stammbaums Saladins Verdacht, dass Assad und Wolf von Filnek dieselbe Person sind, als der Sultan daran schon kaum mehr Zweifel hegt (V. 3830–32). Identitäten von Personen offenzulegen kann in Kriegszeiten gefährlich sein. Daher zögert Nathan auch, den Kindern zu sagen, dass sie einem muslimischen Königshaus entstammen. Impulsiv unterstellt ihm Saladin daraufhin egoistische Motive (V. 3837).[3]

So stehen am Ende zwar Vertreterinnen und Vertreter der drei Offenbarungsreligionen als Familie auf der Bühne, unklar ist allerdings, ob Recha, im Sinne der natürlichen Religion aufgewachsen, Gelegenheit erhält, ein für sie passendes Leben zu führen, und welchen Raum Saladin Nathan dabei lässt. Entsprechend fällt der Vorhang schließlich über dem Bild »*allerseitiger Umarmungen*« (nach V. 3849), entzieht jedoch auch den Ausblick auf eine gute Welt (= Utopie), da es diese noch zu realisieren gilt. Toleranz bleibt Aufgabe auf der Bühne, aber auch für das Publikum.

Diese Aufgabe ist weiterhin aktuell. So findet *Nathan der Weise* bis heute Erwähnung in öffentlichen Reden, wenn historische Tiefpunkte gesellschaftlicher Toleranz zu beklagen sind. 1959 stellt Hannah

1 Vgl. Hendrik Birus, »Das Rätsel der Namen in Lessings *Nathan der Weise* (1977)«, in: *Lessings »Nathan der Weise«*, hrsg. von Klaus Bohnen, Darmstadt 1984, S. 290–327, besonders S. 324 ff.

2 Damit realisiert sie ein Ideal der Aufklärung: »Zwischen den Extremen ungehemmter Selbstliebe und zügelloser Erotik erscheint die Geschwisterliebe als der erstrebenswerte maßvolle Affekt, der von den beiden Gefahren des Exzessiven gleich weit entfernt ist« (Peter Pütz, *Die Leistung der Form. Lessings Dramen*, Frankfurt a. M. 1986, S. 277).

3 Die jüngere Forschung begründet die Spannungen der Schlussszene unterschiedlich. Als Beispiel s. Pütz (Anm. 2), S. 278 f.

Arendt in ihrer Dankrede für den Lessingpreis der Stadt Hamburg den humanistischen Anspruch des Dramas in Kontrast zu den Erfahrungen der Opfer der Shoah. 2012 greift Navid Kermani dies in seiner Rede zur Eröffnung der Lessingtage des Thalia-Theaters auf und erinnert angesichts des antiaufklärerischen gesellschaftlichen Klimas, das den Skandal der mangelhaften Verfolgung der NSU-Morde begünstigt hat, an Lessings Haltung der Toleranz.

Unterrichtsverlauf

Überblick. Die Schülerinnen und Schüler arbeiten, ausgehend von der doppelten Namensgebung, die Ambivalenz der Schlussszene heraus. Sie deuten die utopische Harmonie des Schlussbildes als Auftrag an das Publikum, sich stetig in Toleranz zu üben. Vertiefend interpretieren sie die doppelte Namensgebung im Kontext des dem Stück zugrundeliegenden Weltbilds. Die Schülerinnen und Schüler ordnen öffentliche Reden als Beiträge zur gesellschaftlichen Debatte im Sinne der Aufklärung ein. Sie analysieren einen Ausschnitt einer Rede Navid Kermanis, in dem ein Tiefpunkt aktueller gesellschaftlicher Toleranz kritisiert und explizit das Toleranzverständnis von *Nathan der Weise* als wieder zu aktivierendes kulturelles Erbe beschrieben wird. Abschließend wenden sie ihre erworbenen Kenntnisse und Kompetenzen an, um Aussagen Dritter über das Drama zu bewerten. ! **Verkürzter Verlauf: 9.1 – 9.3 – 9.4 – 9.5 – 9.6**

Phase	Thema	Sozialform	Kompetenzen und Lernziele	Materialien
Voraussetzungen: Kenntnis des kompletten Dramentextes und des Ausschnitts aus der Rede Navid Kermanis				
9.1	Unvollendete Angelegenheiten	EA / UG	• Die zusammengeführte Familie skizzieren • Die Spannungen der Schlussszene als Teil der Botschaft des Dramas erfassen	ARBEITSBLATT 9a ➤ S. 108 VORLAGE 9a ➤ S. 102
9.2 **fakultativ**	Vorsehung, Zufall, Eigenaktivität	UG	• Die doppelte Namensgebung als Kennzeichnung des dem Stück hinterlegten Weltbilds deuten	
9.3	Die Rede Navid Kermanis zur Eröffnung der Hamburger Lessingtage 2012 und ihre Hintergründe	PA	• Reden als Formen gesellschaftlicher Auseinandersetzung wahrnehmen • Hintergrundinformationen zu einer Rede recherchieren und präsentieren	VORLAGE 9b ➤ S. 104
9.4	Grundgedanken der Rede	EA / UG	• Einen Redeausschnitt in seiner Struktur erfassen und seine Hauptgedanken benennen	ARBEITSBLATT 9b ➤ S. 109 f. TAFELBILD 9 ➤ S. 105
9.5	Argumentieren im Sinne der Aufklärung	UG / EA	• Sachorientiertes und sozial engagiertes Sprechen als Erbe der Aufklärung analysieren	ARBEITSBLATT 9b ➤ S. 109 f.
9.6	Kermanis ausdrücklicher Bezug auf das humanistische Erbe Lessings	UG	• Kermanis Selbstverortung in der humanistischen Tradition der Aufklärung untersuchen	
HA **fakultativ**	Hannah Arendts Kritik an *Nathan der Weise*		• Mit Hilfe des erworbenen Wissens zum Drama und seiner Analyse Äußerungen Dritter zum Stück beurteilen	

EA / UG

VORLAGE 9a
➤ S. 102
ARBEITSBLATT 9a
➤ S. 108
Lösungs-
hinweise
➤ S. 128

Unterrichtsschritt. Die Schülerinnen und Schüler analysieren die harmonischen Aspekte der Schlussszene anhand der VORLAGE 9a ***Arbeitsaufträge***: Sie beschreiben zunächst in Einzelarbeit mit Hilfe von ARBEITSBLATT 9a ***Die zusammengeführte Familie*** die in der Schlussszene belegten Zugehörigkeiten und vermerken die Zweitnamen (1.). Anhand der Szenenanweisungen zu V. 3814, 3818, 3839 und 3849 (= letzter Vers) untersuchen sie zusätzlich, welche Figuren sich jeweils gruppieren (2.). Zur Veranschaulichung empfiehlt es sich, dass fünf Lernende die Szenenanweisungen in insgesamt vier Standbildern umsetzen. Der Rest der Lerngruppe kommentiert und korrigiert ggf. die vorgestellten Standbilder. Zur Zusammenfassung der Ergebnisse erläutern die Schülerinnen und Schüler im gemeinsamen Unterrichtsgespräch, inwieweit sich Saladins Traum einer christlich-islamischen Familie, den er in Auftritt II,1, V. 854 ff. aufgeben muss, am Ende realisiert (3.). Als erstes Fazit wird an der Tafel bzw. auf dem Whiteboard festgehalten, dass schließlich zwei christlich getaufte Kinder in ihre muslimische Ursprungsfamilie zurückkehren und auch der jüdische Kaufmann ein Stück dazugehört.

In einem weiteren Schritt entnehmen die Schülerinnen und Schüler der Legende auf ARBEITSBLATT 9a in Einzelarbeit die Bedeutung der Namen (4.). Sie erschließen, dass für Recha und Curd unterschiedliche Zugehörigkeiten festgelegt werden. Sie untersuchen, inwieweit in der Schlussszene diese Zugehörigkeiten durch die anderen Protagonisten ernst genommen werden, und benennen offensichtliche Spannungen. Als Befund wird im gemeinsamen Unterrichtsgespräch festgehalten, dass der Schluss keine ungetrübte Harmonie bietet, sondern Toleranz, die alle gleichermaßen einbezieht, als Aufgabe für die Zukunft erkennbar wird (5.). Vor diesem Hintergrund wird die Bedeutung des letzten Bildes *»allerseitiger Umarmungen«* (nach V. 3849), über dem der Vorhang fällt, erörtert. Am Ende steht die Einschätzung der Wirkung des Schlusses auf das Publikum (6.).

VORLAGE 9a

Arbeitsaufträge

1. Beschreiben Sie mit Hilfe des Schemas auf ARBEITSBLATT 9a die Beziehungen zwischen den Figuren. Tragen Sie hierfür in die Felder die ursprünglichen Namen und, soweit vorhanden, die Zweitnamen der Figuren ein.
2. Untersuchen Sie mit Hilfe der Szenenanweisungen zu V. 3814, 3818, 3839 und 3849 (letzter Vers), welche Figuren sich jeweils gruppieren. Setzen Sie mit fünf Personen die Szenenanweisungen in Standbildern um.
3. Erläutern Sie, inwieweit sich Saladins Traum einer christlich-muslimischen Familie, den er in Auftritt II,1, V. 854–865 aufgeben muss, am Ende realisiert.
4. Entnehmen Sie der Legende auf ARBEITSBLATT 9a die Bedeutung der Namen und erschließen Sie, welche Zugehörigkeit für Curd und welche für Recha ausgedrückt wird. Untersuchen Sie, inwiefern diese Zugehörigkeiten in der Schlussszene durch die anderen Figuren ernst genommen werden.
5. Erörtern Sie, ob es sich um ein harmonisches Ende handelt, und formulieren Sie ein Fazit.
6. Diskutieren Sie, mit welchen Gefühlen und Gedanken das Publikum den Theatersaal verlässt.

Erläuterungen zum Unterrichtsgespräch. Die Schülerinnen und Schüler erkennen, dass die bildlich umgesetzte und in Teilen Saladins Ideal entsprechende Harmonie, in der die Figuren sich in unterschiedlichen Konstellationen umarmen und die drei Religionen in einem Familienbild zum Schluss vereint sind, nicht ungetrübt ist, sondern ein Stück weit Rechas und Nathans Interessen übergeht. Die doppelten Namen unterstreichen dies. Sie machen offensichtlich, dass der Ursprungsort des Tempelherrn wirklich das Haus seines leiblichen Vaters ist, hinsichtlich Recha aber das Geschenk an Nathan nicht zurückgenommen wird. Recha bestätigt diesen Bezug gleich zu Beginn der Szene. Sie will keinen anderen Vater als Nathan.

9.2 Vorsehung, Zufall, Eigenaktivität (fakultativ)

Unterrichtsschritt. Die Lerngruppe untersucht, warum Lessing sich die Mühe gemacht hat, die Erst- und Zweitnamen zentraler Figuren in Beziehung zueinander zu setzen, obwohl er damit rechnen musste, dass dies vom Publikum eher nicht bemerkt wird. Ausgehend von der Bedeutung von Nathans eigenem Namen prüfen die Schülerinnen und Schüler, inwiefern sich der jüdische Kaufmann als Beschenkter ansieht. Auf der Grundlage seiner Vorstellung von Religion (vgl. TAFELBILD 2b, S. 25) und seines Verhaltens nach der Ermordung seiner Familie formulieren die Schülerinnen und Schüler, wie Nathan sich das Wirken Gottes in der Welt vorstellt und in welchem Verhältnis das Handeln der Menschen hierzu steht. Sie setzen Lessings Umgang mit den Namen hierzu in Bezug. UG

Arbeitsaufträge:

- Erklären Sie, ausgehend von der Bedeutung des Namens Nathan (Nathan = ›der Gebende‹, Nathanael = ›der von Gott Beschenkte‹), wie der jüdische Kaufmann göttliches mit menschlichem Handeln vermittelt sieht. Beziehen Sie sich auf das besprochene Religionskonzept Nathans und seine Reaktion nach der Ermordung seiner Familie.
- Vergleichen Sie, wie Saladin und der Tempelherr anfangs die durch sie initiierten Rettungen bewerten und was sie Nathan bedeuten.
- Deuten Sie, warum Lessing das Stück durch die doppelten Namen mit einem Plan für die Zugehörigkeiten hinterlegt, für die die Figuren im Laufe des Dramas aktiv eintreten, ohne dass sie oder das Publikum diesen Plan ohne weiteres bemerken.

Erläuterungen. Lessing, und das ist durchaus nicht mehr selbstverständlich in der Aufklärung, geht von einem göttlichen, auf das Gute gerichteten Gesamtplan für die Menschen aus, den allerdings niemand im Einzelnen kennt (vgl. die Zeit der »Kindes-Kindeskinder[]« in der Ringparabel, V. 2049). Auch Nathan vertraut darauf, dass es für jeden Menschen einen auf einen guten Endpunkt ausgerichteten Plan gibt. Das ist seine »Ergebenheit in Gott« (V. 2047), durch die er die Ermordung seiner Familie akzeptieren kann. Er versucht diesen Plan zu erkennen und darauf zu antworten. Während Saladin und der Tempelherr die Verkettung der von ihnen ausgelösten Rettungen als Zufall nehmen, erwägt Nathan, ob hier nicht die göttliche Vorsehung wirkt. Wo er sie vermutet, unterstützt er umfassendes soziales Miteinander, liebt das ihm von seinem Freund anvertraute Kind wie sein eigenes, vermittelt zwischen Saladin und dem Tempelherrn etc.

Die doppelte Namensgebung, die im Grunde von Beginn des Stücks an besteht, kann als Hinweis auf den für die Figuren vorgesehenen Plan gelten, den sie am Ende aktiv umgesetzt haben. Dieser Zusammenhang ist aber für die Figuren und das Publikum so gut wie nicht erkennbar, so wie eben auch der göttliche Plan für die Menschen nicht einsehbar ist, auch wenn Lessing davon ausgeht, dass es diesen gibt.

9.3 Die Rede Navid Kermanis zur Eröffnung der Hamburger Lessingtage 2012 und ihre Hintergründe

Unterrichtsschritt. Die Schülerinnen und Schüler recherchieren in Partnerarbeit im Internet die Hintergründe der Rede (VORLAGE 9b ***Arbeitsaufträge für die Partnerarbeit***). Angestrebt wird eine kompakte Zusammenstellung essenzieller Sachverhalte zum gesellschaftlich-kulturellen Horizont der Rede. Die Schülerinnen und Schüler nutzen Möglichkeiten verlässlicher Internetrecherche, selektieren für ihren Zweck relevante Informationen und bereiten diese für eine kurze, aber präzise Darstellung auf. In der Gesamtschau in der Lerngruppe ordnen sie Reden als wesentlichen Teil der in der Tradition der Aufklärung stehenden politischen Auseinandersetzung und des kulturellen Lebens ein. PA

VORLAGE 9b
➤ S. 104

Pro Partnerschaft wird ein Rechercheauftrag vergeben, von dem jeder Partner / jede Partnerin jeweils eine Frage übernimmt. Bei besonders großen Lerngruppen werden die Rechercheaufträge mehrfach vergeben. Innerhalb der Partnerschaft ist sicherzustellen, dass die Befunde mit vertauschten Rollen präsentiert werden können. Bei Mehrfachvergabe der Rechercheaufträge ergänzen die Paare mit gleichem Auftrag bei Bedarf die Ausführungen der präsentierenden Lernenden. Zudem kann in diesem Fall im Anschluss an die Recherchephase z. B. per Los entschieden werden, welches Paar die Präsentation übernimmt.

VORLAGE 9b

Arbeitsaufträge für die Partnerarbeit

1. Recherchieren Sie die Hintergründe der Rede im Internet. Teilen Sie sich hierfür in Zweiergruppen auf und bearbeiten Sie den Ihnen zugewiesenen Rechercheauftrag auf der Grundlage der angegebenen Quellen. Im Rahmen des Rechercheauftrags übernimmt jede/jeder eine Frage.
2. Bereiten Sie eine Präsentation der Ergebnisse vor. Kennzeichnen Sie auch kurz die Quelle Ihrer Recherche. Jede Person sollte die Präsentation ihrer Lernpartnerin / ihres Lernpartners im Plenum übernehmen können. Pro Frage sollte die Präsentation der Antwort nicht mehr als 60 Sekunden umfassen.

Rechercheauftrag 1:

a. Was hat Lessing mit Hamburg zu tun?
www.deutsche-biographie.de/sfz68644.html#ndbcontent_leben

b. Was sind die Lessingtage des Thalia Theaters? Welche Art von Stücken wird gezeigt?
www.hamburg.de/theater/2732106/lessingtage

Rechercheauftrag 2:

c. Wer ist Navid Kermani und was verbindet ihn mit Lessing?
www.navidkermani.de

d. Welche Wirkung hatte die Rede?
relaunch.navidkermani.de/vergesst-deutschland-eine-patriotische-rede/pressestimmen

Rechercheauftrag 3:

e. Wer ist Hannah Arendt?
www.dhm.de/lemo/biografie/hannah-arendt

f. Was ist der Lessingpreis der Stadt Hamburg?
www.hamburg.de/bkm/kulturpreise/3652556/lessing-preis

Rechercheauftrag 4:

g. Welche Wirkung hatten die Morde des Nationalsozialistischen Untergrunds und ihre mangelhafte Aufklärung auf das Lebensgefühl der türkischen Community in der Bundesrepublik?
Beziehen Sie sich auf den Beitrag bis Minute 2:52.
www.bpb.de/mediathek/175587/ich-kenne-meine-feinde-die-tuerkische-community-und-der-nsu

h. Welches Urteil wurde über Beate Zschäpe am 11. Juli 2018 gesprochen? Wie wurde das Strafmaß begründet?
www.welt.de/politik/deutschland/article179161336/National-Sozialistischer-Untergrund-Die-Haerte-des-Urteils-laesst-Beate-Zschaepe-erstarren.html

(Letzter Zugriff auf alle Portale: 1.7.2020)

9.4 Grundgedanken der Rede

EA / UG
ARBEITSBLATT 9b
➤ S. 109 f.
TAFELBILD 9
➤ S. 105

Unterrichtsschritt. Die Schülerinnen und Schüler sichern zunächst einen gemeinsamen Stand eines ersten Verständnisses der Rede, indem sie sich auf gemeinsame Formulierungen für den jeweiligen Hauptgedanken der Abschnitte des Redeausschnitts einigen, die sie in häuslicher Einzelarbeit vorbereitet haben. Diese werden an der Tafel bzw. dem Whiteboard festgehalten (TAFELBILD 9).

9.5 Argumentieren im Sinne der Aufklärung

UG / EA
ARBEITSBLATT 9b
➤ S. 109 f.

Unterrichtsschritt. Die Schülerinnen und Schüler erörtern, ob die Argumentation Kermanis den Grundprinzipien der Aufklärung »Vernunftorientierte Darstellung« und »engagierte Stellungnahme für Benachteiligte« entspricht. Hierfür untersuchen sie, in welchem Verhältnis Kriterien wie »Erfassen des Sachstands«, »Begründen eigener Thesen«, »Offenlegen der eigenen Quellen und Bezüge«, »kritisches Prüfen« im Verhältnis stehen zu »Erzeugen von Betroffenheit« und »Einüben von Empathie«.

TAFELBILD 9

Navid Kermani: *Vergesst Deutschland! Eine patriotische Rede*

Aufbau des Ausschnitts ARBEITSBLATT 9b

Abschnitt	Thema
1	Die letzten Stunden des NSU und der Fund der Mordwaffe in den Trümmern
2	Das aktive Hintertreiben der Aufklärung der durch den NSU verübten zehn Morde durch die Behörden
3	Das Scheitern der Behörden als Ergebnis eines ausländerfeindlichen Klimas in der Gesellschaft
4	Lessing als früher Verteidiger einer kosmopolitischen Haltung
5	Hannah Arendt hält 1959 die humanistische Botschaft von *Nathan der Weise* für naiv
6	Selbstprüfung des Redners bezüglich der Botschaft des Dramas vor dem Hintergrund eines Anschlags der Terrorgruppe auf eine ihm bekannte Schülerin
7	In Anlehnung an Lessing Fazit des Redners, sein Heimatland wegen seiner Weltoffenheit zu schätzen, aber sich vor Patriotismus zu hüten

Zur Motivierung dieses Arbeitsschritts trägt eine Schülerin oder ein Schüler, die/der dies vorbereitet hat, den Passus Z. 55 (beginnend mit »Es war kurz nach dem 4. November 2011«) bis Z. 69 (endend mit »unbekannt«) vor. Die Zuhörenden notieren die Gefühle, die im Verlauf der Lektüre des auf Empathie bauenden Passus in ihnen ausgelöst werden. Diese dienen als Anlass, um zu erforschen, wie der Redner diese Wirkung erreicht. Nach Beantwortung für diesen Abschnitt im gemeinsamen Unterrichtsgespräch wird der Arbeitsauftrag Abschnitt für Abschnitt auf den gesamten Ausschnitt angewandt. Dies erfolgt in Einzelarbeit, bevor die Ergebnisse im Plenum zusammengeführt werden. In Stichpunkten werden Merkmale transparenten Schreibens einerseits und engagierten Schreibens andererseits auf jeweils einer Tafelhälfte festgehalten (vgl. die entsprechenden farblichen Kennzeichnungen in den Erläuterungen). Der Bezug auf Lessing und das humanistische Erbe der Aufklärung, der sich als Teil der »engagierten Stellungnahme für Benachteiligte« beschreiben ließe, wird zunächst ausgeklammert, um ihn im folgenden Unterrichtsschritt systematisch besprechen zu können.

Arbeitsauftrag:

- Erörtern Sie, inwiefern die Rede Kermanis den Grundprinzipien der Aufklärung »Vernunftorientierte Darstellung« und »engagierte Stellungnahme für Benachteiligte« entspricht.

Erläuterungen. In den Passagen der Rede, in denen es um die Geschehnisse im Rahmen des Terrors des NSU geht, legt Kermani seine Informationsquellen offen (»in den Mitteilungen der Behörden«, Z. 1; »so las ich in den Zeitungen«, Z. 55). Ohne persönliche Stellungnahme schildert er den diesbezüglichen Sachverhalt, weitgehend parataktisch. Das Nüchterne der Darstellung steht dabei im Kontrast zum Unerhörten der Ereignisse, so dass eine paradoxe Wirkung entsteht: Das Infame der Terroristen, das ihre Taten prägte, vermittelt sich trotz aller Sachlichkeit des Berichtsstils in seinem ganzen Ausmaß. Kermani lässt die Taten für sich sprechen (eine Wohnung in Brand stecken, die Nachbarn massiver Gefahr aussetzen, aber die eigenen Kätzchen in Sicherheit bringen; oder eine Weihnachtsdose mit Sprengstoff deponieren und dabei die Freundlichkeit anderer einkalkulieren, damit der Sprengsatz detoniert). Auch die Darstellung des Waffenfunds kombiniert die nüchternen Angaben zum Modell mit der unerhörten Tatsache, dass hiermit innerhalb von sechs Jahren unbehelligt zehn Morde verübt wurden. Kermani steigert die betroffen machende Wirkung noch, indem er den Bericht von den letzten Stunden des NSU und seiner Aufdeckung an den Anfang seiner Rede stellt und somit die Zuhörerinnen und Zuhörer direkt mit dem Geschehen konfrontiert.

Der Redner kommt anschließend auf den Punkt zu sprechen, der das Ausmaß der Mordserie und damit ihre traurige Bedeutung in der deutschen Nachkriegsgeschichte begründet, d. i. das umfassende Versagen der Sicherheitskräfte und allen voran des Geheimdienstes. Diese zum Zeitpunkt der Rede bereits allgemein akzeptierte

Einordnung ergänzt Kermani nun um die Einschätzung, dass das umfassende Versagen aus einem von Vorurteilen geprägten gesellschaftlichen Klima heraus entstanden sei (Z. 25 ff.). Das ist die eigentliche These seiner Rede, deren Herleitung er begründet.

Den Vorwurf der aktiven Verhinderung der Aufklärung der Taten bekräftigt er durch den Hinweis auf die abschließende Beurteilung eines für seine präzisen Recherchen und seine Integrität bekannten Journalisten, Heribert Prantl (Z. 19 f.). An dieser Stelle zeigt sich die Differenziertheit der Argumentation besonders deutlich. Pauschalisierungen werden vermieden. Es gab die bis dahin »seriöse[n] Zeitungen«, die dennoch diffamierende Begriffe wie »Döner-Morde« geprägt haben (Z. 27 ff.), aber es gab von Anfang auch die Journalisten, die sich für eine fundierte Aufarbeitung der Verbrechen einsetzten.

Kermani benennt im Weiteren – mit explizitem Bezug auf Lessing – die Werte der Aufklärung, Weltoffenheit und Toleranz einerseits sowie Skepsis der eigenen Gesellschaft gegenüber andererseits (Z. 32 ff.). Er führt diese Werte zudem in seiner Rede vor: Die Voraussetzung der Toleranz, die Wertschätzung anderer auf der Grundlage von Empathie, zeigt er in seiner Einschätzung der Rede Hannah Arendts (»glänzende[] Dankesrede«, Z. 42; »Trauer, die […] berührt«, Z. 47), aber auch in seiner Beschreibung der Situation im Tante-Emma-Laden, den er selbst oft mit seiner kleinen Tochter aufsuchte. Hier schildert er einen Moment alltäglicher Vertrautheit und Verständigung (Z. 59 ff.), den jede und jeder so oder ähnlich aus seiner nachbarschaftlichen Umgebung kennt und vor dem sich das Attentat umso brutaler abhebt. Durch den Bezug nicht nur auf sein eigenes Leben, sondern auch das der Zuhörerschaft bewegt Kermani das Publikum dazu, die iranische Familie als Menschen zu erleben, damit aber auch ansatzweise eine Vorstellung von dem zu bekommen, was die Attentäter im Leben der Opfer über den materiellen Schaden hinaus zerstört haben.

Besondere Eindringlichkeit erreicht Kermani noch einmal im letzten Abschnitt, indem er in Anlehnung an Hannah Arendt fragt, mit wie viel Respekt ihm als Mitglied einer zugewanderten Familie begegnet wird. Schlüsselwörter wie »Dankbarkeit« (Z. 80) »Liebe« (Z. 85), »menschenfreundlich[]« (Z. 84) belegen die versöhnliche Haltung des Redners, der, aufmerksam für die stetige Gefährdung durch übermäßigen Nationalstolz, sich und damit auch das Publikum mit den Worten des kosmopolitischen Aufklärers Lessing zu einer weltoffenen Haltung mahnt.

9.6 Kermanis ausdrücklicher Bezug auf das humanistische Erbe Lessings

UG

Unterrichtsschritt. Die Schülerinnen und Schüler erkennen im Unterrichtsgespräch, dass der Auftrag, der am Ende von *Nathan der Weise* steht, nämlich stets an einer toleranten Gesellschaft zu arbeiten, nach wie vor aktuell ist. Sie untersuchen, mit welchen Mitteln Kermani in seiner Rede diesen Auftrag geltend macht. Sie erfassen den Bezug auf gegenwärtige Ereignisse, bei denen dieser Auftrag verfehlt wurde, als ein solches Mittel. Ebenso benennen sie das ausdrückliche Bekenntnis zur auf die Aufklärung und hier besonders auf Lessing zurückgehenden humanistischen Tradition, indem Kermani nicht nur Lessing, sondern auch Hannah Arendt zitiert. Sie erschließen, dass hierzu ebenso die Erinnerung an die umfassende Missachtung dieser Tradition im sogenannten Dritten Reich gehört. Die Schülerinnen verstehen, dass Toleranz üben immer einschließt, die Einstellung zur eigenen Herkunft kritisch zu hinterfragen.

Arbeitsauftrag für das Unterrichtsgespräch:

- Lessings Stück endet mit dem Auftrag an das Publikum, sich stetig in Toleranz zu üben. Erklären Sie, mit welchen Mitteln Kermani in seiner Rede diesen Auftrag aufgreift.

Erläuterungen. Indem Kermani sich auf die Rede Hannah Arendts bezieht und ihre Zweifel an der humanen Botschaft von *Nathan der Weise* mit der Frage verbindet, als was die Tochter des iranischen Ladenbesitzers angegriffen wurde, spricht er dem Mädchen explizit die Würde zu, die die Täter in Frage gestellt haben. Damit thematisiert er gleichzeitig den eigentlichen Skandal, nämlich dass heute immer noch Menschen als Angehörige einer bestimmten Gruppe angegriffen werden, der Auftrag der Aufklärung bei weitem also noch nicht erfüllt ist. Zudem stellt sich Kermani mit dem Bezug auf Arendt in die Reihe von Rednerinnen und Rednern in der Tradition der Aufklärung, erinnert aber auch an die historische Verantwortung der Deutschen.

Letztere reklamiert er gleich für sich selbst: Zwar wendet er die Frage Arendts auf sich als Sohn iranischer Einwanderer an, greift dann aber in der Antwort das Paradox des Titels der Rede auf. Bezogen auf die seiner Familie und ihm gewährten Freiheitsrechte eines demokratischen Staates hegt er sehr positive Gefühle für Deutschland.

Im selben Moment aber schon belegt er diese »Liebe« mit der Lessing'schen Skepsis, die vor eitlem Patriotismus schützt. Diese Skepsis bewahrt gleichzeitig vor dem Irrglauben, und das machen die NSU-Morde an sich, aber auch ihre mangelhafte Aufklärung besonders deutlich, dass Freiheitsrechte Einzelner zumindest in Demokratien gesichert seien. Im Gegenteil: Sie bedürfen auch hier stetiger Verteidigung. Insofern ist »Aufklärung« ein nie endender Prozess.

Hausaufgabe: Hannah Arendts Kritik an *Nathan der Weise* (fakultativ)

Vorbemerkung. Die Schülerinnen und Schüler untersuchen schriftlich in Hausarbeit mit Hilfe des Dramentextes, wie Nathan auf die Ansprache des Sultans »Tritt näher, Jude!« (V. 1797) reagiert. Sie ordnen die von Kermani beschriebene Deutung Hannah Arendts in Hinblick auf den Ausgang von Szene III,7 und der Schlussszene ein. Die Schülerinnen und Schüler erfahren im Schreibprozess bewusst ihren im Verlauf der Unterrichtsreihe erarbeiteten Kenntnis- und Kompetenzzuwachs, der es ihnen ermöglicht, Äußerungen Dritter über das Drama differenziert zu hinterfragen. In der vergleichenden Auswertung in der Lerngruppe nehmen sie noch offene Vertiefungsmöglichkeiten wahr.

Arbeitsaufträge:

1. Untersuchen Sie mit Hilfe des Dramentextes, wie Nathan auf die Ansprache des Sultans »Tritt näher, Jude!« (V. 1797) reagiert.
2. Beurteilen Sie die von Kermani beschriebene Deutung Hannah Arendts in Hinblick auf den Ausgang von Szene III,7 und der Schlussszene.

Erläuterungen. Hannah Arendt gibt die Reaktion Nathans auf die Aufforderung des Sultans »Tritt näher, Jude!«, wie sie selbst ausdrückt und wie Kermani richtig darstellt, »im Sinne – nicht im Wortlaut« (H. A., s. ARBEITSBLATT 9b, Anm. 3, S. 65) wieder. Sie bezieht sich damit nicht auf die konkrete Textstelle, sondern auf die humanistische Botschaft des Stücks. Nathan nämlich ist in den der Aufforderung folgenden Versen durchaus auf der Hut, durch die Schmeicheleien Saladins (das Volk nenne ihn den Weisen, V. 1799 f.) einerseits und die Provokationen, die der Sultan mit der Ansprache »Jude« verbindet (V. 1821), andererseits sich nicht in eine ungünstige Lage bringen zu lassen. Auf die direkte Frage aber, welcher Glaube ihn am meisten überzeugt hat, antwortet Nathan genauso direkt mit seinem Bekenntnis zum Judentum (V. 1841 f.).

Dass dies nicht bedeutet, den Anhängern anderer Glaubensrichtungen ihre Religion streitig zu machen, wird Nathan im Laufe der Ringparabel nachvollziehbar machen. Hierfür wird er sich auf die den Offenbarungsreligionen gemeinsamen Werte berufen, und zu diesen gehört maßgeblich die Liebe, d.i. die Wertschätzung anderer Menschen. Dies ist der humanistische Kern des Dramas.

Schon Lessing war klar, dass diese Haltung der Wertschätzung stetig trainiert werden muss. Hierin besteht der Wettstreit der Brüder. Die Ringparabel öffnet die Aussicht auf die Zeit der »Kindes-Kindeskinder[]« (V. 2049), eben weil es in der Gegenwart noch keine allumfassende Harmonie gibt.

Die Menschheit kann diese Harmonie am Ende verfehlen, das Urteil des Richters in der Zeit der »Kindes-Kindeskinder« ist durchaus offen. Nathan lebt in diesem Bewusstsein. Seine Familie wurde Opfer eines Pogroms. Wie sehr ihn dies prägt, macht gleich der Anfang des Stücks deutlich, als er annimmt, Recha sei im Feuer umgekommen. Er wählt genau aus, wem er welches Wissen anvertraut, und das bis in die Schlussszene. Er weiß, dass die Euphorie, mit der Saladin nach der Erzählung der Ringparabel um seine Freundschaft bittet, abflachen wird. Die Schlussszene macht offensichtlich, dass Spannungen gedämpft, aber nicht beseitigt werden konnten.

Dennoch stellt Lessing am Ende noch einmal eine gute Welt, eine Utopie, in Aussicht, wenn Vertreter der drei Offenbarungsreligionen gemeinsam auf der Bühne stehen. Die Spannungen, die am Ende kaum verborgen sind, machen den aktuellen Auftrag an das Publikum deutlich, wie die Brüder in der Parabel auf das harmonische Ende für die Menschheit hinzuarbeiten.

Trotz der humanistischen Aussage ist das Stück also alles andere als wirklichkeitsfremd. Es überblendet nicht die Unsicherheiten eines Lebens in Verfolgung, wenn Lessing auch das Ausmaß des Antisemitismus im sogenannten Dritten Reich, vor dessen Hintergrund Arendt spricht, unvorstellbar gewesen sein muss.

ARBEITSBLATT 9a

Die zusammengeführte Familie

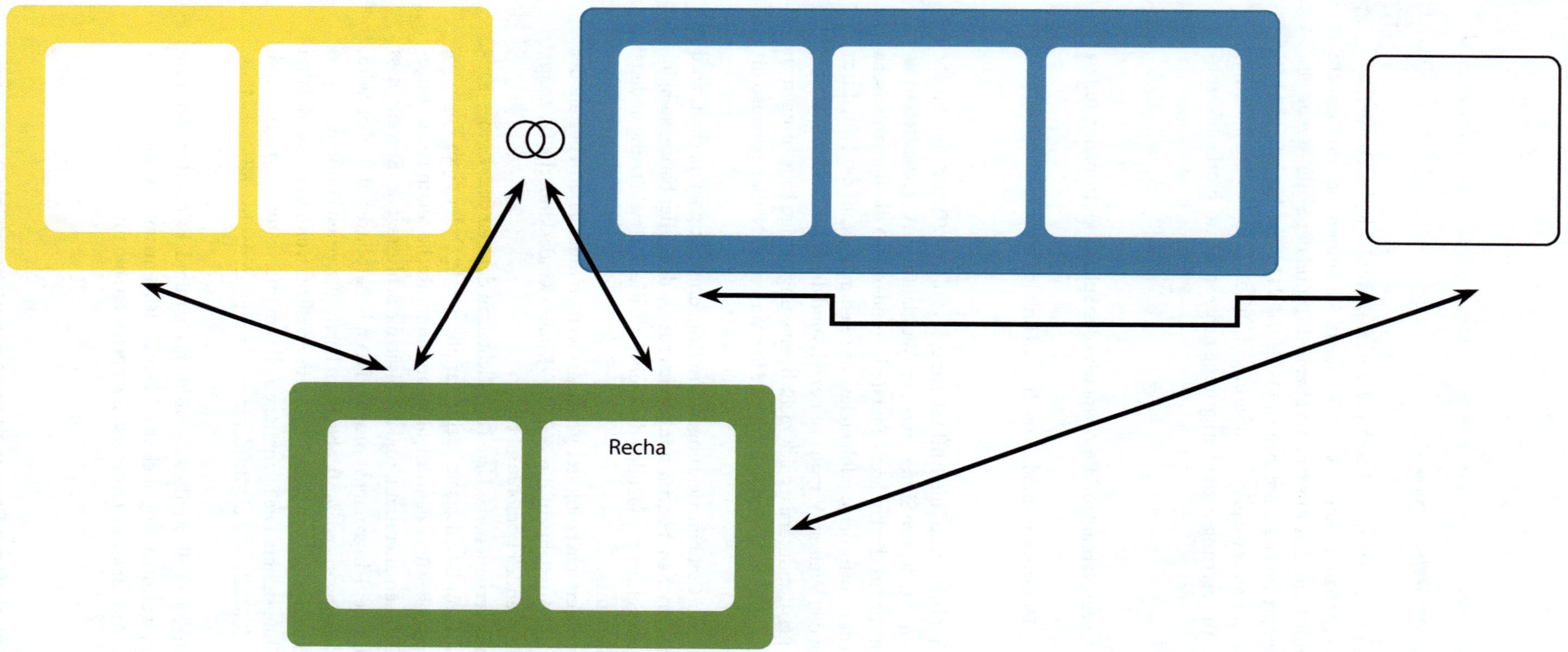

Legende

As(s)ad: *arab.*, ›Löwe‹ (der Religion)

Leu: *dt.*, poetisch f. ›Löwe‹

Curd:
1. *dt.*, Kurzform von Conrad
2. *türk.* Kurt = ›Wolf‹

Blanda:
1. *lat.*, ›Gabe, Geschenk‹
2. *lat.*, ›zärtlich, schmeichelnd‹

Recha:
1. *hebr.*, Rufform von Rachel, Frau des Erzvaters Jakob
2. *hebr.*, ›zart, sanft‹

Nathan:
1. Prophet, der dem König David Rat gibt (vgl. Tanach bzw. Altes Testament)
2. *hebr.*, ›Der, der gibt‹, Kurzform von Nathanael = ›Gott hat gegeben‹

Angaben nach Hendrik Birus: »Das Rätsel der Namen in Lessings *Nathan der Weise* (1977)«, in: *Lessings »Nathan der Weise«*, hrsg. von Klaus Bohnen. Darmstadt 1984, S. 290–327, besonders S. 324 ff.

Navid Kermani: Vergesst Deutschland! Eine patriotische Rede
Zur Eröffnung der Hamburger Lessingtage 2012[1]

»Gegen Mittag des 4. November 2011, so heißt es in den Mitteilungen der Behörden, setzten Uwe Mundlos und Uwe Böhnhardt im Eisenacher Stadtteil Stregda ein Wohnmobil in Brand und erschossen sich darin. 180 Kilometer entfernt in einem besseren Viertel von Zwickau suchte wenig später die Gefährtin der beiden jungen Männer, Beate Zschäpe, im Internet ein Mittel gegen Übelkeit, schüttete anschließend einen Brandbeschleuniger in der gemeinsamen Wohnung aus und legte Feuer. Gerade als sie mit ihren zwei Katzen Lilly und Heidi auf die Straße trat, sprengte eine Explosion die Fassade des Hauses weg. Beate Zschäpe gab die Katzen bei einer Nachbarin ab und flüchtete zunächst, bevor sie sich einige Tage später doch der Polizei stellte. In dem Schuttberg entdeckten Ermittler die Ceska, Modell 83, Kaliber 7,65 Millimeter Browning, mit der seit dem Jahr 2000 acht Einwanderer aus der Türkei, einer aus Griechenland sowie eine Polizistin umgebracht worden waren.[2] […]

Unter allen Aspekten der Mordserie, für die das Zwickauer Trio und deren Helfer verantwortlich sind, beschämt am meisten vielleicht dieser, daß über einen Zeitraum von über zehn Jahren und trotz offenkundiger Verdachtsmomente niemand den Opferfamilien, einigen Aktivistengruppen und engagierten Journalisten glauben mochte, die ein rassistisches Verbrechen vermuteten. Schlimmer noch, wurden die Opfer eines nach dem anderen zu Schuldigen erklärt, die in Drogengeschäfte oder Schutzgeldgeschichten verwickelt seien, vielleicht liege auch ein Fall von Blutrache oder ein Eifersuchtsdrama vor, ein ›Ehrenmord‹ also. Für dieses Versagen sind zunächst die Sicherheitskräfte des Landes verantwortlich, die Polizei, die ermittelnden Staatsanwaltschaften und vor allem der Verfassungsschutz, der die Morde nicht nur nicht aufgeklärt, sondern ihre Aufklärung aktiv verhindert hat, wie Heribert Prantl in der *Süddeutschen Zeitung* resümierte. […]

Es gibt niemanden mehr in der deutschen Politik, nicht einmal den Verfassungsschutz selbst, der ein massives, ein bis dahin nicht für möglich gehaltenes Versagen des Sicherheitsapparats bestreitet. Aber ebensowenig ist ein Beleg dafür aufgetaucht, daß die Zwickauer Terroristen von Elementen innerhalb des Verfassungsschutzes gedeckt wurden. Wahrscheinlicher ist, daß die Pannenserie keiner Absicht geschuldet, sondern Ausdruck und Folge einer gesellschaftlichen Stimmung war. Schließlich war die Öffentlichkeit nur zu bereit, ihre eigenen Klischees und Vorurteile bestätigt zu bekommen, und verweigerte auch sie den Opferfamilien jedwede Empathie. Den Ausdruck ›Döner-Morde‹ etwa hat nicht der Verfassungsschutz, sondern haben seriöse Zeitungen in den öffentlichen Sprachgebrauch eingeführt […]. Was sagt das Wort ›Döner-Morde‹ anderes aus, als daß es sich um ein kulturbedingtes, einem westlich-rationalen Verständnis nicht zugängliches Verbrechen handelt, das nur ein weiteres Argument dafür liefert, den Türken mit Argwohn zu begegnen? […]

An Lessing wird zu Recht seine Kenntnis fremder Kulturen und sein Eintreten für Toleranz gerühmt. Er war einer der ersten deutschen Autoren, die den Ausdruck ›Kosmopolit‹ und dessen deutsche Entsprechung ›Weltbürger‹ verwandten. Seltener in den Blick gerät, daß diese Weltoffenheit mit einem konsequent kritischen Bezug auf die eigene Gesellschaft einherging. […]

Lessings Invektiven gegen die herrschende Theologie seiner Zeit sind Legende, und sein berühmtestes Stück, *Nathan der Weise*, das heute so gern zum Ausweis des europäischen Toleranzgedankens herangezogen wird, nimmt explizit die Vertreter der eigenen, der christlichen Religion als Träger der Toleranz aus. […] Zugleich hat Lessing sich zeit seines Lebens rührend um Außenseiter der Gesellschaft bemüht, hat seinen jüdischen Freund Moses Mendelssohn verteidigt […].

Als die Historikerin und Philosophin Hannah Arendt 1959 in dieser Stadt den Lessing-Preis entgegennahm, widersprach sie Lessing an einer einzigen Stelle ihrer glänzenden Dankesrede. Es ist die Stelle, an der Sultan Saladin den Juden Nathan auffordert, näher zu treten. Hannah Arendt sagte 1959, daß sie eine Haltung, die auf die Aufforderung ›Tritt näher, Jude!‹ im Sinne Nathans mit einem ›Ich bin ein Mensch‹ antwor-

1 [Ausschnitte und Anmerkungen zitiert nach dem gleichnamigen, leicht erweiterten Abdruck der Rede im Ullstein-Verlag: Navid Kermani, *Vergesst Deutschland! Eine patriotische Rede. Zur Eröffnung der Hamburger Lessingtage 2012*, Berlin ^{3}2015, S. 5–43. Abdruck ohne Anmerkungen erneut in N. K., *Morgen ist da. Reden*, München 2019, S. 93–119.]

2 Die Mordwaffen im Fall der ermordeten Polizistin waren eine Tokarew und eine Radom, die ebenfalls in den Trümmern gefunden wurden.

tet, ›für ein groteskes und gefährliches Ausweichen vor der Wirklichkeit‹[3] hielte. Auf die Frage ›Wer bist du?‹ habe sie lange Jahre die Antwort ›Ein Jude!‹ für die einzig adäquate gehalten. Hannah Arendt sagte das mit […] einer Trauer, die noch ein halbes Jahrhundert später berührt. Mehrfach betonte sie, daß sie mit dem Ausdruck »Ein Jude« keine irgendwie hervorragende, nicht einmal eine exemplarische Art des Menschseins andeuten wolle. […]. Und sie erinnerte an den »so einfachen und doch gerade in Zeiten der diffamierenden Verfolgung so schwer verständlichen Grundsatz, daß man sich immer nur als das wehren kann, als was man angegriffen ist«[4]. […]

Im selben Jahr, in dem Hannah Arendt den Lessing-Preis der Stadt Hamburg entgegennahm, sind meine Eltern aus Iran nach Deutschland eingewandert. Acht Jahre später wurde ich […] geboren. Als ich vor kurzem die Dankesrede Hannah Arendts las, […] fragte ich mich, was ich wohl anstelle Nathans geantwortet hätte. Es war kurz nach dem 4. November 2011 […]. Einer der Anschläge, so las ich in den Zeitungen, war in unserer unmittelbaren Nachbarschaft geschehen, ein paar Häuser entfernt von der Kölner Kindertagesstätte, in der ich täglich gegen vier meine Tochter abholte. Es gab in der Straße einen kleinen Lebensmittelladen, der von außen nicht als ausländisch erkennbar war, ein etwas größerer Tante-Emma-Laden, den eine iranische Familie übernommen hatte […]. Ich kaufte dort oft ein […] und plauderte dann mit den Besitzern oder ihrer Tochter, einer Gymnasiastin wohl, die hinter der Theke ihre Hausaufgaben schrieb, froh auch darüber, daß meine eigene Tochter ein paar Minuten Persisch hörte und sprach. Irgendwann war dieser Laden zu, die Rolläden herabgelassen. […] Nach dem 4. November 2011 erfuhr ich, daß einer der beiden Zwickauer Terroristen, der Beschreibung nach Uwe Mundlos, das Ladenlokal mit einem Einkaufskorb betreten hatte, darin eine rotlackierte Weihnachtsdose mit Sternenmuster. Der unbekannte Kunde nahm sich ein paar Lebensmittel aus den Regalen und behauptete an der Theke, seine Geldbörse vergessen zu haben. Er versprach, Geld zu holen, und ließ den Einkaufskorb im Laden zurück. Als der Kunde nicht wieder auftauchte, stellten die Ladenbesitzer den Korb in einen Nebenraum. Vier Wochen später öffnete die Tochter die Weihnachtsdose, in der sich Sprengstoff befand. Sie überlebte schwer verletzt, ihr hübsches Gesicht blieb entstellt. Die Familie verzog unbekannt. Wer hatte den Zwickauer Terroristen den Hinweis zugesteckt, daß der Laden, der auf dem Schild außen noch immer den Namen des deutschen Vorbesitzers und zweier Kölschmarken trug, von Ausländern übernommen worden war? Der Nationalsozialistische Untergrund muß auch in Köln Unterstützer gehabt haben […]; jedenfalls ist die Gymnasiastin nicht als Mensch angegriffen worden, sondern als Ausländerin, Iranerin, Muslimin, etwa achtzig Meter entfernt von der Kindertagesstätte meiner Tochter. Ich frage mich also, was ich auf die Anrede als Ausländer, Iraner, Muslim erwidern würde. Würde ich darauf beharren, ein Mensch zu sein, vor allem anderen ein Mensch? […] Ich brauche nicht lang zu überlegen. Ein halbes Jahrhundert nach Hannah Arendts Rede […] würde ich wieder, würde ich in Deutschland immer noch antworten können, daß ich ein Mensch sei.

Keiner von uns, nicht meine Eltern, nicht meine Brüder, kein anderes Mitglied unserer großen Familie hat mit Deutschland die Erfahrung gemacht, die Hannah Arendt machen mußte. Bei allen Unebenheiten im einzelnen überwiegt bei jedem von uns die Dankbarkeit für die Freiheiten, die dieses Land uns geschenkt, für die Möglichkeiten, die es uns geboten, für die Rechte, die es uns gewährt hat. Ich denke oft, wenn ich von Stadt zu Stadt reise, und noch öfter, wenn ich aus anderen Ländern zurückkehre, daß Deutschland sich in den fünfzig Jahren seit der Lessing-Rede Hannah Arendts […] zu einem überraschend passablen, sogar zu einem menschenfreundlichen und liebenswerten Land entwickelt hat. Vielleicht spreche ich nicht so oft über diese Liebe, aber man merkt sie meinen Büchern und besonders meinem jüngsten Roman auch an, glaube ich. Wenn ich nicht darüber spreche, dann aus dem Grund, den Lessing mich lehrt, wenn er bemerkt, daß der Patriot selbst in ihm vielleicht gar nicht ganz erstickt sei – allerdings ›das Lob eines eifrigen Patrioten, nach meiner Denkungsart, das allerletzte ist, wonach ich geizen würde; des Patrioten nämlich, der mich vergessen lehrt, daß ich ein Weltbürger sein sollte‹[5].«

3 Hannah Arendt, *Von der Menschlichkeit in finsteren Zeiten. Rede über Lessing*, München 1960, 29 [Erneut erschienen unter dem Titel »Gedanken zu Lessing. Von der Menschlichkeit in finsteren Zeiten«, in: H. A., *Freundschaft in finsteren Zeiten. Gedanken zu Lessing. Mit Erinnerungen von Mary McCarthy, Alfred Kazin, Jerome Kohn und Richard Bernstein*, hrsg. von Matthias Bormuth, Berlin 2018, S. 39–88, hier S. 65].

4 Ebd., 30.

5 Brief an Gleim, 16. Dezember 1758; zit. nach [Hugh Barr] Bisbet [d. i. Nisbet], *Lessing* [*Eine Biographie*, München 2008], 312.

10 Am Modell lernen: Aufsatztraining

10.1 Erschließung und Interpretation eines poetischen Textes: Auftritt III,1

Klausuraufgabe

Text: *Nathan der Weise*, Reclam XL, S. 64–66 (Auftritt III,1)

1. Erschließen Sie den Auftritt nach Inhalt, Aufbau und dramaturgischer Gestaltung unter besonderer Berücksichtigung der Hauptfigur und ihrer Sprache.
2. Zeigen Sie, dass Recha mit ihrer Vorstellung vom »Wähnen über Gott« (V. 1591) wichtige Teile der Botschaft der Ringparabel vorwegnimmt, und beziehen Sie dies in Ihre Analyse der dramaturgischen Gestaltung mit ein.
3. Erläutern Sie, warum der Auftritt wichtig ist, damit das Publikum Recha als Figur der Aufklärung einordnen kann.

Lösungsvorschlag (anspruchsvoll)

Gliederung

A *Nathan der Weise*, Auftritt III,1: Erschließung und Interpretation (Aufgabe 1)
- I Überblick, Inhalt, Aufbau und Bezug zu vorausgehenden Szenen
- II Dramaturgische Gestaltung unter besonderer Berücksichtigung der Darstellung der Hauptfigur und ihrer Sprache und mit Ausblick auf ihre zentralen Szenen im Schlussakt

B Bezug zum Höhepunkt des Stücks (Aufgabe 2)

C Bezug zur Aufklärung (Aufgabe 3)
- I Recha, ein Mensch der Aufklärung
  1. Einsatz der Vernunft
  2. Epochales Selbstbewusstsein
  3. ______________________
  4. ______________________
  5. ______________________
  6. ______________________
  7. ______________________
- II Die Figur der Recha als Herausforderung an das zeitgenössische Publikum

A *Nathan der Weise*, Auftritt III,1: Erschließung und Interpretation

I. Überblick, Inhalt, Aufbau und Bezug zu vorausgehenden Szenen

Der Auftritt III,1 in Lessings 1779 erschienenem Drama *Nathan der Weise* zeigt die junge weibliche Hauptfigur Recha, die zusammen mit ihrer Gesellschafterin Daja den angekündigten Besuch der jungen männlichen Hauptfigur, des Tempelherrn, erwartet. Recha will dem jungen Mann dafür danken, dass er sie aus dem Feuer gerettet hat. Die Zeit des Wartens wird für die junge Frau zur Gelegenheit, sich gegen ein Leben im christlichen Europa zu verwahren, das Daja für sie plant, und sich vielmehr den ihr durch Nathan vermittelten Werten der Aufklärung verpflichtet zu zeigen.

Der Auftritt schließt inhaltlich an die Auftritte I,1, I,2, II,4 und II,8 an. Das Stück beginnt mit dem Bericht Dajas für den nach einer Handelsreise zurückkehrenden Nathan von der Rettung seiner Adoptivtochter Recha durch einen Tempelherrn, der keinen Dank hierfür annehmen will. Dies aber wäre Rechas einzige Möglichkeit zu einer Rückkehr in ein Verhältnis der sozialen Gleichwertigkeit (I,1). Nathan ›heilt‹ daraufhin die junge Frau zunächst von ihren, gerade durch die Abweisung ausgelösten, schwärmerischen Gefühlen für ihren Retter (I,2). Im zweiten Akt überzeugt er sodann den Tempelherrn von einem Besuch bei Recha. Nathan teilt das Einverständnis des Tempelherrn Daja in II,8 mit, so dass beide Frauen in III,1 den jungen Mann erwarten.

Die ersten zwei Verse von III,1 nehmen auf Nathans Mitteilung Bezug, bevor Recha auf ihre Unruhe zu sprechen kommt, also erneut wie in I,2 ihre Gefühle in den Mittelpunkt rückt. Unklar ist zu diesem Zeitpunkt des Stücks, ob sich in das Bedürfnis, den eigenen Dank für die Lebensrettung artikulieren zu können, nicht noch Gefühle der Zuneigung für den Retter mischen, die auf eine Liebeshandlung hinführen. Der Dialog zwischen Nathan und Recha in II,4 bringt dieses Thema ins Spiel.

Deutlich ist aber auf jeden Fall, dass Recha bemüht ist, ihre Unruhe zu kontrollieren. Ihre Betrachtungen, mit denen sie sich aus der Haltung des Wartens zu befreien versucht, muten fast schon philosophisch an (V. 1522 f.). Hier zeigt sich wie bereits in I,2 die gebildete junge Frau, die dennoch von Zeit zu Zeit Gefahr läuft, sich in destruktiven Vorstellungen zu verlieren. So sorgt sie sich diesmal darum, was sie emotional noch ausfüllen soll, wenn ihr existenziell empfundener Wunsch, ihren Dank zu artikulieren, einmal erfüllt ist.

Der Wendepunkt, der diese ersten Betrachtungen beendet, tritt mit der zweiten Hälfte von Vers 1536 ein, als Daja versucht, nunmehr *ihren* Wunsch zu Rechas zu machen, nämlich das Mädchen in ihrer eigenen Heimat, dem christlichen Europa, leben zu sehen. Recha hält scharf argumentierend dagegen. Dabei weist sie ihrer Gesellschafterin ein sehr befremdliches Weltbild nach (wie definiert sich Herkunft, wenn nicht durch Geburtsort und Familie?, wie kann man Gott besitzen?). Gleichzeitig aber bleiben ihr die Anspielungen ihres Gegenübers unverständlich, weil diese sich auf die eigentliche Herkunft Rechas beziehen, die der jungen Frau selbst unbekannt ist. So hofft die Christin Daja, der Tempelherr möge das christlich getaufte Mädchen nach Europa zurückführen (V. 1549–52).

Recha geht mit ihrer Gesellschafterin im dritten Teil des Dialogs (beginnend mit V. 1561) hart ins Gericht. Sie spricht sie auf den Angriff gegen Nathan an, der in Dajas Behauptung liegt, Rechas Glück finde sich weit entfernt vom Haus des jüdischen Kaufmanns. Sie drückt bildstark aus, dass Daja mit ihren schwärmerischen Vorstellungen die vernunftbasierte Erziehung durch Nathan vereitele und so erst Recha in den kindlichen Engelsglauben als Deutung der Rettung durch den Tempelherrn getrieben habe, von dem Nathan seine Tochter bei seiner Rückkehr heilen musste. Schließlich fordert Recha, dass Daja sich an die mit Nathan geteilte Auffassung von Toleranz hält, nach der das Erleben von Gottvertrauen nichts mit den unterschiedlichen menschlichen Vorstellungen von Gott zu tun hat.

Im Schlussteil der Szene, ab der Mitte von V. 1597, besinnt Recha sich wieder auf die Situation des Wartens, als Geräusche an der Türe bereits zum Erscheinen des Tempelherrn zu Beginn von Auftritt III,2 überleiten.

II Dramaturgische Gestaltung unter besonderer Berücksichtigung der Darstellung der Hauptfigur und ihrer Sprache und mit Ausblick auf ihre zentralen Szenen im Schlussakt

Der Dialog ist in mehrfacher Hinsicht bestimmend für das folgende Geschehen. Recha verortet sich hier ausdrücklich in ihrer Beziehung zu ihrer Gesellschafterin und der zu ihrem Vater. Sie verwahrt sich deutlich gegen die vereinnahmenden Ansprüche Dajas und zeigt sich zutiefst loyal in Bezug auf Nathans vernunftgeleiteten Zugang zur Welt und seiner differenzierten Auffassung in Religionsfragen. Sie schließt sich seiner sozial vermittelnden Haltung an, wenn sie ähnlich wie er jeglichen Grund für Religionskriege auf die irrige Vereinnahmung einer göttlichen Macht zurückführt (V. 1553–58). Damit aber bildet die Szene III,1 den Hintergrund, vor dem Rechas verzweifelte Reaktion auf den schließlich doch vollzogenen Verrat des Geheimnisses ihrer Herkunft durch Daja in Szene V,6 umso nachvollziehbarer wird. Die Verzweiflung wird sich dann ausschließlich auf den zu fürchtenden Verlust der Vertrauensperson Nathan beziehen.

Szene III,1 bereitet den Auftritt V,6 auch vor, weil hier zunehmend klar wird, dass Recha, im Gegensatz zum Tempelherrn, kein Bedürfnis hat, in ihre Ursprungsfamilie zurückzukehren. Gerade sie fühlt sich, ohne dass sie das in III,1 schon ahnt, auf einem »Erdkloß« (V. 1559) heimisch, auf dem sie gerade nicht geboren wurde, auch wenn sie hier das Gegenteil behauptet (V. 1558–61). Lessing nutzt das Mehrwissen des Publikums. Dieses weiß durch das Figurenverzeichnis und spätestens mit Einsetzen der ersten Szene des Stücks, dass Recha adoptiert ist. So wirkt Rechas Ahnungslosigkeit, mit der sie auf Dajas Anspielungen reagiert, zunächst ironisch, aber auch tragisch und vergrößert die Spannung, ob für sie die Aufdeckung ihrer Herkunft zur Trennung von Nathan führen wird.

Gleichzeitig tritt Recha in der Anfangsszene des dritten Akts nach überwundenem Trauma durch die Todesangst im Feuer zum ersten Mal selbstbewusst für ihren eigenen Standpunkt ein. Den Tempelherrn wird sie in der folgenden Szene zumindest für einen Moment sprachlos machen, Saladin in V,7 zum Stottern bringen. In der Szene III,1 wird zum ersten Mal ihr Mut, verbunden mit einem wiedergewonnenen Selbstwertgefühl, deutlich. Rechas Haltung gegenüber ihrem trotzigen Lebensretter und ihre Forderung an einen als menschenfreundlich geltenden Sultan, ihr ihren Adoptivvater zu lassen, werden damit umso glaubwürdiger sein.

Dabei zeigt sich Recha in III,1 rhetorisch ähnlich gewandt wie schon zu Beginn von Szene I,2. Ihre Sprache ist nun allerdings deutlich von den Zurückweisungen der vereinnahmenden Ansprüche ihrer Gesellschafterin geprägt. Neigt Lessings freier Umgang mit dem Blankvers im Stück von vornherein zu Zeilensprüngen, vervielfältigen sich diese geradezu, wenn Recha ab V. 1552 beginnt, Daja argumentativ in die Schranken zu weisen. Die emotionale Vehemenz ihrer Rede ist so deutlich bemerkbar. Stellt Recha zu Anfang des Auftritts Fragen, um weitere Informationen und Bestätigungen ihrer Gesellschafterin einzuholen (V. 1517f., 1528–30), auch um Zweifel zu artikulieren (V. 1532–35), werden diese ab dem zweiten Abschnitt des Auftritts zunehmend rhetorisch und damit zu Vorwürfen (V. 1543, 1544–47, 1556–61, 1582, 1583–87). Sie enden mehrfach im Versinnern und durchbrechen die Verse dadurch mit Zäsuren. In hohem Tempo folgt so ein Gedanke auf den nächsten. Dem Gegenüber bleibt keine Gelegenheit zur Gegenrede. Die geäußerten Argumente sind von höchster Evidenz. Daja kann somit, kaum dass sie doch schließlich zu Wort kommt (V. 1580–82), nichts Stichhaltiges dagegensetzen und zieht sich erneut auf eine Anspielung zurück, diesmal der, nicht reden zu dürfen.

Tatsächlich hatte Nathan ihr Schweigen in Bezug auf die Herkunft des Mädchens direkt im ersten Auftritt des Stücks aufgetragen, sie geradezu hierfür mit wertvollen Waren bestochen. Mittlerweile ist aber klar geworden, dass Nathan Recha umfassend liebt, es keine hinterhältige Absicht sein kann, die ihn auf der Geheimhaltung ihrer Herkunft bestehen lässt. Er erneuert seine diesbezügliche Forderung an Daja noch einmal in II,8, diesmal schon mit dem Hinweis, dass dies nicht auf Kosten ihrer Aufrichtigkeit gehen werde. Daja spielt daraufhin ein doppeltes Spiel: Einerseits verzichtet sie nicht auf Anspielungen, hält diese andererseits aber so allgemein, dass Recha sie auch beim zweiten Mal zwangsläufig missdeutet. Gleichzeitig jedoch findet die junge Frau so erneut ein Stichwort, um ihre bislang praktizierte Freundlichkeit und Geduld mit Dajas Vorliebe für Märtyrergeschichten auf den Punkt zu bringen und damit ebenso das Argument, warum sie diese letztlich für wenig relevant in Glaubensfragen hält.

Am auffälligsten in der Rede der jungen Frau ist aber sicherlich die Metaphorik, mit der sie Nathans Erziehungsbemühungen von denen Dajas abhebt (V. 1564–77). Angelehnt an die Vorstellung von Erziehung als Förderung einer natürlichen Entwicklung wählt sie ihre Bilder aus der Pflanzenwelt. So habe Nathan den Samen der Vernunft in Rechas Seele gesät (V. 1564f.), während Daja das Mädchen mit stark duftenden Blüten, sprich Emotionen, betäube und dadurch klare Erkenntnis vereitele. Führe Nathans Verfahren Recha zum Erleben ihrer eigenen Kräfte, schwäche Daja sie mit dem erzeugten Rausch.

B Bezug zum Höhepunkt des Stücks (Aufgabe 2)

Bemerkenswert ist, dass Recha in III,1 schon die grundlegenden Argumente zur Toleranz der Offenbarungsreligionen ins Spiel bringt, die Nathan später Saladin mit Hilfe der Ringparabel veranschaulichen wird. Zum einen kann keine Einzelperson (genauso wenig wie eine einzelne Religion) Gott einfach für sich beanspruchen und hierdurch rechtfertigen, Andersgläubige nicht zu respektieren, sondern sie zu bekämpfen (V. 1556–58). Zum anderen teilt Recha offensichtlich Nathans Vorstellung von Wahrheit, derer man nie habhaft, sondern der man sich in den verschiedenen Religionen nur annähern kann, so »dass Ergebenheit / In Gott von unserm Wähnen über Gott / So ganz und gar nicht abhängt« (V. 1590–92). Damit berührt Recha durch ihre Ausführungen aber gleichzeitig die zwei Werte, die die Offenbarungsreligionen teilen, das Vertrauen in Gott und die Liebe zum Mitmenschen. Das Praktizieren dieser zwei Werte wird der Richter in der Ringparabel zur Grundlage des Wettstreits der Brüder, d.h. des toleranten Umgangs der Religionen, machen (V. 2043–48).

Das Publikum kommt in der ersten Szene des dritten Aktes also schon mit den Argumenten in Berührung, die maßgeblich sein werden für die Begründung religiöser Toleranz in dem Teil des Dramas, in dessen Zentrum eben die Erzählung der Ringparabel steht. Die Zuschauerinnen und Zuschauer werden geradezu vorbereitet, diesen Höhepunkt des dritten Aktes, aber auch des gesamten Dramas, verstandesmäßig optimal mitverfolgen zu können.

C Bezug zur Aufklärung (Aufgabe 3)

I Recha, ein Mensch der Aufklärung

Es zeigt sich in Auftritt III,1 somit eine junge Frau, die die Werte religiöser Toleranz, die am Anfang der Epoche der Aufklärung steht, verinnerlicht hat. Entsprechend weiß sie die vernunftgeleitete Erziehung Nathans zu schätzen. Das Signalwort der Aufklärung »Vernunft« (V. 1564) fällt ausdrücklich und weist auch das unaufmerksamste Publikum auf diesen epochalen Kontext hin, dessen sich die Aufklärer selbst bereits bewusst sind.

Nathans Erziehung war offensichtlich erfolgreich. Recha präsentiert sich in III,1, ähnlich wie schon zu Beginn von I,2, als scharf denkend und sprachlich, literarisch wie auch moralisch gebildet. Sie nimmt ihre Gefühle wichtig und jetzt, nach Überwindung des Traumas der Todesangst, gelingt es ihr, sich bewusst zu diesen mit Hilfe ihres Verstandes ins Verhältnis zu setzen, auch dies ein Ideal der Aufklärung. Dabei verdeutlicht der erste Teil des Auftritts, dass Recha durchaus von Zeit zu Zeit Gefahr läuft, sich in ihren eigenen Befürchtungen zu verlieren (V. 1532–36), Aufklärung also auch in ihrem Fall eine stetige Aufgabe ist.

Durch den Vergleich von Nathans Erziehung mit der Dajas bestimmt Recha nun ihre eigene Position. Indem sie wörtlich Stellung bezieht, zeigt sie ganz im Sinne Immanuel Kants Mut, sich ihres eigenen Verstandes zu bedienen und für das Ergebnis einzustehen. Da sie für sich andere Wünsche für ihre Zukunft geltend macht als die von Daja für sie geplanten, lebt sie ein Stück Autonomie.

Über ihrer Kritik an Daja vergisst sie aber nicht, die Möglichkeit für ein weiteres Zusammenleben aufrechtzuerhalten. Sie zeigt Wertschätzung für das Erleben Dajas, das Bevorzugen eines auf starken Gefühlen basierenden religiösen Lebens, für das sie sich selbst aber nicht geeignet hält. Sie verdeutlicht in der Anrede »liebe Daja« (V. 1553, 1567), dass sie ihrer Gesellschafterin für jahrelangen Einsatz rund um ihre Person dankbar ist, und lädt sie zum Ende des Auftritts ein, mit ihr in Gemeinschaft den Tempelherrn zu erwarten. Damit kommt sie einem weiteren Ideal der Aufklärung, dem Pflegen sozialer Verträglichkeit, nach.

II Die Figur der Recha als Herausforderung an das zeitgenössische Publikum

Außergewöhnlich erscheint hier, dass ein solch hohes Maß an Aufklärung einer jungen Frau zugeschrieben wird. Lessings Einsatz für gesellschaftlich wenig geachtete Gruppen ist legendär. Dabei hinterfragt er mit der Figur der Recha aber nur in Teilen die Erwartungen an unverheiratete Frauen in seiner Zeit. Zwar werden sich die bis zu dieser Szene geschürten Erwartungen an eine Liebesbeziehung nicht erfüllen; Recha wird vielmehr mit ihrer tiefempfundenen Sympathie für den Tempelherrn die Geschwisterliebe vorwegnehmen und damit einmal mehr einem Ideal der Aufklärung gerecht werden, die die gemäßigtere Form der Zuneigung favorisiert. Andererseits wird gerade auch in dieser Szene deutlich, wie stark sich die junge Frau an Nathan orientiert, der zweifelsohne für sehr viel liberalere Werte steht als Daja. Dass Recha aber ein Lebensweg zugestanden würde, der vollständig auf ihrer eigenen Autonomie gründet, steht nicht zur Debatte. Auch Nathan ist bereit, sie an einen männlichen Verwandten ihrer Ursprungsfamilie, sprich Vormund, zu übergeben, sollten hier Ansprüche gestellt werden. Bei aller Fortschrittlichkeit entspricht die Figur so den Erwartungen des 18. Jahrhunderts an die Rolle junger Frauen. Zumindest freier denkende Zuschauerinnen und Zuschauer dürften sich so darauf einlassen, über eine gleichberechtigte Aufklärung für Männer und Frauen wenigstens einmal nachzudenken.

Arbeitsaufträge:

1. Leiten Sie aus Gliederungsabschnitt A II Aspekte zur Analyse der dramaturgischen Gestaltung des Auftritts ab, wie Präzisierung von Charaktereigenschaften, Gesprächsverhalten, Verortung der Hauptfigur in ihrem Spannungsbogen u.a.
2. Erklären Sie, wie bereits die Erläuterungen zum Aufbau des Auftritts und zum Bezug zu vorausgehenden Szenen unter A I für die Analyse der dramaturgischen Gestaltung genutzt werden.
3. Führen Sie die Gliederungspunkte unter C I weiter.
4. Verdeutlichen Sie Ihrer Lernpartnerin / Ihrem Lernpartner die angeführten Aspekte, die die Aufklärung des Publikums durch Szene III,1 präzisieren.

Lösungshinweis zu 3: »Verstand prüft das Gefühl«, »Stetiges Training«, »Mut«, »Autonomie«, »Soziales Engagement«

10.2 Formen des argumentativen Schreibens: Stellungnahme zum Toleranzstatus der Christen im Stück

Klausuraufgabe

Navid Kermani erklärt in seiner Rede zur Eröffnung der Hamburger Lessingtage 2012:

> »Lessings [...] berühmtestes Stück, *Nathan der Weise*, das heute so gern zum Ausweis des europäischen Toleranzgedankens herangezogen wird, nimmt explizit die Vertreter der eigenen, der christlichen Religion als Träger der Toleranz aus.« (Navid Kermani, *Vergesst Deutschland! Eine patriotische Rede. Zur Eröffnung der Hamburger Lessingtage 2012*, Berlin [3]2015, S. 5–43, hier S. 26.)

Nehmen Sie kurz am Beispiel des Patriarchen und ausführlicher an den Beispielen Dajas und des Klosterbruders Stellung, inwiefern diese Aussage zutreffend ist.
Berücksichtigen Sie in Bezug auf Daja in erster Linie Rechas Darstellung ihrer Gesellschafterin in Auftritt V,6 und bezüglich des Klosterbruders seinen Dialog mit Nathan in Auftritt IV,7.

Lösungsvorschlag (anspruchsvoll)

Gliederung

A Hinführung zum Untersuchungsgegenstand
- I Lessings Drama *Nathan der Weise* und der europäische Toleranzgedanke
- II Toleranz in der Rede Kermanis
- III Die Vertreterinnen und Vertreter der christlichen Religion im Stück (Begründung der Figuren- und der Szenenauswahl)

B Untersuchung anhand von drei Beispielen
- I »Ich wich' ihm lieber aus« (V. 2454): Der Patriarch
- II Daja
- III Der Klosterbruder

C Fazit: Zusammenführen der Ergebnisse und differenzierende Schlussfolgerung

A Hinführung zum Untersuchungsgegenstand

I Lessings Drama *Nathan der Weise* und der europäische Toleranzgedanke

Gotthold Ephraim Lessing stellt in seinem letzten Drama *Nathan der Weise* von 1779 die Idee religiöser Toleranz ins Zentrum. Dies geschieht zum einen genau in der Mitte des Stücks, als der jüdische Kaufmann Nathan dem muslimischen Herrscher Saladin die Ringparabel erzählt und so für seinen Zuhörer auf der Bühne, aber auch das mehrheitlich christliche Publikum im Theatersaal den Wahrheitsgehalt der Offenbarungsreligionen für derzeit nicht festlegbar erklärt. Dies geschieht zum anderen dadurch, dass die Geschichte einer Familienzusammenführung dargestellt wird, so dass der Vorhang am Ende über sich umarmenden Familienmitgliedern fällt, die sich auf die drei Offenbarungsreligionen verteilen. Der Kontrast zu den realen Verhältnissen dürfte bereits dem zeitgenössischen Publikum deutlich gewesen sein. Religiöse Toleranz wird ganz im Sinne der Aufklärung nicht nur durch den Verweis in der Ringparabel auf die Zeit der »Kindes-Kindeskinder[]« (V. 2049), sondern gerade zum Ende des Stücks durch Spannungen in der Schlussszene als nicht abschließbare Aufgabe präsentiert.

II Toleranz in der Rede Kermanis

Das Maß gelebter Toleranz in Deutschland beschäftigt dementsprechend erneut Navid Kermani im Jahr 2012 in seiner Rede zur Eröffnung der Hamburger Lessingtage. Hier beschreibt er Lessings bescheidene Haltung als vorbildlich, will man sich gegen menschenverachtende Einstellungen gegenüber Minderheiten in der eigenen Bevölkerung schützen und nicht an einem kollektiven Klima teilhaben, das Phänomene wie die stümperhafte Verfolgung der NSU-Morde begünstigt. Kermani argumentiert in weiten Teilen seiner Rede sehr differenziert. So stellt sich die Frage, inwieweit ihm dies auch bezüglich der Figurenkonstellation und ihrer symbolischen Bedeutung in *Nathan der Weise* gelingt, die er in seine Argumentation einbezieht. Immerhin betont er, Lessing »nimmt explizit die Vertreter der eigenen, der christlichen Religion als Träger der Toleranz aus«.

III Die Vertreterinnen und Vertreter der christlichen Religion im Stück (Begründung der Figuren- und der Szenenauswahl)

In der Tat ist die Religionszugehörigkeit der Figuren im Stück zentral. Bereits das anfängliche Figurenverzeichnis des Dramas lässt Schlüsse hierauf zu. Nur bei Recha als »angenommene[r] Tochter« (S. 5) des Juden Nathan, aber mit christlicher Gesellschafterin ist die Zuordnung nicht ganz klar. Beim Tempelherrn als christlichem Kreuzritter wird sich die zunächst unterstellte Eindeutigkeit als trügerisch erweisen. Als Christen gekennzeichnet durch ihr Amt oder einen expliziten Zusatz erscheinen zudem der Patriarch, Daja und der Klosterbruder. In Bezug auf ihre Religionszugehörigkeit wird das Stück für sie keine Veränderung bringen. Insofern soll an diesen drei Figuren eingehender untersucht werden, inwiefern Kermanis Annahme berechtigt ist.

Zur Überprüfung der Exaktheit von Kermanis Aussage soll bezüglich des Patriarchen, der lediglich in einem, wenn auch zentralen Auftritt selbst zu Wort kommt (IV,2), eine kurze Skizzierung seiner Auffassung in Sachen religiöser Toleranz genügen. Der Klosterbruder bringt seine Einstellung besonders offen im großen Dialog mit Nathan in IV,7 zur Sprache. So werden seine Äußerungen in diesem Auftritt zentraler Gegenstand der Untersuchung sein. Für Daja wird die Perspektive Rechas gewählt. Letzere ist ihrer Gesellschafterin besonders nah, gerät aber durch sie auch deutlich in Bedrängnis, wie sie in V,6 berichtet. Durch die auf sozialen Ausgleich bedachte junge Frau ist gerade im Rahmen dieses Berichts mit einem sehr ausgeglichenen Urteil zu rechnen.

B Untersuchung anhand von drei Beispielen

I »Ich wich' ihm lieber aus« (V. 2454): Der Patriarch

Für den Patriarchen lässt sich die Frage nach der Angemessenheit von Kermanis Fazit, die christlichen Vertreter im Stück seien nicht Träger von Toleranz, am einfachsten beantworten. Das Oberhaupt der christlichen Kirche am Spielort Jerusalem erweist sich in kürzester Zeit als skrupellos, machthungrig (I,5) und – entsprechend seiner sozialen Defizite – in Religionsfragen als fundamentalistisch (IV,2). Die Werte der Ringparabel, Ergebenheit in Gott und Liebe zu den Mitmenschen, finden sich bei ihm geradezu ins Gegenteil verkehrt. Der sehr impulsive, aber nicht weniger geradlinige Tempelherr spürt das sehr deutlich, als er ihm zum ersten Mal persönlich gegenübertritt, und wünscht, es wäre nicht dazu gekommen (V. 2454). Es ist Teil der beißenden Kritik, die Lessing im Anschluss an seine Auseinandersetzung mit dem Hamburger Hauptpastor Goeze im sogenannten Fragmentenstreit stellvertretend auf die Figur konzentriert, dass der Patriarch in Belangen friedlichen Zusammenlebens als höchst unfähig, aber auch äußerst gefährlich für Menschen wie Nathan erscheint. Sein in Szene IV,2 dreifach wiederholtes, die Umstände völlig ausblendendes Urteil, der Jude, der wage, ein christliches Kind zu adoptieren, sei auf dem Scheiterhaufen hinzurichten, bringt die von ihm ausgehende Bedrohung auf den Punkt. So trifft in seinem Fall Kermanis Feststellung eindeutig zu.

II Daja

Im Falle Dajas ist die Situation schwieriger. Recha selbst nennt sie am Ende »meine gute böse Daja« (V. 3572). Von der ersten Szene an ist deutlich, dass Daja Nathan nicht vertraut (V. 36–39), sie sich jedoch durchaus schützend vor das ihr anvertraute Mädchen stellt (V. 344–350), aber immer wieder auch ihre Vorstellungen eines guten Lebens Recha überzustülpen versucht (III,1). Sie verfolgt ihre diesbezüglichen Pläne, nämlich eine Verheiratung Rechas mit dem Tempelherrn und die Rückkehr mit beiden nach Europa, gegen den deutlich artikulierten Willen der jungen Frau (V. 1549–61). Am Ende schreckt sie nicht zurück, ihren Dienstherrn zu hintergehen und Recha ihre ursprüngliche Herkunft zu verraten. Die kluge junge Frau macht dabei das Handeln ihrer Gesellschafterin begreiflich, wenn es sie auch in die Verzweiflung treibt.

Daja erkennt die Grundvoraussetzung religiöser Toleranz nicht an. Religionen im Sinne der Toleranz sind Wege, sich der Wahrheit, was gut und böse ist und was getan werden sollte, anzunähern, aber keine ist der Wahrheit an sich habhaft. Daja hingegen geht davon aus, alleine die Zugehörigkeit zur christlichen Religion ermögliche Einsicht, was gut und böse und damit ein gottgefälliges Leben sei. Wahrheit ist für sie nichts, an das man sich im gemeinsamen Austausch herantastet, sondern nur in ihrer, der christlichen Religion eindeutig bestimmt und anzunehmen. Hier hält man Dinge v. a. für richtig, wie Sittah es in II,1 formuliert, weil Christus sie gesagt hat, und nicht weil man verstanden hat, warum er sie gesagt hat. Dass dies auch auf Daja zutrifft, bestätigt Recha: »Ist eine von den Schwärmerinnen, die / Den allgemeinen, einzig wahren Weg / Nach Gott, zu wissen wähnen!« (V. 3587–89). Alle anderen Wege, sprich Religionen, führen nach Dajas Ansicht »ins ewige Verderben« (V. 3596). Hierdurch gerät sie in einen Konflikt: Liebt sie jemanden, der ihren Weg nicht gehen will, muss sie nach ihrer Auffassung mit ansehen, wie dieser in sein Unglück rennt. Dies erzeugt, wie Recha feststellt, eine große Spannung: »Es müsste möglich sein, denselben Menschen / Zur selben Zeit zu lieben und zu hassen« (V. 3597 f.).

Zudem kann Daja auf der Grundlage ihrer radikalen Religionsauffassung gute Taten von Angehörigen anderer Religionen nicht berücksichtigen. Die Art, wie sie das Geheimnis von Rechas Geburt verrät, zeigt dies. Sie geht von einem absoluten Anspruch der christlichen Kirche auf das getaufte Mädchen aus und bittet doch die Muttergottes um Vergebung (V. 3627 ff.). Daja weiß, dass sie durch den Geheimnisverrat die liebevolle Beziehung zwischen Nathan und seiner Tochter bedroht. Diesen Widerspruch kann sie nicht auflösen.

In ihrem Fall stimmt also, dass sie keine Trägerin der Toleranz ist. Aber im Gegensatz zum Patriarchen zeigt Lessing hier keine Figur, die deswegen ausschließlich verurteilt wird. Durch die Erklärungen der klugen Recha macht Lessing Dajas Verhalten nachvollziehbar, auch wenn durch ihre Bedrohung Rechas und Nathans deutlich wird, wie kritikwürdig die Auffassung der Gesellschafterin ist.

III Der Klosterbruder

In Bezug auf den Klosterbruder ist Kermanis Aussage, es gäbe im Stück keine christlichen Vertreter der Toleranz, unzutreffend. Mutig widersetzt der Klosterbruder sich den Verfolgungsplänen des Vertreters eines fundamentalistischen Christentums, des Patriarchen, und sucht Nathan auf, um ihn zu warnen.

Geschickt baut er in Auftritt IV,7 seine Argumentation auf, damit Nathan ihm aus guten Gründen vertraut und seine Hilfe annimmt. Gleich zu Anfang stellt der Klosterbruder klar, dass er die kriminellen Machenschaften des Patriarchen ablehnt (V. 2952 f.). Mit Vernunft prüft er die Lehren seiner Religion. So fragt er, wie etwas als größte Sünde gegen Gott gelten könne, wenn niemand wisse, worin diese genau bestehe (V. 2960–66). Damit signalisiert er Nathan, dass er die Adoption nicht wie der Patriarch als der Todesstrafe würdige Tat einstuft. Er macht glaubwürdig, dass er der Reitknecht war, der vor 18 Jahren Nathan die Tochter seines Freundes übergab, indem er sofort Personen- und Ortsnamen nennt, die nur am Geschehen unmittelbar Beteiligte wissen können (V. 2975–86).

Endgültig gewinnt er das Vertrauen Nathans, als er seine Einschätzung des moralischen Werts der Adoption erläutert (V. 2996–3024). Er weiß, dass es keine absolut guten oder schlechten Taten gibt, sondern immer abgewogen werden muss. So stand Nathan vor der Wahl, das Kind in Liebe großzuziehen oder es in fremde Hände zu geben, damit es gemäß seiner Herkunft im christlichen Glauben aufwachse. Letzteres wäre das Gute gewesen, bei dem aber eine elterngleiche Zuwendung zum Kind nicht anzunehmen gewesen wäre, das Schlimme das Gute also untergraben hätte. Wie Nathan sieht der Klosterbruder in der Befriedigung von natürlichen Bedürfnissen des Menschen, hier des Liebesbedürfnisses eines Kindes, die Voraussetzung für eine spätere Besinnung auf einen bestimmten Glauben (V. 3013–15). Für ihn geht in einem solchen Fall die sog. »natürliche Religion« vor. Sie zeigte sich, da das Mädchen »gesund und fromm« (V. 3017) aufwuchs.

Der Klosterbruder ist zudem als Vertreter der Toleranz erkennbar, weil er das Christentum nicht gegen das Judentum ausspielt, sondern die Verbindungslinie zwischen beiden betont (V. 3020–24).

Höchste Bedeutung haben für ihn die Werte, die gleichzeitig den Konsens der Offenbarungsreligionen ausmachen. Deswegen lobt er Nathan als besten »Christ[en]« (V. 3068), als dieser ihm seine Geschichte anvertraut, in der die Adoption als Folge seiner Ergebenheit in Gott und Liebe zum Mitmenschen erscheint. Da dies auch für Nathan die höchsten Werte sind, kann dieser das Lob, diesmal des besten »Juden« (V. 3070), gleich zurückspielen. Dieses Anvertrauen erfolgt, weil Nathan im Klosterbruder die »fromme[] Einfalt« (V. 3032) erkennt. Der Klosterbruder besteht auf einem einfachen Lebensstil, hat nur unfreiwillig seine Einsiedelei aufgegeben, in die er zurückzukehren wünscht. Zudem kann er nicht lesen und schreiben. Seine Einfalt ist seine Einfachheit. Aber wie Nathan gegenüber dem Tempelherrn betont, ist »fromme[] Einfalt« nicht »dumme« (V. 3350) Einfalt. Die Lebensklugheit des Klosterbruders, seine Aufrichtigkeit und sein Mut spiegeln sich in seinem Religionsverständnis, und das ist eines, das mit den Werten der Toleranz, wie gezeigt, in Einklang steht.

C Fazit: Zusammenführen der Ergebnisse und differenzierte Schlussfolgerung

Bei genauer Betrachtung stellt Lessing die Vertreter der christlichen Religion bezüglich ihres Toleranzverständnisses auf drei Stufen dar. Der Patriarch verkörpert einen fundamentalistischen Standpunkt, vermischt mit ausgeprägten Machtinteressen und Hang zur Blutrünstigkeit.

Auch Daja erscheint als Vertreterin einer radikalen Religionsauffassung. Durch die Perspektive Rechas wird aber der innere Konflikt nachvollziehbar, der sich damit verbindet. Die zeitgenössischen Zuschauerinnen und Zuschauer dürften bei sich den einen oder anderen Zug wiedererkennen, den sie nun als eindeutig inhuman einstufen müssen.

Der Klosterbruder erscheint hingegen uneingeschränkt als christlicher Vertreter der Toleranz. Nicht zufällig ist er die einzige Figur im Stück, der Nathan sich anvertraut, nicht wegen des Christentums, sondern wegen seiner humanen Haltung.

Kermani hat insofern recht, als die Fundamentalisten im Stück ausschließlich dem christlichen Lager entstammen. Aber eine Figur, die sich in Sachen religiöser Fortschrittlichkeit Nathan gewachsen zeigt, ist eben auch Christ. Lessing differenziert viel mehr, als Kermani bemerkt. Durch den gerechten Blick Rechas auf Daja lernt das Publikum eigene radikale Ansichten bei sich zu korrigieren. Durch den Klosterbruder wird ihm ein besonders positives Bild vor Augen gestellt, wie Christentum und Aufklärung vereinbar sind.

Arbeitsaufträge:

1. Welche Bezeichnungen werden für Daja und den Klosterbruder zitiert, die ihre Charaktere besonders gut auf den Punkt bringen? Erklären Sie, wie diese zur Stärkung der Argumentation genutzt werden.
2. Zeigen Sie, wie in der Einleitung die Hinweise in der Klausuraufgabe aufgegriffen werden.
3. Markieren Sie die Stellen in den Ausführungen, an denen an das Thema der Untersuchung erinnert wird. Begründen Sie das Vorgehen.
4. Erläutern Sie, in welcher Hinsicht die abschließende Antwort über den anfänglichen Untersuchungsauftrag hinausgeht.

Lösungshinweis zu 1: »gute böse Daja« (V. 3572); die »fromme[] Einfalt« (V. 3032), nicht die »dumme« (V. 3350)

Lösungshinweise zu ARBEITSBLATT 1a (➤ S. 14)

Steckbrief zum Drama

		Religion	Macht	Fragen/ Vermutungen
Titel	*Nathan der Weise*	Nathan = Prophet des Königs David (Tanach/AT)		Rät Nathan dem Sultan?
Autor	Gotthold Ephraim Lessing	aus protestantischem Pfarrhaus, sehr an Religionen interessiert	streitet gerne	
Gattung	Dramatisches Gedicht, fünf Aufzüge			Mischung aus strukturierter und sehr freier Form; Verse, Reime, bildliche Sprache?
Motto	»Introite, nam et heic Dii sunt!«	Kirche vs. Theater		Kann man im Theater etwas über Religion lernen oder allgemein etwas universell Wichtiges?
Veröffentlichung	1779			
Figuren (im 18. Jh. »Personen«)	Sultan Saladin	Muslim	↕	Was passiert, wenn ein weiser Jude auf einen auf Ausgleich bedachten muslimischen Herrscher trifft?
	Sittah	Muslimin		
	Nathan	Jude		
	Recha	?		
	Daja	Christin		
	Tempelherr	Christ		
	Derwisch	Muslim		
	Patriarch	Christ		
	Klosterbruder	Christ		
	Emir und Mamelucken	Muslime		
Spielort	Jerusalem	Spannung der Religionen		Wie frei darf man sich im 18. Jh. zwischen den Religionen bewegen?
Spielzeit	zwischen 1187 und 1192	Zeit der Kreuzzüge		Darf Lessing nicht direkt über seine Zeit schreiben? Akzeptiert das Publikum so besser, was er zu sagen hat?

Lösungshinweise zu ARBEITSBLATT 5a (➤ S. 52)

Die Ringparabel: Geschichte eines Familienkonflikts

Phase	Beantworten Sie mit Hilfe des Textes:	Antwort (möglichst kurz und prägnant, Zitate griffiger Formulierungen sind möglich)	Vers	Welches Gefühl leitet die Familienmitglieder?
1 »Vor grauen Jahren« »Mann i[m] Osten«	Woher hat der Mann den Ring?	*»Aus lieber Hand«*	*1913*	*Liebe, die einfach empfunden und die einfach gegeben wird, für die man nichts leisten muss und kann* *Glaube, dass die Auswahl durch Liebe richtig ist*
	Worin besteht die Kraft des Steins?	*macht »vor Gott / Und Menschen angenehm«, d. h. Gott und die Menschen lieben den Träger*	*1915 f.*	
	Was ist die Bedingung, dass der Stein seine Kraft zeigt?	»wer / In dieser Zuversicht ihn trug« Träger muss an Wirkung des Rings glauben	1916 f.	
	Nach welcher Regel erfolgt die Vererbung?	*an den Lieblingssohn*	*1921–25*	
2a Vater von drei Söhnen	Warum liebt der Vater alle Söhne gleich?	*Alle drei sind »ihm gleich gehorsam«.*	*1931*	*Liebe auf der Seite des Vaters entspricht Gehorsam auf der Seite der Söhne; Versuch des Vaters, alle gleich zu behandeln*
	Wie löst er das Problem der Vererbung?	*Er lässt zwei Duplikate des Rings anfertigen und gibt so jedem Sohn einen Ring.*	*1945–55*	
2b Die drei Brüder nach dem Tod des Vaters	Wie reagieren die Brüder nach dem Tod des Vaters?	*Sie streiten und ziehen vor Gericht.*	*1961 f.*	*egoistische Selbstliebe, Machtstreben*
	Womit beweist der Richter, dass der echte Ring verloren ging?	*Fehlen der »Wunderkraft, […] / Vor Gott und Menschen angenehm« zu machen*	*2016 f.*	
3 Die drei Brüder in der Zukunft	Was sollen die Brüder tun?	*Jeder tut so, als sei sein Ring der echte, d. h. lebt so, dass Gott und die Menschen ihn lieben.* *Die Brüder spornen sich hierbei gegenseitig an.*	*2041–45*	*immer wieder bewusst angesteuerte Zuwendung zu den Menschen*
Fazit: Die »Kindes-Kindeskinder[]« »in über tausend tausend Jahre[n]«	Wie profitieren die »Kindes-Kindeskinder[]«?	*Liebevolles Verhalten wird von Generation zu Generation immer wirkungsvoller, so dass die »Kräfte« »der Steine« sich in ferner Zukunft zeigen.*	*2048 f.*	*Allumfassende Liebe*

Lösungshinweise zu ARBEITSBLATT 5b (➤ S. 53)

Die Ringparabel im geschichtsphilosophischen Kontext I

Ordnen Sie die folgenden einzelnen Aussagen jeweils einem Textausschnitt zu!

1	Als Offenbarungsreligionen gelten Judentum, Christentum und Islam.	V. 1987–90
2	Offenbarung ereignet sich in der Geschichte, als geschichtliches Ereignis, als Geschehen in der Zeit.	*V. 1975*
3	Festgehalten wird das Offenbarungsgeschehen schriftlich, also in den heiligen Schriften (Tanach, Bibel, Koran).	*V. 1976*
4	Alle drei Religionen haben den Anspruch, auf Wahrheit zu fußen. Diese ist aber nicht beweisbar, sondern kann nur geglaubt werden.	*V. 1976–78*
5	Vertrauen in Glaubensinhalte entsteht, weil sie durch die vermittelt werden, von denen man weiß, dass sie einem aus Liebe das in ihren Augen Wertvollste geben.	*V. 1979–83*

Lösungshinweise zu ARBEITSBLATT 6b (➤ S. 70) (Seite 1 von 2)

Die die Titelfigur berührenden Konfliktlinien und ihr Verlauf in den ersten drei Akten

	Akt 1	Akt 2	Akt 3	Auswertung
Exposition				
Hauptfiguren	Nathan, Recha, Templer	Saladin mit Sittah		Akt 2 hat noch deutlich expositorische Funktion: jetzt erst Einführen der zweiten Hauptfigurengruppe
Vorgeschichte	• Saladin begnadigt Templer, weil der seinem Bruder ähnelt • Templer rettet Nathans Tochter Recha	Ergänzung: Templer gleicht Nathans Freund		Vorgeschichten bis Ende von Akt 3 den Konfliktlinien nicht eindeutig zuordenbar
Konflikt	1 Nathan/Recha gegen Templer (2 Nathan gegen Saladin) Nebenkonflikt: Nathan gegen Daja zusätzlich Minidrama ›Nathan heilt Recha‹	2 Sultan gegen Nathan		hohe Komplexität: nicht eine, sondern zwei Konfliktlinien mit eigenen Spannungsbögen sowie ein Nebenkonflikt; Drama an sich thematisiert
erregendes Moment	1 I,4 und I,6 Templer ist zurück, Gespräch mit ihm jetzt möglich?	2 II,6: Nathan soll zum Sultan kommen (gesteigert durch II,9: Al-Hafi warnt Nathan)		wegen zwei Hauptkonflikten und ausgedehnter Exposition zweimal erregendes Moment

Lösungshinweise zu ARBEITSBLATT 6b (➤ S. 71) (Seite 2 von 2)

	Akt 1	Akt 2	Akt 3	Auswertung
2 Steigerung der Verwicklungen				
Verschiedene Interessen-gruppen		2 muslimischer Monarch gegen jüdischen Kaufmann		Konfliktlinie 2 ist scheinbar die Hauptlinie
Verschärfung des Konflikts		2 durch wieder einsetzenden Krieg noch mehr Geldnot	1 Curd liebt Recha, Nathan zögert bzgl. Hochzeit Curds und Rechas Nebenkonflikt: Daja will mit Recha nach Europa	vgl. retardierendes Moment
Pläne gegen Gegner		2 Erpressung Nathans als Plan		
3 Höhepunkt und Peripetie				
Interessen-gruppen tragen Konflikt aus		1 Nathan und Curd werden Freunde Nebenkonflikt: Nathan beruhigt Daja	2 Nathan gleicht durch Ringparabel Konflikt aus	Szenen der Ringparabel genau in der Mitte des Stücks, Drama auf diesen Höhepunkt ausgerichtet
Wendung im Schicksal des Helden			2 Nathan u. Saladin = Freunde	
Das Ende scheint durch	Die Heilung Rechas Templer will nicht Mörder sein		2 Versöhnung, Freundschaft	
retardierendes Moment			1 und Nebenkonflikt III,10: Daja verrät Rechas christliche Herkunft an den enttäuschten Templer	geschickt: der in Akt II beruhigte Konflikt 1 bricht erneut auf und das in Kombination mit dem Nebenkonflikt

Lösungshinweise zu ARBEITSBLATT 7a (➤ S. 79)

Gruppe 1

Die Adoption Rechas

5. Askalon
Wolf von Filnek stirbt und wird in der Nähe von Askalon beerdigt.

1. Gath
Pogrom: Christen ermorden alle Juden der Stadt. Nathans Frau und seine sieben Söhne verbrennen im Haus seines Bruders.

3. Gaz(z)a
Wolf von Filnek ist Ritter und muss zu Kämpfen nach Gaza. Er schickt seinen Reitknecht mit seiner Tochter zu seinem Freund Nathan, damit dieser sich um das Kind kümmert.

2. Darun
Nathan hadert nach der Ermordung seiner Familie mit Gott.

4. Darun
Wolf von Filneks Reitknecht übergibt Nathan das Kind seines Freundes.

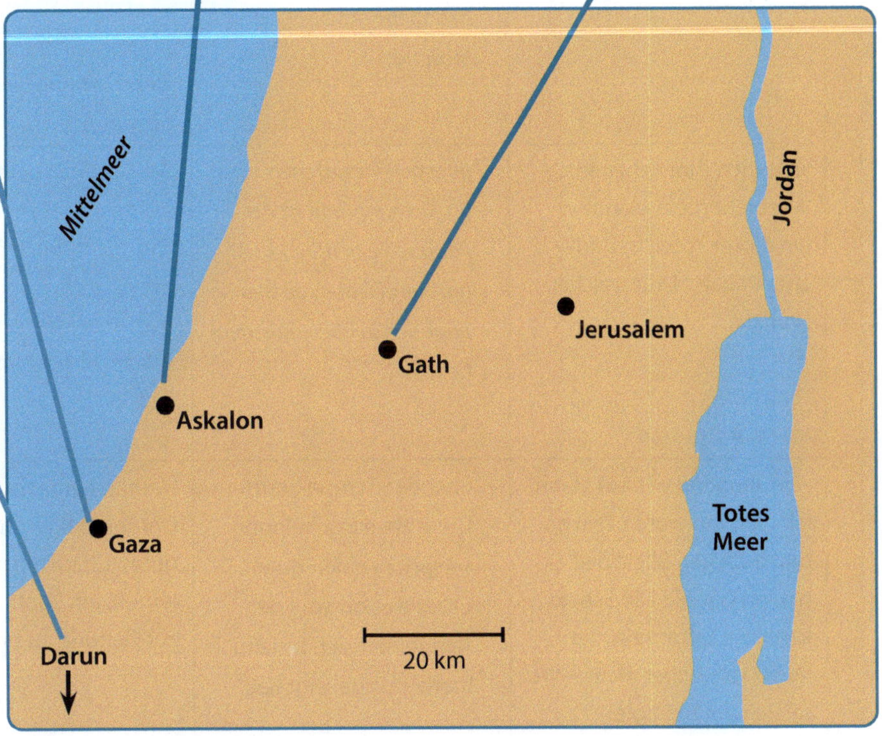

Karte Palästinas, Vorlage: de.wikipedia.org/wiki/Ekron (angepasst). – CC BY-SA 3.0/Ekuah

Lösungshinweise zu ARBEITSBLATT 7d (➤ S. 82)

Das Motiv von »Sein und Schein«

Vervollständigen Sie das Schema wie im Beispiel:

Textauszug Wer spricht? In welcher Szene / welchem Vers?	Über wen wird gesprochen? Warum stellt sich hinsichtlich der Figur die Frage von »Sein und Schein«?	Wie entscheidet sich die Frage von »Sein und Schein« für die Figur?	Zentraler Themenaspekt
»Bist du's? bist du es nicht? – In dieser Pracht, / Ein Derwisch! …« *Nathan in I,3, V. 377 f.*	• *über Al-Hafi* • *Al-Hafi ist Bettelmönch, jetzt taucht er als Schatzmeister Saladins auf, sein Prachtkleid betont die gehobene gesellschaftliche Stellung.*	*Seine neue Aufgabe entspricht nicht seinen inneren Überzeugungen. Im Dialog mit Nathan wird sich Al-Hafi hierüber klar und legt das Kleid ab.* *Er entscheidet sich aufrichtig für seine (radikalen) Überzeugungen*	*Innere Überzeugung führt zum Aufgeben der gesellschaftlichen Rolle*
»Ich wich' ihm lieber aus. – Wär nicht mein Mann! – / Ein dicker, roter, freundlicher Prälat! / Und welcher Prunk!« *Tempelherr in IV,2, V. 2454–56*	• *über den Patriarchen* • *Als Kirchenmann ist der Patriarch eigentlich zu Armut verpflichtet, aber er zeigt sich in übertriebenem Ornat.*	*Der Patriarch demonstriert mit seinem Auftreten Macht. Christliche Werte interessieren ihn nicht.* *Er entscheidet sich für den Schein, vernachlässigt seine eigentliche Aufgabe.*	*Innere Einstellung führt zur widersinnigem Überformung der gesellschaftlichen Rolle*
»Ein Jüngling wie ein Mann. Ich mag ihn wohl / Den guten, trotz'gen Blick! den prallen Gang! / Die Schale kann nur bitter sein: der Kern / Ist's sicher nicht. – Wo sah ich doch dergleichen? –« Nathan in II,5, V. 1195–98	• über den Tempelherrn • Die äußere Erscheinung verspricht einen guten Charakter, obwohl der Tempelherr sich bislang hartherzig gezeigt hat.	Nathan hat recht. Der Tempelherr hat einen guten Charakter, muss aber lernen, ihn kontinuierlich zur Geltung zu bringen.	Inneres Wesen und Verhalten anderen gegenüber
»Der tolerante Schwätzer ist entdeckt! / Ich werde hinter diesen jüd'schen Wolf / Im philosoph'schen Schafpelz, Hunde schon / Zu bringen wissen, die ihn zausen sollen!« *Tempelherr in IV,4, V. 2779–2782*	• *über Nathan* • *Nathan gibt sich tolerant bei den Religionen, aber erzieht Christenkinder im jüdischen Glauben.*	*IV,7: Die Erziehung Rechas ist im Sinne der Toleranz erfolgt. Nathan lebt seine inneren Überzeugungen, »Sein und Schein« stimmen überein.*	*Innere Überzeugung und Handeln*

Lösungshinweise zu ARBEITSBLATT 7e (➤ S. 83)

Was ist Weisheit?

Zu 1. »Weisheit ist selten«. *Nathan nimmt als Jude eine soziale Sonderstellung ein. Dies belegen die Stereotype Sittahs, Saladins und des Tempelherrn, derer sie sich wiederholt bedienen.*

Zu 2. »Weise Alte« und 3. »Weise stellen sich der Wirklichkeit«. *Nathan ist fortgeschrittenen Alters, hat eine Adoptivtochter von 18 Jahren und zuvor schon sieben leibliche Kinder. Er kennt durch das Pogrom von Gath, in dem seine erste Familie ermordet wurde, extrem leidvolle Seiten des Lebens. Im Anfangsdialog mit Daja macht er deutlich, worauf es im Leben wirklich ankommt.*

Zu 4. »Weise Menschen sind gelassen«. *Nathan wägt ab, was klug ist. Das weist der Klosterbruder rund um die Adoption nach. Nathan lässt sich berühren, wie man an seiner Träne auf dem Mantel des Tempelherrn erkennt.*

Zu 5. »Weisheit ist langsam«. *Nathan liebt das Schachspiel.*

Zu 6. »Weise wissen um ihre Grenzen«. *Das Akzeptieren der Begrenzung individueller Wahrnehmung ist eine der Grundvoraussetzungen für das friedliche Zusammenleben der Religionen, wie es die Ringparabel beschreibt. Nathan bezeichnet sich Saladin gegenüber ausdrücklich nicht als weise (III,4).*

Zu 7. »Weise leben in Beziehung«. *Nathan pflegt intensive Kommunikation mit anderen und lässt sie an seinen Einsichten teilhaben. Recha liebt ihn dafür. Für Nathan sind Beziehungen wertvoll.*

Zu 8. »Weisheit überschreitet den eigenen Horizont«. *Hierauf fußt der Wettbewerb der Religionen in der Ringparabel. Nathan hat dies längst durch die Freundschaft zu Wolf von Filnek umgesetzt.*

Zu 9. »Weisheit, Wissen und Wahrheit«. *Die Erzählung der Ringparabel führt zum Wahrnehmen von Wahrheit durch Saladin. Von da an ist die Kommunikation mit Nathan durch Aufrichtigkeit und Respekt bestimmt. Ähnliches gilt für Nathans erstes Gespräch mit dem Tempelherrn.*

Lösungshinweise zu ARBEITSBLATT 9a (➤ S. 108)

Die zusammengeführte Familie

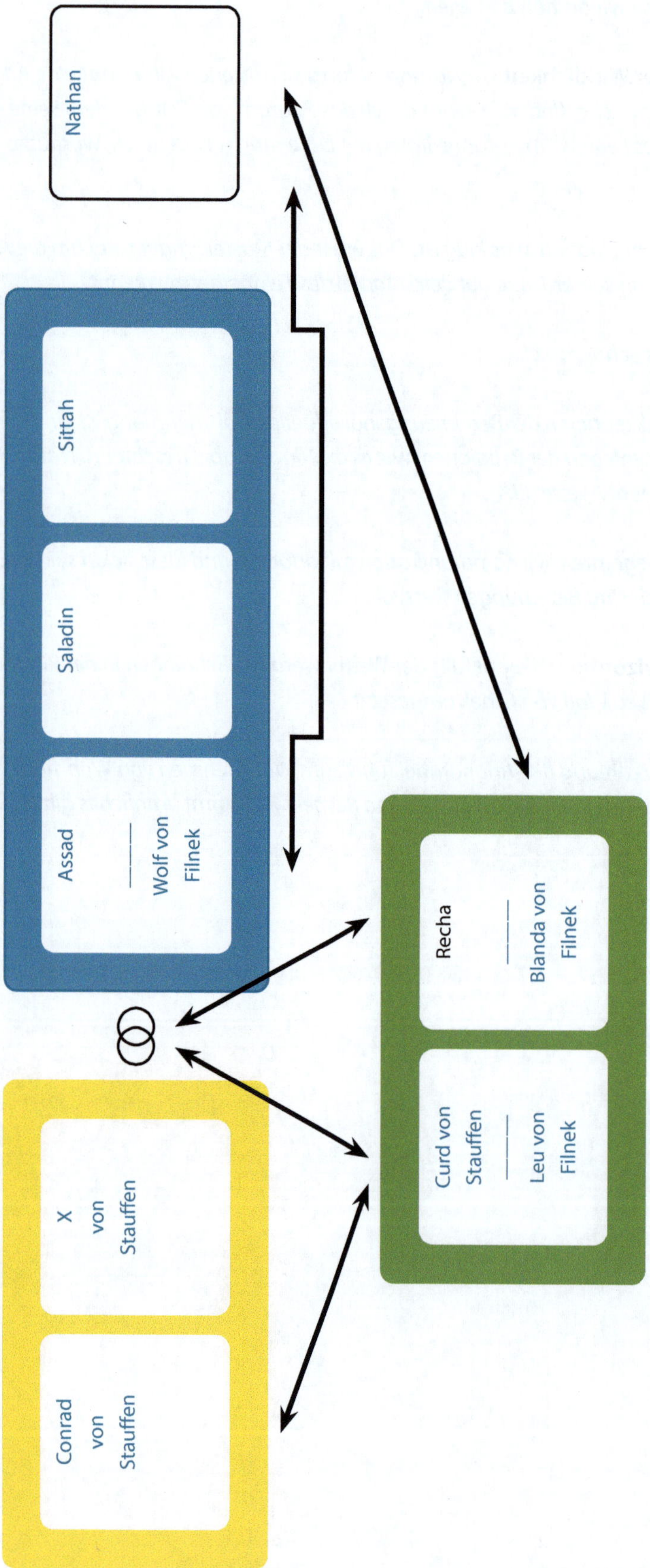